EIN REISEBUCH

INDIEN

**BERND SCHILLER
ELLERT & RICHTER
VERLAG**

Inhalt

5 Auf der Suche nach Indien

Impression und Hintergrund
10 Religion: Die Seele und das Ganze
25 Kasten: Brahmanen und die Kinder Gottes
31 Heilige Kühe: Mütter für Millionen
34 Reisen einst: „Indien will ich erzählen."
40 Reisen heute: „No problem, Sir …!"
47 Essen: Gewürze und andere Geheimnisse
55 Musik und Tanz: Gespräche mit der Schöpfung
62 Frauen: Sujata und ihre Schwestern
70 Geschichte: Augenblick und Ewigkeit
78 Koloniales Erbe: Die alten und die neuen Sahibs
85 Gandhi: Verehrt – und trotzdem vergessen?
92 Maharajas: Fürsten, die von der Legende leben

98 Foto-Essay: Indien um die Jahrhundertwende

Wege und Ziele
126 Delhi: Friedhof der Dynastien
134 Südindien: Auf der Straße der Tempel
148 Bombay: Das alltägliche Wunder
152 Rajasthan: Ein Turban voller Legenden
165 Kalkutta: Der Alptraum und die Hoffnung
176 Kaschmir: Traumschiff auf dem Dal-See
188 Varanasi: Licht von jenseits des Ganges
197 Orissa: Wo der Herr des Weltalls wohnt
210 Goa: Das Paradies vor dem Ausverkauf

219 **Reiseführer**

263 **Ratgeber**

276 Glossar
284 Register
288 Impressum/Bildnachweis

Für Ingrid.
Ohne ihre Geduld wäre dieses Buch nicht möglich gewesen.

Auf der Suche nach Indien

Dieses Land, von dem wir viele Bilder im Kopf haben und wenig wissen, ist eine Herausforderung für Reisende, eine Zumutung – und eine Chance. Es fordert zur Auseinandersetzung heraus: mit der Religion, der Politik, dem Alltag, nicht zuletzt mit den Widrigkeiten des Reise-Alltags. Es mutet seinen Besuchern Elend zu, Dreck und Hitze, Verspätungen und beschwerliche Wege, dabei zugleich Schönheit, Landschaftsvielfalt, Farbenreichtum – und das alles in geradezu gewaltigem Ausmaß.

Aber wie kein anderes Reiseland, bietet dieses verwirrende, faszinierende Indien eben auch viele großartige Möglichkeiten: Nirgendwo lassen sich eigene Positionen nachhaltiger überdenken und „mit Gewinn" in Frage stellen; nirgendwo lösen sich Widersprüche zwischen Wirklichkeit und Traum auf überraschendere Weise als in Indien.

Manchmal, in diesem Land häufiger als in fast allen anderen, sind es kleine Erlebnisse, die zu Schlüssel-Erlebnissen werden, zu lange gesuchten Puzzle-Teilen, die letztlich ein Panorama erkennen lassen. Mir jedenfalls haben Begegnungen und Impressionen dieser Art geholfen, das fremde Land ein wenig aufzuschließen:

Irgendwo in einem Dorf im tropischen Süden, ein heftiger Regenschauer hat eben ein erstes Signal für den bevorstehenden Monsun gesetzt. Ich habe mich in eine Hütte geflüchtet, unter ein Wellblechdach. An der Wand steht in ungelenken Buchstaben „Meals" geschrieben, und noch ein paar Hinweise in einer Schrift, die ich nicht lesen kann. Ich bestelle ein Curry und bekomme von einem kleinen Jungen Reis auf einem Bananenblatt serviert, dazu eine Linsen-Sauce und drei, vier Schälchen mit Gewürzen. Der Vater des Jungen legt, bevor ich zu essen anfange, eine Kette aus frischen Blüten um das Bananenblatt und um alle Schälchen herum.

Der Fahrer, mit dem ich unterwegs bin, hat vor ein paar Minuten an einem Tempelchen am Straßenrand dem Gott des Glücks, dem listig-fröhlichen Ganesha, Früchte und ein Gebet geopfert. Dreimal ist er, dem Lauf der Sonne folgend, um den kleinen Tempel geschritten, dann hat er sich wieder ans Steuer gesetzt, hat wieder seine Spur auf der Mitte der Fahrbahn eingenommen, ist wieder auf den Gegenverkehr zugefahren, als wolle er uns alle umbringen, hat natürlich wieder im letzten Moment das Steuer nach links gezogen, hat gegrinst und gesagt, was alle

„Um Indien kennenzulernen und zu verstehen, muß man weit reisen – durch die Zeit und durch den Raum."

Jawaharlal Nehru (1889–1964)

indischen Chauffeure allen Reisenden in solchen Situationen sagen: „No problem, Sir ..."

Ein sonnengreller Nachmittag, an einem Fluß in der Provinz Orissa, weit im Osten dieses Landes. Das Wasser flimmert über der Sandbank. Frauen im roten Sari, die über den Kies der Fähre entgegenlaufen, scheinen plötzlich zu schweben. Ölig verschmilzt der Horizont mit der näheren Umgebung, Trommelschläge dringen an mein Ohr, etwas später auch sanfte Sitarklänge ... und dann flattern Krähen in die Kulisse, besetzen die Sandbank, lösen die Stimmung auf, holen mich in die Wirklichkeit zurück.

Szenen aus Indien, aus *meinem* Indien.

In den Straßen der großen Stadt stinkt es nach Schweiß und heißem Staub. Immer tiefer gerate ich in das Labyrinth der Gassen und Hinterhöfe, immer neugieriger werden die Blicke der anderen. Auf einmal riecht es intensiv nach Sandelholz und Weihrauch. Aus einem Tempel, der sich im Schatten hoher Häuser verbirgt, hallen Gebete. Ich trete zögernd näher. Die Gläubigen, die ihre Gesichter mit Asche oder Reispuder weißgestäubt haben, tragen Fackeln in der Hand. Das flackernde Licht läßt für einen Augenblick die Götter an den Wänden wie Dämonen aussehen. Mir läuft ein Frösteln über den Rücken, als ein fettglänzender Priester auf mich zutritt. Er legt mir eine Girlande aus gelben Blumen um den Hals, und dann hält er die Hand auf, bis ich meine Spende entrichtet habe.

Erlebnisse, Bilder, Szenen, Gerüche, Geräusche.

Indien ist von elementarer Sinnlichkeit, von dauerhafter Verlockung, ein Land, das mich schon seit zwanzig Jahren fasziniert und nicht wieder losläßt.

Aber *welches* Indien ist denn nun mein Indien? Das Land der Wunder, von dem so oft die Rede ist – und das es ja gibt ...? Das Land der Tempel und Legenden, das vielzitierte? Das heilige, ewige Indien ... das Land der Pest, des Hungers, des Elends, der gewaltigen Illusionen ... das Land Mahatma Gandhis ... das stille Indien der fünf- oder sechshunderttausend Dörfer ... das grausam-laute Indien der Slums von Kalkutta und Bombay ... das Kasten-Indien ... das technologisch hochgerüstete Indien auf dem Wege zur asiatischen Supermacht? „Immer taucht eine neue Eigentümlichkeit auf", hat Mark Twain schon vor hundert Jahren erkannt, „und macht eine neue Etikettierung notwendig."

Vielleicht kann man aber auch mal ganz auf Etiketten verzichten; vielleicht ist es am einfachsten, sich diesem Land zu überlassen, vorbereitet zwar, aber offen für die mehr als 1001 Möglichkeiten, die es bietet. Ich bin mit dieser Methode gut gefahren, auf vielen Reisen kreuz und quer durch den Subkontinent. Ich habe mich den Schönheiten und den Scheußlichkeiten ausgesetzt, die nirgendwo auf der Welt so eng beieinanderliegen wie in diesem Land, das von den Eisriesen des Himalaya über die Wüsten Rajasthans bis zu den Palmenküsten in Äquatornähe reicht.

Ich bin an der Armut verzweifelt, an den Bettlern, die mir ihre Armstümpfe entgegenstreckten, an den verkrüppelten Kindern, die vor dem Hotel versuchten, sich an mich zu klammern. Und ich habe dann wieder an meine Lieblingsplätze gedacht, an die Festung von Jaisalmer, die wie eine Fata Morgana aus der Wüste steigt, an den Garten des Maharaja-Palastes, weit jenseits von Zeit und Raum, wo ich Nachmittage verträumt habe, an die nebligen Morgenstunden im Tal von Kaschmir, an die Strände an der Malabar- und Koromandelküste, an die Tempel von Mahabalipuram und die Höhlen von Ellora, an die Abende in den Dörfern, die blauen Stunden, wenn die Bauern von den Reisfeldern kommen, die Frauen die Fladenbrote aus den Steinöfen holen, die Kinder auf dem Rücken der Wasserbüffel schaukeln. Und die Tage vor dem großen Regen fallen mir wieder ein, wenn Mensch und Vieh ins Wasser flüchtet, wenn die Hitze schon in die Häuser kriecht, bevor die Sonne richtig aufgegangen ist, wenn der Himmel stählerne Farben annimmt und das Leben, wie es scheint, fast völlig erlahmt.

Es fällt schwer, irgendwo auf der Welt schönere Heimstätten zu finden, die Menschen für ihre Götter – oder für ihre Liebsten gebaut haben. Das Taj Mahal läßt sich in der Wirklichkeit von keinem Traum und erst recht von keiner Kitschpostkarte übertreffen; es ist, egal in welchem Licht es gerade schimmern mag, „jenseits jeglicher Beschreibung", wie Rudyard Kipling vor hundert Jahren notiert hat.

Zu allen Zeiten haben Reisende aus dem Abendland in Indien den Orient unserer Seele gesucht. Viele haben zur Verklärung unseres Indienbildes beigetragen, andere haben Traum und Wirklichkeit vor Ort zu Erkenntnissen verarbeitet, die heute noch gültig sind. Es sind Regeln, die dem sanften Reisen entsprechen, von dem jetzt so oft die Rede ist. Hermann Hesse, ein Beispiel nur, wollte eigentlich mit Weisen und Heiligen sprechen, aber er fand vor allem Händler und Krämer. Schließlich, nach näherem Hinsehen und der Bereitschaft zum Staunen und zur

Auf der Suche nach Indien

Gegenüberliegende Seite: Die gewaltige Elefanten-Parade beim Pooram-Fest in Trichur (Unionsstaat Kerala) lockt Ende April alljährlich mehr als eine Million Zuschauer an. In einer symbolischen Schlacht stehen sich phantastisch geschmückte Tiere mit ihren Mahouts auf dem Platz vor dem Vadakhunatha-Tempel – dem Shiva geweiht – gegenüber.

Anpassung an das andere, meinte der Autor des „Siddharta": „... es sollte unsere Aufgabe sein ... einander zu erkennen und einer im anderen das zu sehen und ehren zu lernen, was er ist: des anderen Gegenstück und Ergänzung."

Dieses Indien-Buch will dabei helfen. Es ist, in erster Linie, ein Lesebuch, kein Reiseführer. In der Tradition klassischer Reiseberichte, habe ich versucht, Eindrücke zu schildern, Impressionen, die ich mit Reflektionen verknüpfe. Auf diese Weise, denke ich, läßt sich am ehrlichsten Erfahrung, Kenntnis und letztlich Verständnis vermitteln.

„Ratgeber" und „Reiseführer", die beiden umfangreichen Teile im Anschluß an die subjektiven Reportagen von unterwegs, mögen bei der Planung einer Indienreise behilflich sein. Sie können und wollen keinen Kunstführer und kein Indien-Handbuch ersetzen. Die nächsten Seiten wenden sich an den bewußten Reisenden, auch an den, der gar nicht erst losfährt, sondern die Reise wohlvorbereitet nur in Gedanken unternimmt.

Das andere Denken, jenseits aller uns bekannten Schablonen, das Leben mit den Göttern, aber auch das Erbe aus uralter Geschichte und jenen Einflüssen aus der Kolonialzeit, die gerade ein paar Jahrzehnte zurückliegt, die fremden Klänge einer wundervoll-exotischen Musik, die Bedeutung der Tiere, die als „heilige Kühe" zu einem Klischee für Indien geworden sind – Stichworte, die in diesem Buch erläutert werden. Es sind persönliche Erfahrungen, die hier wiedergegeben werden, angereichert durch Lektüre, ergänzt durch Informationen aus unzähligen Gesprächen mit Freunden in Indien, mit Indien-Kennern und Indien-Liebhabern in vielen Teilen der Welt. Manches mag ich nicht richtig verstanden haben, anderes überhaupt nicht. Wahrscheinlich hat Jawaharlal Nehru, einer der Architekten des freien Indien, recht, wenn er sagt: „Dieses Land kann man nur mit eigenen Augen begreifen." Und wer zu anderen Erkenntnissen gelangt als ich, mit völlig anderen Impressionen und Wertungen von einer Indien-Reise zurückkommt, der sei schon im Vorwege auf ein Zitat verwiesen, das von der Nehru-Tochter Indira Gandhi stammt: „Es gibt kein Urteil über dieses Land, das vollkommen stimmt."

Religion: Die Seele und das Ganze

„Deine Götter und meine Götter – weißt Du oder weiß ich, wer die stärkeren sind?"

Indisches Sprichwort

Der Zug hatte lange auf einem Provinzbahnhof an der Ostküste gestanden. Über der Station lastete die windstille Hitze der Vormonsunzeit. Ich war allein im Abteil und irgendwann mußte ich eingeschlafen sein. Als ich aufwachte, weil sich der Zug mit einem Ruck in Bewegung gesetzt hatte, saß mir ein alter Mann gegenüber, dessen weißer, langer Bart auf ein weißes Gewand fiel. Er schien nur darauf gewartet zu haben, mit mir ins Gespräch zu kommen. Wie jeder Inder wollte er sofort wissen, woher ich komme, wohin ich reise, was mich an Indien am meisten beeindrucke. Und dann, keine fünf Minuten nach diesen einleitenden Fragen, sollte ich ihm sagen, wo ich Gott sehe.

Der Mann war keineswegs komisch. Ganz im Gegenteil: Er war, wie sich bald herausstellte, ein Gelehrter von Rang, hatte Bücher über Hinduismus und Christentum, über Gott und die Welt geschrieben. Für ihn war die Frage nach der Religion ganz selbstverständlich. Ich hatte anfangs Mühe, auf seine direkten Fragen klar zu antworten. Was soll man sagen, wenn einer, der wie der liebe Gott persönlich aussieht, im Nachtzug von Kalkutta nach Hyderabad wissen will, ob Jesus sich in diesem Abteil aufhalte, beispielsweise im Ventilator verborgen oder im Fensterrahmen…? Und was wird aus meiner Seele, später, wenn ich…?

Es dauerte eine Weile, bis ich es begriffen hatte: dieses war ein typisch indisches Gespräch. Ein Weiser, besser: ein Suchender, trifft auf einen Gast aus dem Westen. Da muß natürlich die Gelegenheit genutzt und das Gespräch über Gott, über die Seele und das Ganze gesucht werden. Indien…

*

Ich weiß nicht, ob der alte, vielzitierte Schlegel-Satz jemals gültig war: „Wer Kunst erleben will, muß nach Italien reisen; wer aber Religion studieren will, muß dafür nach Indien fahren." Gesucht oder gar studiert habe ich die Religion in diesem Land nie. Aber die Religiosität – die religiös geprägte Kunst, der religiös bestimmte Alltag – ist mir so deutlich, so facettenreich und manchmal so brutal begegnet wie jedem anderen Reisenden. Nicht der Trip zu den Quellen der Weisheit, nicht die Suche nach der tiefen Spiritualität ist gemeint. Religion und Alltag sind so gut wie eins in diesem Land. Und wenn Reisende in dem Zusammenhang häufig von Verwirrung, von unfaßbaren Riten und Regeln, von unverständlichen Bildern und Bauwerken sprechen, so meinen sie eigentlich immer den Hinduismus. Zwar gibt es in Indien Millionen-Gemeinden anderer Religionen, mehr Moslems zum Beispiel als in Pakistan, mehr Christen als Österreich und die Schweiz Einwohner haben, auch Buddhisten und Parsen, Jainas und Sikhs. Und Juden: an der Koromandelküste leben sie schon seit den Zeiten König Salomos; Synagogen in Bombay und Kalkutta künden von einstmals blühenden Stadtgemeinden. Aber vier Fünftel aller Inder, 600 Millionen Menschen, sind Hindus. Ihre Glaubenswelt prägt unsere Eindrücke wie keine andere Religion. Deshalb nimmt der Versuch einer Erklärung ihres Gedanken-Gebäudes hier auch so viel mehr Platz ein als die anschließenden Kurzporträts der anderen Religionen.

Hinduismus
Kann es eine Religion geben, die keinen Stifter kennt, keinen Propheten, keine Organisation, die auch nur entfernt an „Kirche" erinnert? Was ist das für ein Glaube, der weder Himmel noch Hölle kennt, keine Gebote, kein Jüngstes Gericht, viele heilige Schriften hat, aber keine einzige, die für irgendwas und irgendwen als verbindlich gilt? Was soll das für eine Weltanschauung sein, die Platz bietet für 330 Millionen Götter, und obendrein noch Räume frei hat für Gläubige, die an gar keinen Gott glauben?

Es ist ein sehr großes, sehr kompliziertes und doch auch wiederum sehr einfaches Gedanken-Gebäude; so groß, so widersprüchlich wie Indien. Wir nennen dieses Gedanken-Gebäude Hinduismus, wir aus dem Westen, die es gern übersichtlich, geordnet und verständlich haben. Die Anhänger dieser Weltanschauung, die Hindus – sie sind es durch den Zufall der Geburt – sprechen von *Dharma*. Das ist die ewige, die kosmische und die sittliche Ordnung, das Weltengesetz. Diesem Gesetz liegt das Urprinzip von Schöpfung und Zerstörung zugrunde. Alle Lebewesen, das ist seit vielen tausend Jahren die vorherrschende Meinung in Indien, sind aus dem *Brahman* hervorgegangen, der großen Weltseele (nicht zu verwechseln mit Gott Brahma). Zum Brahman gehört das *Atman,* die Einzelseele, das unsterbliche, wirkliche Selbst des Menschen. Brahman und Atman meinen, vereinfacht ausgedrückt, dasselbe: das absolute Bewußtsein, die absolute Seligkeit. Und beide zusammen bringen den ewigen Kreislauf von Werden und Vergehen in Schwung; sie halten das Rad solange am Rollen, bis das Selbst endgültig aufgelöst wird.

Religion: Die Seele und das Ganze

Gegenüberliegende Seite: Steinerne Tänzerin aus dem Belur-Tempel in der Südprovinz Karnataka. Das tanzende Mädchen wird von Musikanten begleitet, die ihr zu Füßen sitzen. Der Belur-Tempel stammt aus der Epoche der Hoysala-Könige, 12. Jahrhundert.

Moksha heißt die Befreiung aus allen Bindungen, aus dem Kreislauf immer neuer, immer anderer Wiedergeburten. Weil der Mensch nicht als Krone der Schöpfung angesehen wird, kann die Seele durch alle Formen des Lebens wandern. Das heißt: die Wiedergeburten in einem Tierkörper, ja sogar in einer Pflanze, sind nicht auszuschließen. Kein Wunder also, daß Mensch und Kreatur in Indien in einem anderen Verhältnis zueinander gesehen werden als bei uns. Kein Wunder auch, daß Götter Flügel haben oder Elefantenrüssel, Affenköpfe oder den Leib einer Ratte. Wohin die Seele wandert, in welche Hülle sie das nächste Mal schlüpft, das bestimmt das *Karma,* die Summe aller Taten im Leben eines jeden einzelnen.

Karma ist das Gesetz, bei dem jeder jeden Tag mitbestimmen darf; moralische Verdienste werden angerechnet, böse Handlungen in Abzug gebracht bei der „Schlußbilanz". Wo also den Christen erst später Himmel oder Hölle winkt oder droht, wird den Hindus schon mit ihrer jetzigen Existenz die Quittung ausgestellt, für Verfehlungen oder für die Früchte braven Tuns im vergangenen Leben. Nur so erklärt sich die Hinnahme des Kastenwesens, die uns so oft (und so falsch) fatalistisch vorkommt. Auf die Bedeutung dieser geheiligten Sozialordnung und ihre Rolle im modernen Nationalstaat, gehe ich ein im Kapitel „Kasten: Brahmanen und die Kinder Gottes", S. 25 ff.

Nach wie vor bestimmt die Religion den Alltag fast aller Inder. Mehr oder weniger bewußt halten sich die Hindus an die Lebensphasen, wie sie ihnen in den alten Schriften erläutert werden, nämlich als aufbauende Entwicklungsstufen: Auf die Zeit des Lernens folgt die Zeit der Ehe und der Kindererziehung, dann der Rückzug in die Einsiedelei (im Normalfall: der Abschied vom Streben nach irdischen Gütern), schließlich die völlige Entsagung, die Versenkung in absolute geistige Sphären. Gar nicht so selten gehen indische Politiker oder Wirtschaftsbosse in dieser Phase auf die Bettelwanderschaft *(Sanyasa).*

Wann aber kommt das Rad der Wiedergeburten zum Stillstand? Wie lang ist der Weg zur endgültigen Befreiung? Zeit hat in Indien nicht nur andere Dimensionen; sie wird auch anders erklärt als im Westen, und zwar in Legenden. Eine solche Geschichte, seit Urzeiten erzählt, berichtet von einem Mann, der schon lange auf der letzten Stufe seines Daseins vor sich hin meditiert. Asketisch lebt er an den Ufern der heiligen Mutter Ganga. Schließlich besucht ihn Narada, von dem er weiß, daß er sogar den Göttern weissagen kann. Der Alte nutzt die Chance und fragt: „Sa-

ge mir, Narada, wieviele Existenzen habe ich noch vor mir? Wie oft muß ich noch geboren werden?" Narada zeigt auf den Tamarindenbaum in der Nachbarschaft und antwortet dem Asketen: „Erst wenn Du soviele Leben verbracht hast wie dieser Baum Blätter trägt, erst dann wirst Du erlöst." Das freut den Suchenden, denn für ihn ist die Befreiung nun ganz nah: „So wenige Leben nur noch", staunt er, „so wenige..."

Wichtiges „Werkzeug" zum Bau des gewaltigen Denkgebäudes, das heute Hinduismus heißt, brachten vor über dreitausend Jahren jene hellhäutigen Völker aus Vorderasien mit, die später als „Arier" in die Geschichtsbücher eingingen. Sie drängten drawidische und andere Stämme nach Süden. Achthundert Jahre, nachzulesen wiederum in Legenden, die im indischen Kulturraum die eigentlichen Geschichtsbücher sind, dauerte der Kampf zwischen Eindringlingen und dunkelhäutiger Urbevölkerung. Die Arier hatten eigene Götter, ließen diese aber bald „Ehen" eingehen mit Naturgottheiten, die schon lange vorher zwischen Indus und Ganges gehaust hatten. Aus dieser Mischung entstand, etwa zwischen 1600 und 1000 vor unserer Zeitrechnung, der *Vedismus,* die erste Etage des „Gebäudes", des späteren Hinduismus.

In den vedischen Schriften sammelten die neuen Inder alles Wissen (= *Veda*) um die letzten Geheimnisse des Göttlichen und Menschlichen: mythische Erzählungen, die erst mündlich, später in der heiligen Schriftsprache Sanskrit, weitergegeben wurden. Der Regengott Indra, der Feuergott Agni, die Götter der Sonne, der Winde, des Meeres spielen darin eine wichtige Rolle. Auch Vishnu, dem heute die meisten Hindus huldigen, wird schon erwähnt.

Auf den Vedismus folgte der Brahmanismus (ungefähr ab 800 vor Christus), in unserem Bild das zweite Stockwerk des Gedanken-Gebäudes, das sich nun bald zum Hinduismus entwickeln sollte. Jetzt drängte ein Schöpfergott (Brahma) die alten Naturgötter zurück; seine Priester, die Brahmanen, sammelten und kodifizierten nicht nur alles, was ihnen zum Verständnis des Universums, allen Lebens und jeglichen Tuns wichtig war – sie behielten das Herrschafts-Wissen auch erst einmal für sich. Sie kommentierten zwar die Veden und legten in den *Upanishaden,* heiligen Schriften, die Grundlage der heutigen Lehre, aber sie teilten ihre Erkenntnisse eben nicht. Das Volk fand kaum noch Zugang zur Philosophie der elitären Priesterkaste. Kein Wunder, daß in dieser Zeit – um 500 vor Christi Geburt – Reformer auf ein aufnahmebereites Publikum stießen. Zu gleicher Zeit stifteten zwei Männer – beide aus Nord-

Brahma

indien, beide aus der Kriegerkaste – neue Glaubensrichtungen. Aus der einen, der von Siddharta Gautama (Buddha), entstand eine Weltreligion. Dort freilich, wo sie ihren Ursprung hat, in Indien, spielt sie heute kaum noch eine Rolle. Die andere, von Jinas oder Mahavira (das heißt „Großer Held") verkündete Lehre, der Jainismus, blieb bis heute auf einen kleinen Teil der Bevölkerung beschränkt.
Diese neuen Lehren trugen ganz wesentlich zum Übergang vom Brahmanismus zum Hinduismus bei, wie er in seinen Grundzügen bis in die Gegenwart besteht. Andere Formen der Religiosität entstanden. Zeremonielle Verehrung *(Puja)* löste die vedischen Opferkulte ab. Das alte Wissen ging populäre Verbindungen ein mit den noch viel älteren Glaubensformen der Urbevölkerung. Dämonen und Geister rückten auf ins Pantheon der Hindus. Großartige und dem Volke eingängige Epen festigten die Lehre: das *Ramayana,* das *Mahabharata,* dessen schönster Teil, die *Bhagavadgita* (Lied Gottes), nicht nur für Mahatma Gandhi zum „geistigen Wörterbuch" wurde. Heute liegt die Gita, wie sie kurz genannt wird, auf den Nachttischen vieler Hotels in Indien.
Karma, die Kausalkette der Wiedergeburten, wird von allen Hindus als wesentlicher Glaubensgrundsatz angenommen. Wie aber der einzelne – der Rikscha-Mann in Kalkutta, der Atomphysiker in Bombay, der Bauer in Uttar Pradesh – die Philosophie der alten Weisen in seinen Alltag einbringt, bleibt ihm überlassen. Für Hindus gibt es keine „wahre" Lehre – also auch keine falsche. Kein Gott, kein Prophet, kein vergöttlichter Religionsstifter steht für eine letzte Instanz. Das bedeutet: Es gibt mindestens soviele „Wege zum Heil" wie es Gläubige gibt; und fast soviele Götter.

*

Der Besucher steht zunächst einmal hilflos vor den Bildern und Skulpturen der Tempel. Eben hat er noch auf einem Fries eine sinnlich-erotische Frauenfigur bewundert, eine lebensspendende Göttin, die mit anmutiger Geste Lotosblatt, Gebetskette und Spiegel in ihren Händen hält. Und nun zeigt ihm eine widerliche Fratze die Zunge. Dieses böse Weib und die üppige Schönheit von vorhin sind aber nur zwei Gesichter einer Gottheit, erfährt der Fremde. In den unterschiedlichen Darstellungen kommt die Dualität von Erotik und Grauen, von Fruchtbarkeit und Zerstörung zum Ausdruck. Die freundliche und die furchtbare Erscheinung symbolisieren gleichermaßen *Shakti,* die weibliche Energie in all ihren Ausprägungen. Und weil zwischen Gut und Böse viele Formen „mensch-

Religion: Die Seele und das Ganze

licher" Stärken und Schwächen liegen, zeigen sich auch die Götter in vielerlei Gestalt — sanft, edel, tapfer, zornig, neidisch, voller Begierde. Diese Darstellungen, unzählige, auch für den Kenner verwirrend, heißen Aspekte, Manifestationen oder Inkarnationen; jeweils mit einem eigenen Namen, der auch noch von Region zu Region, von Dorf zu Dorf, von Sprache zu Sprache wechseln kann.

Allein Vishnu erscheint in zehn Hauptinkarnationen, von denen zwei besonders bekannt sind: Krishna, der beliebte Hirtengott, in der Mythologie als Frauenheld gefeiert, gehört als achte Manifestation dazu. Neunte Inkarnation, von den Hindus sozusagen als Nebenerscheinung Vishnus vereinnahmt, ist Buddha.

Shiva

Am vielfältigsten erscheint Shiva, eben nicht nur als Zerstörer und dynamischer Traumtänzer im Flammenring, wie er so oft gezeigt wird. In den weisen Büchern ist von 1008 Namen und Gesichtern für Shiva die Rede, meistens vierarmig dargestellt, mit Dreizack, Trommel, Bogen, Schädelstab, Schlinge und Axt ausgerüstet. Jedes Utensil, jedes Emblem hat seine Geschichte, üppig ausgemalt in Legenden, von denen es noch mehr als Shiva-Aspekte gibt.

Drei Götter bilden die herausragende Dreiheit *(Trimurti):* Brahma, der Weltenschöpfer, Vishnu, der Welterhalter, Shiva, der Zerstörer, der zugleich die Welt in Atem hält. Für die Dynamik, mit der er das tut, steht seine Manifestation als *Nataraja,* der kosmische Tänzer. Diese drei Götter haben wichtige Funktionen im Weltbild der Hindus, es sind aber keine „oberen" Gottheiten. Eine Hierarchie, wie etwa im altgriechischen Pantheon, kennt das Labyrinth der Hindu-Götter nicht, in dem sich wohl jeder Indien-Tourist verläuft, gegen Ende der Reise eher häufiger als am Anfang. Die meisten Anhänger der komplexen Weltanschauung Hinduismus ficht dieser Dschungel nicht an. Sie „entscheiden" sich für einzelne Götter, leben mit ihnen eng zusammen, baden und kleiden sie, geben ihnen zu essen, amüsieren sie mit Tempeltänzen und sanften Klängen (siehe auch das Kapitel „Südindien: Auf der Straße der Tempel", S. 134 ff.).

Vishnu

Die meisten Hindus aber lieben ausschließlich Vishnu; nicht wenige opfern nur Shiva; anderen besänftigen Durga oder Kali, die grausamen Göttinnen. Aber auch für die profanen Wechselfälle des Alltags stehen genügend Götter im großen Gedanken-Gebäude zur Verfügung. Da ist, allen voran, der liebenswerte *Ganesha,* elefantenköpfiger Sohn von Shiva und Parvati, der von fast jeder Unternehmung um Beistand gebeten

Religion: Die Seele und das Ganze

wird. Auch die Jains und die Buddhisten mögen den „Herrn über alle Hindernisse", der so gern Konfekt ißt. Und so mancher Christ legt, bevor er ein Geschäft abschließt oder ein Fest feiert, dem dickbäuchigen Ganesha eine Girlande um den Rüssel.

Lakshmi, Vishnus Frau, ist die Göttin des Glücks, des Reichtums und der Schönheit. Sie wird von Vishnu- und Shiva-Anhängern nahezu gleichermaßen gern gesehen. Eine ebenfalls sehr freundliche Bewohnerin des Hindu-Pantheons ist *Sarasvati,* die Gattin Brahmas. Sie wird meistens mit einer Art Zither dargestellt, Symbol göttlicher Poesie. Auch das Buch als Zeichen der Gelehrsamkeit gehört zu den Attributen, ebenso eine Gebetskette.

Parvati

Alle Götter signalisieren schon in ihren Bildern und Figuren, wofür sie stehen, in welcher Stimmung sie sind, welcher Machtbereich ihnen zukommt. Sie alle hocken, stehen, sitzen, liegen auf einem Sockel, oftmals auf einer Lotosblüte. Sie alle reiten ein Tier, gleichfalls ein Symbol, aus dem Kundige schnell auf den Namen des Gottes schließen können. Den fetten Ganesha beispielsweise schleppt eine Ratte, Vishnu schwebt auf dem Phantasie-Vogel *Garuda; Skanda,* der Kriegsgott, hält sich einen Pfau; *Kama,* dem Gott der Liebe, sind Papageien zugeordnet.

Shivas Tier, der weiße Stier *Nandi,* hockt vor jedem Tempel des Zerstörers. Mit ihm hat es eine kuriose Bewandtnis. Nandi, wörtlich: der Glückliche, meint Freude, auch die ungezügelte, die zur Schöpfung notwendig ist. Aber Shiva, der fortgeschrittenste unter den Asketen, der Herr des Yogi, beherrscht seine Triebe, zügelt alle Leidenschaften. Da sollte ihm, so mögen sich die alten Weisen wohl gedacht haben, wenigstens ein so kraftvolles Reittier wie Nandi vergönnt sein.

Krishna

Vieles läßt sich aus den Attributen erkennen, die den Göttern beigegeben sind. Manche Ausdrücke in dieser Bildsprache machen sofort einen Sinn. Andere Gestaltungsformen, vermutlich die meisten, wird man auch dann kaum verstehen, wenn ein schlaues Buch eine Erklärung anbietet. Die Götter sprechen jedenfalls durch ihre Skulpturen und in den Legenden. Die Mehrzahl der Gläubigen, auch Inder ohne „Bildung", versteht diese „Sprache". Es muß aber wirklich nicht der Sinn einer Reise sein, alle Schleier lüften zu wollen, jedes Bild zu deuten, jeden Stein lesen zu können. Der Wechsel zwischen übersinnlicher Schönheit und Bildern, die wir eklig finden, macht den Weg durch das Dickicht aufregend. Es geht bei einer Reise zu den Schauplätzen indischer Gläubigkeit nicht einmal dann sinnliche Spannung verloren, wenn wir zum Schluß

Religion: Die Seele und das Ganze

Vorhergehende Doppelseite: Der Priester, dem sich hier die Schnur des Zweimalgeborenen über dem Leib spannt, sitzt vor einem Vishnu-Tempel im Südstaat Karnataka. Die üppig verzierte Tür führt zum Allerheiligsten.

erfahren, daß alle 330 Millionen Götter nur die Verkörperung des einen sind.

*

Die Vielfalt, die Indien an weisen Männern, selbsternannten Heiligen, an Meistern religiöser Richtungen, an Sehern, Einsiedlern, Asketen und Büßern zu bieten hat, erstaunt, befremdet und erschreckt zuweilen den Besucher aus dem Westen. Hier eine Übersicht der wichtigsten Begriffe für diese gelehrten Männer, die das Heil auf sehr unterschiedliche Weise suchen:

Baba: Vater; allgemein: Anrede für einen verehrungswürdigen älteren Herrn, besonders aber für einen religiösen (Sekten-) Führer.

Bhag(a)van: wörtlich: „der Erhabene"; 1. Name für den Gott, der „persönlich" angesprochen wird; 2. Anrede/Titel eines selbsternannten Heiligen.

Staunend berichteten Reisende zu allen Zeiten über ihre Begegnungen mit Fakiren und anderen „Wundermenschen". Diese Illustration stammt aus einem Indien-Bildband Anfang des 20. Jahrhunderts.

Fakir: Sich selbst peinigender Asket und Büßer, ursprünglich moslemischer Herkunft, heute auch für Hindu-Asketen gebraucht; nicht selten nomadisierende Gaukler und Scharlatane, die den (Aber-) Glauben der schlichten Landbevölkerung ausnutzen.

Guru: Lehrer, Meister; meistens im spirituellen Sinne gebraucht.

Pandit: Gelehrter; Brahmanen-Titel, zum Beispiel Pandit Nehru.

Rishi: Seher; Offenbarer spiritueller Weis- und Wahrheiten.

Sadhu: Wandermönch und (oft genug seltsamer) Heiliger; den Körper häufig mit Asche eingerieben, das Haar zu fettigen Strähnen gezottelt, zieht er mit allerlei Tricks und Kunststücken aus der parapsychologischen Zauberkiste über Land. Ihr vorgebliches Anliegen: der Welt zu entsagen, Gott zu verwirklichen.

Swami: Eigentlich „Herr"; Anrede für Hindu-Mönche und zugleich Ehrenbezeichnung für religiöse Lehrer oder als heilig angesehene/sich ausgebende Männer.

Yama: Gott des Todes.

Yogi: Anhänger und Lehrer jener physisch-psychischen Technik namens Yoga, die zu größtmöglichem seelischen und körperlichen Wohlbefinden führen kann (auf verschiedenen philosophischen Wegen bzw. in unterschiedlichen „Schulen".

Ein Yogi im strengen Sinne ist ein Heilssucher auf dem Wege zur übersinnlichen Erkenntnis, ein Büßer und Asket, der sich einem höheren Bewußtsein nähert.

*

Buddhismus

Der historische Buddha wurde um 560 vor unserer Zeitrechnung in Lumbini geboren. Dieser Ort gehört heute zu Nepal, genauso wie Kapilavastu, wo Siddharta Gautama, Sohn eines Adligen aus dem Geschlecht der Shakya, die ersten 29 Jahre seines Lebens verbrachte. Im weiteren Lebenslauf des Fürsten mischen sich Legende und einige archäologisch gesicherte Erkenntnisse.

Siddharta wuchs in den Vorbergen des Himalaya auf. In der Nähe des Ganges, im Gazellenhain zu Sarnath (bei Varanasi) hielt er seine erste „Predigt". Dazwischen liegt die nordindische Tiefebene, heiliges Ursprungsland des Buddhismus. Mit 29 Jahren verließ Siddharta Gautama das Anwesen seiner Eltern. Er hatte jung geheiratet und den Luxus genossen, den sein Vater ihm bieten konnte. Erst die Begegnungen mit einem Kranken, einem Alten und einem Toten ließen ihn nach dem Sinn des Lebens fragen. Als Asket bemühte er sich fortan um Erlösung, bis er, nach sieben Jahren schmerzhaften Fastens, einsah, daß dieser Weg nicht ans gewünschte Ziel führen würde. Schließlich, an seinem 35. Geburtstag, kam ihm unter einem Feigenbaum bei Gaya die Erleuchtung. Seither gelten diese Art Feigenbäume *(ficus religiosa)* als heilige Bäume; sie werden überall im indisch-buddhistischen Kulturkreis *Bodhi*-Bäume genannt.

Vier Wahrheiten erlösten den Suchenden aus dem Kreislauf der Wiedergeburten — er war damit zum Buddha geworden, das heißt: zum Erleuchteten. Diese vier „edlen Wahrheiten" führen nach Buddhas Erkenntnis zum *Nirwana:* die Wahrheit vom Leiden; die Wahrheit über die Entstehung des Leidens; die Wahrheit der Heilung vom Leiden durch die Überwindung der Gier; schließlich, die höchste aller Wahrheiten, das Beschreiten des achtfachen Pfades.

An diesem Pfad liegen rechte Erkenntnis, rechte Gesinnung, rechte Rede (ohne Lüge, Verleumdung und Geschwätz), rechte Lebensführung, rechter Lebenserwerb, rechtes Bemühen, rechtes Denken und rechte Konzentration. Das alles bedeutet methodische Selbstkontrolle, die letztlich zu innerem Seelenfrieden und weiter zum Nirwana, dem Endziel buddhistischen Strebens, führt.

Buddhismus ist Mitleid und Weisheit. Die Lehre, wie der Hinduismus eher eine Philosophie als eine Religion, kommt ohne das strenge Kastendenken des Brahmanismus aus. Das war einer der Reformansätze des historischen Buddha. Er trat vor allem gegen den Dünkel der Priesterkaste an. Nicht das Kastensystem an sich stellte er in Frage (denn soziale Ungleichheit war auch für Buddha das Ergebnis früherer Taten, also Karma). Aber ganz entschieden wendete sich der erleuchtete Fürstensohn gegen die Ansicht, daß allein die Kastenzugehörigkeit etwas über den Wert des einzelnen Menschen aussagt.

Karma und der Kreislauf der Wiedergeburten gehören auch im Buddhismus zu den Grundlagen der Lehre. Diese Lehre hat heute, wie alle Weltreligionen mit weiträumiger Verbreitung, viele Richtungen und Schulen. Der *Theravada*- oder *Hinayana*-Buddhismus (Kleines Fahrzeug) kommt der ursprünglichen Lehre am nächsten. Diese konservative Richtung, in Sri Lanka, Thailand, Burma und den Ländern Indochinas vertreten, geht davon aus, daß jedermann aus eigener Erkenntnis zum Nirwana kommen müsse.

Im *Mahayana*, dem Buddhismus des „Großen Fahrzeugs", haben viele Helfer Platz. Damit sind Heilige *(Bodhisatvas)* gemeint, die im Kreislauf der Wiedergeburten auf der vorletzten Stufe warten, bis alle Menschen erlöst sind. Und nicht nur die eigene Erlösung – aus sich selbst heraus – ist wichtig, sondern auch die der anderen Menschen. Das „Große Fahrzeug" hat Vorfahrt in China, Korea und anderen Ländern des Fernen Ostens.

In den indischen Himalaya-Regionen, in Ladakh und im Nordosten, spielt der tibetische Lamaismus die wichtigste Rolle. Das ist eine von tantrischen und esoterischen Elementen bestimmte Variante des *Vajrayama* (Diamantenes Fahrzeug).

Jainismus

Auf anderthalb bis zwei Millionen Gläubige werden die Jain(a)s geschätzt. Ihre Religion entstand zur gleichen Zeit wie der Buddhismus, ebenfalls als Reformbewegung gegen die autoritären Strukturen des Brahmanismus. Begründer der Lehre war Jinas oder Vardhamana, wie der historische Buddha ein Prinz aus der *Kshatria*-(Krieger) Kaste Nordindiens. Er sah sich als letzten in einer Kette von 24 „Weltlehren" und wird heute als *Mahavira* verehrt.

Vereinfacht gesagt, glauben die Jains nicht an Gott. Göttlichkeit wohnt vielmehr in jeder Seele. Karma und Wiedergeburt bestimmen auch diese Religion, die keine Kasten kennt. „Befreiung" wird durch rechten Glauben, rechte Erkenntnis und rechtes Verhalten erlangt. Dazu zählt in erster Linie die Achtung vor allen Lebewesen. Mönche und andere fromme Jains tragen deshalb einen Mundschutz, der sie vor dem versehentlichen Verschlucken eines Insekts bewahren soll. Selbstverständlich sind alle gläubigen Jains strenge Vegetarier. Besucher müssen vor Jaintempeln nicht nur die Schuhe ausziehen, sondern auch Gürtel, Taschen, Kamera-Etuis und andere Gegenstände aus Leder ablegen. Die Hochburgen der Jains liegen in Gujarat und Rajasthan. In Bombay sind viele von ihnen als erfolgreiche Kaufleute tätig.

Parsismus
Die Parsen (Parsi, Farsi) stammen, wie der Name sagt, ursprünglich aus Persien. Sie stellen mit höchstens noch 80 000 Angehörigen eine für indische Verhältnisse sehr kleine, dafür aber höchst einflußreiche Gemeinschaft. Parsen folgen der Lehre Zarathustras, die dieser im 6. Jahrhundert vor der Zeitwende im Iran verkündete: *Ahura Mazda* ist der einzige Gott, ewiger Kämpfer gegen das Böse *(Ahriman).*
Alle Elemente sind den Parsen heilig. Damit keines – Feuer, Wasser, Erde und Luft – verunreinigt wird, legen sie ihre Toten auf sogenannten „Türmen des Schweigens" den Geiern zum Fraß vor. In der jüngeren Generation der Parsen ist diese Sitte umstritten. Überhaupt wenden sich immer mehr junge Gläubige von den alten Traditionen ab.
In der indischen Wirtschaft spielen Parsen eine herausragende Rolle. Der Tata-Clan, zu dem Stahlwerke, Lastwagen-Fabriken und Hotels gehören, ist das größte Privatunternehmen des Landes. Die meisten Parsen sind in Kleidung, Kulturgeschmack und Lebensstil westlich orientiert. Sie leben fast alle in Bombay. Ihre Zahl – ohnehin nur knapp 0,01 Prozent der Gesamtbevölkerung – nimmt unter anderem durch „Mischehen" und Auswanderung rapide ab.

Islam
Im 12. Jahrhundert wurden erstmals weite Teile Nordindiens islamisiert. Über lange Zeit prägten Moslems die Kultur großer Bereiche des Subkontinents, dem sie Bauwerke von unvergänglicher Schönheit schenkten. Immer wieder kam es zu heftigen Auseinandersetzungen zwischen Moslems und Hindus, deren Denkweisen kaum weiter auseinanderliegen könnten. Höhepunkt der blutigen Glaubenskriege war die Teilung des Subkontinents nach der Unabhängigkeit: in das islamische Pakistan (von dem sich später im Osten Bangladesh absplitterte) und in das hinduistisch geprägte Indien, wo aber immer noch fast hundert Millionen Moslems wohnen.
Sie glauben nur an einen Gott *(Allah),* und Mohammed ist sein Prophet. Das ist der wichtigste Grundsatz des Islam. Die anderen Glaubenspfeiler

sind das Gebetsgebot (fünfmal am Tag gen Mekka gerichtet), die Verpflichtung zum Almosengeben, das Fasten im Ramadan-Monat und die Pilgerfahrt nach Mekka.

Das Schwert, das Mohammed von Allah persönlich erhalten haben will, um damit alle Ungläubigen zu unterwerfen, ist oft eingesetzt worden. Die Aufforderung zum „Heiligen Krieg" steht als neunte von 114 Suren im Koran.

Die meisten indischen Moslems gehören der sunnitischen Richtung an. Die Mehrheit ist bitter arm; viele Gewaltausbrüche haben deshalb auch soziale Ursachen.

Sikhismus

Der Kampf um den Goldenen Tempel von Amritsar, der Terror radikaler Separatisten, die einen eigenen Sikh-Staat wollen und die Ermordung Indira Gandhis durch Sikhs haben diese Glaubensgemeinschaft in den letzten Jahren in die Schlagzeilen und in Verruf gebracht. Plötzlich galten Sikhs als besonders gewalttätig. Dabei war diese Religion entstanden, um hinduistische mit islamischen Auffassungen zu versöhnen. Guru Nanak, Gründer des Sikhismus, setzte sich im 15. Jahrhundert für Toleranz zwischen dem monotheistischen Islam und dem poly- oder pantheistischen Glauben der Hindus ein. Weil aber die Moslemherrscher schon bald die Sikhs bekämpften, wandelten diese sich von einer friedfertigen Gemeinschaft zu einem kämpferischen Orden.

Sikhs sind schon früh für eine Besserstellung der Frauen eingetreten. – Obwohl nach Sikh-Glauben nur ein Gott existiert, werden viele Hindu-Gottheiten „nebenher" verehrt. Das Kastensystem wird weitgehend abgelehnt; der Glaube an Wiedergeburten findet sich auch im Sikhismus. Männliche Sikhs fallen überall in Indien auf, weil sie alle einen Turban und einen Bart tragen. Das ungeschorene Haar *(Kesha),* unter dem Turban zu einem Knoten gebunden, ist eines der fünf K-Regeln. Die anderen: *Kangha* – ein Kamm, der im Haar steckt; *Kachha* – kurze Hosen unter der üblichen Kleidung; *Kara* – ein Armreif, der an die Rüstung früherer Zeiten erinnern soll; *Kirpan* – der Dolch, der bei den meisten Sikhs nur als Emblem oder in Mini-Form als Symbol vorhanden ist. Sikhs sind geschickte Mechaniker, erfolgreiche Bauern im Punjab, wo die Hälfte der etwa 12 Millionen Gläubigen lebt, sowie tapfere Soldaten (schon in der Kolonialzeit), und sie haben vielfach das Steuer fest in der Hand: bei Taxi- und Lkw-Fahrern sind sie überproportional vertreten.

Kasten: Brahmanen und die Kinder Gottes

Herr Mukherjee stammt aus Bengalen. Seit einigen Jahren leitet er als Chef einer eigenen Firma ein Büro in Delhi, in dem etwa 20 Leute arbeiten, mehr Männer als Frauen. Herr Mukherjee kleidet sich westlich, reist mehrmals im Jahr geschäftlich nach Europa und bewirtet in seinem Haus gern Gäste aus dem anderen Kulturkreis. Die Besucher bewundern gewöhnlich zunächst seine Sammlung kleiner Krishna-Figuren; aber irgendwann, er wartet schon darauf, wird bestimmt jemand das Kasten-Thema ansprechen. Weil Herr Mukherjee einen so aufgeschlossenen Eindruck macht, fragen manche Gäste ganz direkt, wie er es denn damit halte. Und weiter: Paßt das alles noch in unsere Zeit hinein? Hemmen die Kastenschranken nicht den Fortschritt? Und welcher Kaste gehören Sie eigentlich an? „Dürfen" Sie überhaupt mit uns hier essen?

Herr Mukherjee, ein Inder würde es an seiner Ausdrucksweise, ja, sogar an seiner Gestik erkennen, gehört dem Stand der Brahmanen an. Aber er ist kein Priester, kein Bewahrer heiliger Weisheiten, nur ein tüchtiger Geschäftsmann. Herr Mukherjee sieht so unauffällig und geschäftig aus wie die Mehrzahl der Männer, die auf Flughäfen oder in Hotelhallen mit Aktenköfferchen und Taschenrechner hantieren. Selbstverständlich besucht er Restaurants aller Art, Chinesen, Italiener, einheimische Feinschmeckerlokale. Es interessiert ihn nicht, wer am Nachbartisch sitzt, wer serviert oder wessen Schatten auf seinen Teller fällt. In Behörden und Büros hat er oft mit Herren zu tun, die aussehen wie er, Safari-Anzug im Sommer, feiner Zwirn im Winter. Einige dieser Gentlemen sind fast so hellhäutig wie er, andere nicht. Sie bekleiden wichtige Ämter; von ihrem Wohlwollen hängt für Herrn Mukherjee und seine Firma viel ab. Nicht wenige dieser Beamten gehören zu einer Gruppe, die früher „Unberührbare" genannt wurden: Kastenlose, Parias, von Mahatma Gandhi zu Harijans („Kinder Gottes") geadelt.

*

Der Paria von ganz unten, der dem Brahmanen von ganz oben etwas zu sagen hat – verkehrte Welt? Gilt denn das Kastensystem nicht mehr, das unser Bild von Indien geprägt hat, seit frühe Reiseberichte von der gottgewollten Sozialordnung erzählten? Die Antwort, wie so oft in Indien: einerseits und andererseits ...

Nach wie vor ist die Hindu-Gesellschaft in Strukturen organisiert, die

„Ein dunkles Kapitel für den Hinduismus ..."

Mahatma Gandhi (1896–1948) über die Lage der Unberührbaren

seit zwei Jahrtausenden ihr Zusammenleben regeln. Aber Gandhis Appelle und vor allem die Anti-Diskriminierungs-Gesetze nach der Unabhängigkeit 1948 haben die härtesten Krusten des alten Systems aufgeweicht, in den großen Städten wirkungsvoller und weitgehender als auf dem Lande. Herr Mukherjee wird deshalb auch sagen, daß „dieses Kastenwesen, das euch Europäer so beschäftigt", für ihn so gut wie keine Rolle mehr spiele. Ausbildung und Einsatz seien die Kriterien, nach denen er seine Mitarbeiter auswähle. Gut, er bevorzuge vielleicht bengalische Landsleute, aber die Gründe dafür seien eher heimatverbundener, sentimentaler Natur; mit Kastendenken habe das nichts zu tun.

Andererseits: Herr Mukherjee würde seine Tochter niemals an einen Inder aus einer anderen Kaste verheiraten. Das, so meint der liberal denkende, weltoffene Geschäftsmann, verbiete sich von selbst. Denn niemand aus einer anderen Kaste würde so vermessen sein, um seine Tochter zu werben. Wenn aber doch ...? (Nur jemand aus dem Westen kann so fragen ...) Dann würden beide ausgestoßen, jeder aus seiner Gruppe. Und weder das Mädchen aus der Brahmanen-Kaste noch der Bewerber aus der niedrigeren Kaste würden das als Befreiung empfinden. Denn das System, das uns so unwürdig erscheint, ist ja auch Teil einer Sozialordnung, die dem einzelnen ein hohes Maß an Schutz innerhalb seiner Schicksalsgemeinschaft sichert.

Selbst Gandhi, von Haus aus und sein Leben lang sowieso ein orthodoxer Hindu, hat das Kastensystem keineswegs abschaffen wollen. Er wollte „nur" erreichen, daß keine Kaste mehr Vorrechte vor der anderen hat, also die Gleichheit aller vor dem Gesetz. Das garantiert inzwischen, seit 1950 schon, die indische Verfassung. Der Staat hat noch mehr getan: Die „Unberührbaren" werden nach Jahrhunderten der Unterdrückung nun gefördert, mit Befreiung vom Schulgeld, mit Stipendien, Zuschuß zum Mittagessen, mit Quoten, die ihnen den Zugang zu Staatsämtern erleichtern.

Und doch (wiederum andererseits): In keiner sonstigen Gruppierung der vielschichtigen indischen Gesellschaft gibt es einen so hohen Anteil an Analphabeten, Arbeitslosen, unterdrückten Landarbeitern, Kindern, die nicht zur Schule gehen können, weil sie mitverdienen müssen, wie unter den Kastenlosen, die Gandhis Bezeichnung „Harijans" schon lange nicht mehr hören können. Der Staat spricht von „Scheduled Casts" (sinngemäß: unterprivilegierte Kasten) und meint damit außer den „Unberührbaren" auch die Stammesangehörigen der Urbevölke-

Kasten: Brahmanen und die Kinder Gottes

rung (Adivasi) – mehr als 120 Millionen insgesamt. „Emporkömmlinge", wie die Gesprächspartner von Herrn Mukherjee, sind in Städten wie Delhi zwar nicht mehr selten, aber aufs Ganze gesehen, bleiben sie eine Ausnahme.

In den über fünfhunderttausend Dörfern hat sich ohnehin nur wenig verändert: Wer nach Hindu-Einteilung unrein ist – alle Harijans sind es – wohnt außerhalb der Dorfgrenze. Brahmanenhäuser stehen hingegen im Zentrum, meist unter hohen Bäumen, die viel Schatten spenden. Die Mitglieder anderer Kasten, genauso hineingeboren in ihr Schicksal wie Parias und Brahmanen, siedeln etwas entfernt von den Häusern der Priesterkaste; je weiter weg, desto niedriger darf man ihren Status einschätzen.

Kaste: Die Portugiesen haben diesen Begriff nach Indien importiert. Er bedeutet soviel wie „rein, unvermischt". Von dort ist er in die Welt zurückgekehrt, als Symbol für ein religiös begründetes Sklavensystem, für Indien so charakteristisch wie andere Klischees: Armut, heilige Kühe, der Prunk der Maharajas. Vier große Gruppen, eigentlich Stände, bilden die Gesellschaftspyramide. In Indien spricht man von *Varna,* Farbe. Am Anfang des Systems hat die Vertreibung der dunkelhäutigen Urbevölkerung durch arische Eindringlinge mit hellerer Hautfarbe gestanden. Dieses sind die vier Varnas:

Brahmanen: Ursprünglich Priester, Gelehrte, Hüter des Wissens;

Kshatriyas: In den alten Zeiten der Kriegerstand; Großkaste der Adligen, denen es auferlegt war, ihre Mitmenschen zu schützen;

Vaishyas: In der Ursprungs-Ordnung die Bauern, Händler und Geldverleiher;

Shudras: Diener der drei oberen Kasten.

In den alten Schriften wird das System, das Gott Brahma den Menschen gegeben hat, so erklärt: Die Brahmanen, die ganz oben stehen, sind dem Kopf, also dem edelsten Körperteil des Schöpfers entsprungen; die Kshatriyas stammen aus der Schulter oder den Armen Brahmas, die Händler und Bauern aus der göttlichen Hüfte, und die Shudras, ganz unten, sind ein Produkt aus Brahmas Füßen.

Weniger die vier großen Varnas, die weit über dreitausend „Unterkasten", die *Jatis,* bestimmen den Alltag der Hindus. Das Sanskritwort Jati heißt Art oder auch Geburt. Damit wird deutlich, daß niemand aus der Klassengesellschaft ausbrechen kann, in die er hineingeboren ist. Viele Normen und Tabus regeln das Leben innerhalb der Jatis; sie dienen

Folgende Doppelseite: An den herrlichen Sandstränden Orissas, zum Beispiel in der Nähe des Wallfahrtsortes Puri, werfen Fischer ihre Netze in traditioneller Weise aus.

zugleich der Abgrenzung gegenüber den anderen Kasten. Manche dieser „Grenzmarkierungen" klingen so kurios, daß sie gern als Beispiele für den Aberwitz des gesamten Systems herangezogen werden. Hans Walter Berg, langjähriger ARD-Korrespondent, berichtet in einem seiner Indien-Bücher von einer Töpfer-Kaste, die mit runden Scheiben arbeitet. Solche Töpfer dürfen niemals Töchter von Kollegen heiraten, die mit rechteckigen Scheiben arbeiten. Und Wolfgang Hieber, der sich dem Kastenwesen in seinem Buch „Der unbekannte Kontinent" differenziert und sensibel nähert, erzählt vom Streit zweier kleiner Fischer-Kasten: Die eine führt beim Netzeflicken die Nadel von oben nach unten und von links nach rechts. Die andere macht es umgekehrt – und jede dünkt sich besser, höherstehender als die andere ...

Außerhalb aller Kasten stehen nach wie vor die Parias, die „Unberührbaren" oder „Harijans". Die Berufe, die ihnen früher vorbehalten waren, gelten bis heute als unrein: Latrinen säubern, toten Tieren die Haut abziehen, Straßen fegen ... Solche Arbeiten mußten zu allen Zeiten erledigt werden; sie waren also schon immer notwendig. Warum konnten sie nicht ins System eingepaßt werden? Ich habe dafür keine Erklärung gefunden.

Heute sitzen Angehörige verschiedenster Jatis und „Unberührbare" im selben Bus, arbeiten im gleichen Büro, studieren unter einem Dach. Die Rituale bleiben weitgehend auf den privaten Sektor beschränkt. Dort aber sind sie fest verankert, kaum bemerkt von Fremden, subtil gehandhabt im Alltag. So wie Herr Mukherjee seine Tochter nicht an einen „Niedrig-Geborenen" geben würde, so wie er außerhalb geschäftlicher Verpflichtungen möglichst nur mit Leuten seines Standes verkehrt, so bleiben Brahmanen und auch die Angehörigen der anderen Kasten und Unterkasten weitgehend unter sich. Einige Fesseln der alten Machtstrukturen mögen locker geworden sein, manche Fäden der Kastengesellschaft sogar schon aufgeweicht. Spötter unter den indischen Intellektuellen fürchten bereits um den Verlust einer Touristen-Attraktion. So amüsiert sich N. K. Narayan, ein bedeutender Schriftsteller aus Südindien, über den verbissenen Ernst, mit dem westliche Besucher nach Kastenspuren im indischen Alltag fahnden. Die Ausländer, meint Narayan, wären vermutlich enttäuscht, wenn das Kastensystem völlig verschwinden sollte: „Sie hätten dann nichts mehr, worüber sie reden könnten." Narayan ist ein weiser alter Mann. Er weiß genau: Der Gesprächsstoff für dieses Thema geht noch lange nicht aus.

Heilige Kühe: Mütter für Millionen

Sie liegen auf den Verkehrsinseln der großen Städte und glotzen gelangweilt in das Chaos, das sie mitverursachen. Sie kauern auf Bahnsteigen und in den Eingangshallen großer Häuser. Sie wühlen mit ihren Mäulern im Abfall und fressen Bananenschalen und Pappkartons. Sie dösen im Staub der Dörfer, ihre Hörner oftmals bunt bemalt. In „wohlhabenden Tempeln" im Süden werden altersschwache Rinder bis zum letzten Tag gepflegt. Wer einer Kuh das Leben nimmt in diesem Land, hat nach frommer Hindu-Ansicht einen Mord begangen; noch bis Ende der vierziger Jahre wurde ein solcher Frevel mit dem Tode bestraft.

Kühe sind in Indien heilig. Das weiß doch auch bei uns jedes Kind. Aber es ist nur die halbe Wahrheit. Zwar werden die Kühe, die zum Bild indischer Städte und Dörfer gehören, als geheiligte „Mütter von Millionen Menschen" verehrt. So hat Mahatma Gandhi sie bezeichnet, der seinen Landsleuten dieses Tier immer wieder als Symbol geschundener Kreatur, als Muster an Güte und Sanftmut in Erinnerung brachte: „... ein Gedicht an Barmherzigkeit." Aber Hindus beten keine Kühe an; sie vergöttern sie auch nicht. Eine Kuh ist ihnen „heilig", weil sie ihnen so unendlich viel gibt und so wenig nimmt, – in diesem Sinne wie eine Mutter. Mahatma Gandhi sah „im Beschützen der Kuh ... das eigentliche Wesen des Hinduismus", ja sogar „eine der wunderbarsten Erscheinungen in der Geschichte der Menschheit". Es sei ihm schon früh klar geworden, warum gerade das Rind seit alters her so tief verehrt worden war: „Die Kuh war in Indien immer der erste Gefährte des Menschen. Sie war der Spender allen Reichtums. Nicht nur gab sie Milch, sie ermöglichte überhaupt erst den Ackerbau ... Man liest Mitleid in diesem sanften Tier. Das Beschützen der Kuh bedeutet das Geschenk des Hinduismus an die Welt, und der Hinduismus wird bestehen, solange es Hindus gibt, welche die Kuh beschützen ..."

„Heilig", also verehrungswürdig, sind deshalb auch die fünf Produkte, die das Überleben vieler Menschen sichern und ohne die manche Tempelzeremonien nicht möglich wären:

Milch: Zwar geben indische Kühe, vor allem die mageren Großstadt-Rindviecher, nur einen Bruchteil soviel Milch wie hochgezüchtete EG-Kühe. Aber für die Armen sind die schlaffen Euter der herrenlosen Straßenkühe eine wichtige Versorgungsmöglichkeit, für hunderttausend und mehr Kinder die einzige Milchquelle.

„Wenn so viele Inder hungern – warum schlachten sie dann nicht ihre heiligen Kühe ... ?"

Typische Stammtisch-Frage; auch in Reisegruppen gern gestellt

Saure Milch (Joghurt): Saure Milch ist von hohem Nährwert und ein wichtiger Bestandteil aller indischen Regionalküchen.
Ghee (zerlassene bzw. geklärte Butter): Sie kommt bei Gästen und bei Göttern auf den Tisch, spielt also in der Küche eine überragende Rolle, läßt aber auch die Flammen der Butterlämpchen brennen, die bei Pujas aller Art gebraucht werden.
Dung: Er ist der wichtigste Brennstoff der Massen. Fladen getrockneten Kuhmists kleben an allen Dorfhütten und an den Mauern neben den Obdachlosen in Bombay oder Kalkutta. Auch als Mörtel ist Kuhmist nützlich, billiger als Zement allemal, zudem insektenabweisend. Außerdem: wichtigster Rohstoff für Biogas, hochwertiger und chemiefreier Dünger, antibakterielles Reinigungsmittel, vielfach anwendbarer Hautschutz.
Urin: In erster Linie ein wichtiges, auf dem Lande oft benutztes Desinfektionsmittel, zum Beispiel bei der Kleiderreinigung. Nur wenige Eiferer orthodoxer Hindurichtungen trinken morgens ein Gläschen Urin; größer ist allerdings die Zahl derer, die regelmäßig einen Cocktail aus allen fünf geheiligten Produkten zu sich nehmen. Und noch immer läßt sich manchmal auf dem Lande beobachten, daß Brahmanen, die eine harnende Kuh passieren, einen Finger in den Strahl halten und sich damit die Stirn tupfen oder sogar die Brust einreiben.
Zeburinder, die Tiere mit dem hohen Höcker, treiben Räder an, die das Wasser auf die Felder bringen. Sie ziehen Karren und Pflüge, schleppen Lasten und Menschen, viel zuverlässiger, billiger und umweltfreundlicher als jeder Trecker, jedes Taxi. Kühe entsorgen die Müllberge in den Großstädten und sie sind – nach ihrem natürlichen Tode – als Leder-Lieferanten ein wichtiger Wirtschaftsfaktor. Kein anderes Tier auf der Welt stiftet mehr Nutzen.
Noch in vedischer Zeit wurden den Göttern auch Rinder geopfert. Mit Beginn der hinduistischen Lehre – und erst recht unter buddhistischem Einfluß – wurden Tiere aller Art geschützt. Der Gedanke an die Seelenwanderung hat dazu beigetragen. Kühe erhielten in diesem Schutzsystem einen herausragenden Platz.
Wie können wir essen, was uns nährt, wärmt und vielen von uns das Leben sichert, fragen Hindus. Und das ist keineswegs nur mit dem Gefühl gedacht. Die Verehrung hat ja, wie die meisten Riten in allen Religionen, einen ganz handfesten Hintergrund: Wer soll denn die Karre aus dem Dreck ziehen, wenn die Kuh geschlachtet ist? Wo soll die Milch

herkommen, woher der Brennstoff (Benzin ist in Indien sehr teuer), wenn wirklich, allen Tabus zum Trotz, die 200 Millionen Rinder getötet würden, die durch Indien laufen?
Und Aufzucht? Wer soll die Kühe kaufen, wo sollen sie weiden, womit sollen sie gefüttert werden? Viele Fragen an wohlmeinende Ratgeber, die heilige Kühe gegen den Hunger einsetzen möchten. Die Antworten sind einfach. „Heilige Kühe" taugen nämlich in Indien, ganz anders als bei uns, überhaupt nicht als Beispiel für starres Festhalten an überholten Ansichten.

Reisen einst: „Indien will ich erzählen."

„Wer einmal nicht nur mit den Augen ... sondern mit der Seele in Indien gewesen ist, dem bleibt es ein Heimwehland."

Hermann Hesse (1877–1962; mit diesem Satz beginnt sein Essay „Sehnsucht nach Indien", 1925 geschrieben)

*/** (siehe dazu auch das „Glossar", S. 279 f.)

Sie nahmen Entbehrungen auf sich, die heute nicht einmal als Abenteuerreise zu verkaufen wären, sie wagten die Fahrt, sie schauten, staunten und erzählten ihre Erlebnisse - die Reisenden der früheren Jahre, die Globetrotter vergangener Zeiten. Verheißungsvoll, schwärmerisch und zuweilen überraschend problembewußt - so lesen sich heute manche der damaligen Berichte. Einer dieser Gentleman-Reisenden der vortouristischen Epoche, Alphons Nobel, leitete seine Eindrücke, die er in den zwanziger Jahren unter dem Titel „Tempel, Paläste und Dschungel" veröffentlichte, so ein: „Indien will ich erzählen. Von den Palmenwäldern, in deren Kronen die runden, braunen Kokosnüsse hängen. Von den seltsam gestalteten Götzentempeln, in denen der schreckliche Schiwa immer den Tanz des Todes tanzt ... Von den Marmorpalästen, die in Gärten ohnegleichen stehen und weiße Kuppeln in lotosbedeckten Teichen spiegeln.
Mehr will ich erzählen. Die Jahrtausende Indiens, mit dem geheimnisvollen Klang der vedischen Gesänge beginnend, fortrauschend durch die Epen des Mahabharata* und des Ramayana**. Und ich will erzählen von Gautama Buddha, dem am meisten gepriesenen Weisen des Ostens. Und einen Blick will ich werfen in die trügerischen Labyrinthe des indischen Denkens, in die sinnlosen Abgründe des Nirwana...
Indien will ich erzählen. Das reiche Indien, juwelengeschmückt, reitend auf buntbemalten Elefanten; Frauen, die sich den Sari, das seidene, blumenbestickte Gewand, um die Schultern winden, mit silbernen Fußreifen, die bei jedem zierlichen Schritte leise klirren; Fürsten im Glanze prunkvoller Höfe, den unerhörtesten Reichtum sinnlos verschwendend. Das arme Indien, hungernd, aus vielen, vielen Millionen verachteter Menschen bestehend; winselnd unter den Geißeln der Pest und der Hungersnöte, versunken im Aberglauben und Götzendienst...
Indien will ich erzählen..."
Dieser Bericht über eine „Indische Reise", so der Untertitel des Buches von Nobel, ließ seinerzeit, vor über sechzig Jahren, die Daheimgebliebenen staunen, ließ sie wohl auch erschauern, ließ sie aber in erster Linie träumen, träumen vom immer wieder beschworenen Märchenland, von der „Indischen Wunderwelt" - auch dies ein erfolgreicher Buchtitel jener Zeit. John Hagenbeck, ein Sproß der berühmten Hamburger Zoo- und Zirkusdynastie, der lange als Tierfänger, Schiffsausrüster und Kaufmann in Indien und auf Ceylon gelebt hat, brachte es 1923 gleich im

ersten Satz seines Buches „Kreuz und quer durch die indische Welt" auf den Punkt: „Von allen Ländern der weiten Welt hat schwerlich kein anderes so wie Indien die Einbildungskraft des Europäers beschäftigt. Eine geheimnisvolle, halb unbewußte, tief im Blut nistende Sehnsucht hat unseren Geist von jeher nach den Gestaden des fernen, heißen Südosten gelenkt..."

Daran hat sich bis heute nur wenig geändert. Die Berichte der frühen Reisenden haben den Keim gelegt für all die Sehnsüchte, all die geträumten Abenteuer. Aber damals, um die Jahrhundertwende und in den ersten drei Aufbruchsjahrzehnten, also lange vor Beginn des Kommunikations-Zeitalters, hatten Reiseberichte eine viel größere Bedeutung als heute, eine ganz andere Dimension und Gewichtung. Nur wenige wohlhabende Müßiggänger, seinerzeit Globetrotter genannt, konnten sich selbst aufmachen zu den legendären Schauplätzen im fernen Orient, von denen seit alters her ungenaue, jedenfalls immer aufs neue überraschende Kunde kam. Neben diesen Reisenden waren es die Forscher, die Naturwissenschaftler, Völkerkundler, die Händler und jene, die auf der Suche nach dem Stein des Weisen in den Osten fuhren. Ihre Schilderungen mögen aus heutiger Sicht voller Klischees sein. Da wurden Jagd- und Kampfszenen unreflektiert beschrieben und auch die vermeintlich überlegene Rolle des „weißen Mannes" – die „Bürde", wie Rudyard Kipling sie nannte – selten in Zweifel gezogen. Da wurden einerseits gern Vorurteile über das Hotelpersonal weitergegeben, andererseits aber durchaus ernste Ansätze dessen sichtbar, was wir heute Tourismuskritik nennen. Und manche wollten nicht nur sagen, daß sie dort gewesen waren, sie wollten auch zur Nachreise anstiften. Leo Frobenius, als Afrikaforscher berühmt geworden, ruft den Lesern eines Berichts über seine „Indische Reise" am Anfang zu: „Auf nach Indien..."

Aber was will man wirklich in diesem fremden, fernen Land? Was kann der Sinn einer so weiten Reise sein? Noch 1949 gibt eine Schriftstellerin, Vendla von Langenn, ihren zwiespältigen Gefühlen Ausdruck, wiedergegeben in ihrem Buch „Bettler, Heilige und Maharajas - Indienreise einer Frau". Sie steht, kurz vor der Ankunft, an Deck eines großen Schiffes, nachts, voller Erwartung. Ein Inder nähert sich ihr, ein Maharaja, wie sich herausstellt. Und während sie noch das Kreuz des Südens am Tropenhimmel leuchten sieht, fragt der fremde Fürst die deutsche Dame: „Werden auch Sie durch Indien gehen und sich von der goldenen Maske blenden lassen ... oder werden Sie sehen, wie es wirklich ist?

Wir sind kein Land, wie sie es in Europa kennen. Wir sind ein Kontinent mit unzähligen Völkern ... verschiedenen Religionen, Sprachen, vielen Dialekten und unselig vielen Kasten. Indien ist wunderbar ... in seiner Armut, seinem Leid ... ewig duldende Mutter, ausgesogen seit Jahrhunderten ..."

Schwärmerisches Entzücken, sachlich-aufklärerische Information und zuweilen sogar ein Hauch der Enttäuschung bestimmen den Kurs der Reisebücher, die vor fünfzig oder mehr Jahren das waren, was wir heute Bestseller nennen. Auch John Hagenbeck hat sich und andere Reisende kritisch bei der Ankunft beobachtet: „Wie kommt es, daß so viele europäische Besucher Indiens, wenn man sie über ihre ersten Eindrücke befragt ... eine tiefe Enttäuschung nicht verheimlichen können? Sie hatten sich das berühmte Wunderland im wesentlichen doch etwas anders vorgestellt, farbenbunter, märchenhafter, mit einem Wort: schöner. Hauptsächlich hat die Natur sie enttäuscht. Das ist auch sehr begreiflich, denn gerade jene großen Eisenbahnlinien, die auf der üblichen Indienreise benutzt werden, führen durch reizlose, flache Gegenden, und der Reisende bekommt da auf den schier endlos langen Fahrten vom Kupeefenster aus nichts weiter zu sehen als ein von Flimmerhitze versengtes Grau. Dann aber, und das wird am allerschwersten empfunden, sind da die unzulänglichen Unterkunftsverhältnisse, die den nur einigermaßen verwöhnten Europäer stark mitnehmen, und in innigster Verbindung damit die fortwährenden Zusammenstöße mit der eingeborenen Bedienten- und Handlangerschaft, deren Gleichgültigkeit, Faulheit, Unzuverlässigkeit und ewiges Bakschischgebettel den nervösen Reisenden allmählich ganz zermürbt ..."

Eben noch die Lust des Reisens, das genüßlich-langsame Streben zum Ziel, nun aber in aller Deutlichkeit die Last, die damit verbunden scheint. Hagenbeck, ein Liebhaber der indischen Welten, stellt die Sinnfrage - und antwortet darauf: „... ob das Schöne und Interessante, das Indien zu bieten hat, mit all den Unbequemlichkeiten, Kosten und Ärgernissen nicht doch ein bißchen zu teuer erkauft ist ...?"

Der Staub, der Schmutz, die Hitze, die schwerverständliche Kultur – das alles macht die Reise durch Indien nach wie vor schwierig. Aber wenn auch dabei der Weg als Ziel genommen wird, mag mancher – so wie damals – als ein anderer aus Indien zurückkehren, mag danach sogar seine Probleme haben mit dem Alltag hier, mit unserer Hektik, mit der hier vorherrschenden Sachlichkeit.

Reisen einst: „Indien will ich erzählen."

Seinerzeit, als die klassischen Globetrotter durch Indien zogen, war die Bahn das wichtigste Vehikel ihrer tage- und wochenlangen Touren - und ihres immer wieder geäußerten Unmuts. So widmet etwa der Reisende Ernst von Hesse-Wartegg, der um die Jahrhundertwende „Indien und seine Fürstenhöfe" - dies der Titel seines Berichts - besuchte, stöhnend und ächzend ein ganzes Buchkapitel der Strapaze „Wie man auf indischen Eisenbahnen reist":

„Den ganzen Tag, die ganze Nacht ein Geschüttel und Gerüttel, wie man es zu Hause nur auf den Nebenbahnen erfährt. Dazu der furchtbare Staub, der trotz Drahtnetzen und Jalousien ins Innere dringt und binnen kurzer Zeit alles mit einer dicken Schicht Grau bedeckt ... Augenschmerz verursacht, Nase und Kehle belegt, das Atmen erschwert und zwischen den Zähnen unangenehm gefühlt wird ..." Seitenlang geht es ähnlich weiter: Beschwerden über Engländer, Anglo-Inder oder womöglich gar „schwarze Vollblut-Inder", die dem Europäer mitten in der Nacht ins Abteil gesetzt werden, über lange Stopps an Stationen, wo es „fett-triefenden Kuchen", aber nichts „eigentlich Genießbares" gibt, über den Ärger mit Gepäckträgern und anderen „Kulis" ...

Aber auch dieser larmoyante Adlige, der da so von oben herab vom Leder zieht, bemüht in seinem Vorwort die Märchen aus Tausendundeiner Nacht, deren Schauplatz nur Indien gewesen sein könnte, „das farbenprächtigste Reich der weiten Erde". Erst an den Fürstenhöfen, die er vielfach besucht und ausführlich geschildert hat, findet er die erwartete Pracht und Herrlichkeit, die auf der Eisenbahn beinahe in Vergessenheit geraten wären.

Über die Paläste der Maharajas, über die bunten Tempeltürme des Südens und natürlich immer wieder über das Grabmal der großen Liebe, über das Taj Mahal, geraten alle Berichterstatter nach der Mühsal auf der Schiene, nach dem Ärger mit dem Personal und nach dem Ekel vor allzu fremden Sitten schließlich doch ins große Staunen, ins jubelnde Schwärmen. Manchmal schimmert sogar Nachdenklichkeit durch die Zeilen, etwa wenn Waldemar Abegg, der im Jahre 1905 „Eine Reise um die Welt" in Wort und Bild geschildert hat, über das Grabmal, das Wunder von Agra erzählt: „Dieser unvergleichliche Bau ist einmal in ernster Gefahr gewesen, als der dortige kommandierende englische General beschlossen hatte, den Haupttempel abzureißen und daraus für sich eine Dienstvilla bauen zu lassen. Er soll nur mit großer Mühe von diesem frevelhaften Vorhaben abgebracht worden sein."

Reisen einst: „Indien will ich erzählen."

Gegenüberliegende Seite: Es gilt als vollkommenstes Bauwerk der Erde, als ein Weltwunder: das Taj Mahal in Agra, im 17. Jahrhundert vom Mogulkaiser Shah Jahan als Mausoleum für seine verstorbene Lieblingsfrau Mumtaz gebaut.

Mit überraschender Weitsicht nahmen manche Reisende, gut fünfzig Jahre vor den Selbstverständlichkeiten des Pauschaltourismus, die Begleiterscheinungen des Fremdenverkehrs wahr. John Hagenbeck, der ruhelose Wanderer „Unter der Sonne Indiens" - auch dies einer seiner Buchtitel – machte sich Gedanken; und das im Jahre 1923, als zwar Gruppen aus den angelsächsischen Ländern unter Thomas Cooks Fittichen in großer Zahl unterwegs waren, aber in Deutschland wohl kaum jemand auf die Idee kam, im nächsten Urlaub durch die indische Provinz Rajasthan zu reisen: „Jaipur gehört zu den schönsten Städten Indiens, von manchen wird es sogar für die allerschönste gehalten ... In dieser Stätte alter Kultur steht noch das kunstvoll betriebene Handwerk in hohen Ehren, das an so vielen anderen Plätzen Indiens unter dem Einfluß des Fremdenverkehrs und der Schundbasare leider immer mehr ins Unsolide und Oberflächliche entartet ... Vergleicht man die zahlreichen Werke geläuterter Kunstfertigkeit mit dem üblen Zeug, das sich kritiklose Reisende an den großen Fremdenplätzen Indiens als echt ‚indische Kunstarbeiten' (häufig genug aus dem Ausland stammend) aufschwatzen lassen, so wird einem der ungünstige Einfluß des Fremdenverkehrs auf das heimische Handwerk klar ..."

Neben solchen nachdenklichen Reisenden, neben den Arroganten und denen, die es allerorten in Indien nur schwer auszuhalten vermochten, gab es auch – wie heute – die schlichten Gemüter, die kamen, sahen und dann das Unglaubliche der Frau am heimischen Herd mitteilten. August Meyer aus Hamburg gehörte zu ihnen, er kam mit dem Gesehenen gut zu Rande. In Postkarten an die Gattin Emmi erklärte der Überseekaufmann, der von 1910 bis 1913 in Indien seinen Geschäften nachging, die entlegenen Welten – zum Beispiel die heilige Stadt Benares (heute Varanasi):

„Liebe Emmi, die Landungsplätze, welche zu den vielen auf den Fluß Ganges herunterschauenden Tempeln führen, siehst Du auf dieser Karte. Das Wasser wird für so heilig gehalten, daß es alle Sünden abwäscht und seine Heiligkeit erstreckt sich auf zehn Meilen diesseits und jenseits des Flusses. Ich wollte, wir hätten den Fluß in Deutschland, dann gäbe es bei uns zuhause nicht so viele schlechte Lausbuben..."

Reisen heute: „No problem, Sir ...!"

„Wundern Sie sich bitte nicht ... auch das ist Indien."

Aus einer Anzeige des Staatlichen Indischen Verkehrsamts, August 1989

Eine Gruppenreise, gut organisiert, im Zeitplan äußerst knapp kalkuliert. Zehn Tage reisten wir schon gemeinsam von einer Sehenswürdigkeit zur anderen, von einer Stadt zur nächsten – und noch immer hatten wir jedes Ziel nahezu pünktlich erreicht, waren die Flugzeuge fast alle zur vorgesehenen Stunde abgeflogen, standen sogar die Sitzplätze in der Eisenbahn, Monate im voraus reserviert, tatsächlich zu unserer Verfügung. Die Spannung wuchs, denn irgendwann, das war klar, mußte es auch uns treffen: Verspätungen, Umbuchungen, Pannen – darauf waren wir vorbereitet.

Ankunft in Kalkutta, spät am Abend. Ein lächelnder, etwas schüchterner Agent erwartete uns: Morgen früh, so berichtete er, werde keine Maschine nach Bombay fliegen, nicht zu dem von uns geplanten Zeitpunkt, erst morgen mittag gibt es eine Verbindung. Der Flugplan sei geändert worden, gestern, vorgestern, irgendwann. Na endlich: Denn nun war der Weiterflug von Bombay nach Goa gefährdet. Immerhin waren wir zehn Reisende; ganz ausgeschlossen also, daß wir so einfach auf den nächstmöglichen Anschluß umbuchen konnten. Innerindische Flüge, wir wußten es, sind stets Wochen im voraus ausgebucht. Der Agent wußte das auch; er wackelte nach Landessitte ein wenig mit dem Kopf, und das konnte alles heißen. Also übernachteten wir in Kalkutta, wie vorgesehen, und taten im übrigen, was in solchen Fällen überall auf der Welt und besonders in Indien sinnvoll ist: Wir warteten ab.

Die betagte Boeing der Indian Airlines startete am nächsten Mittag mit einstündiger Verspätung nach Bombay. An Bord wurden, wie üblich, Bonbons serviert, ein mittelscharfer Snack im Pappkarton, zuwenig Zeitungen und reichlich Lächeln. In Bombay dauerte es anderthalb Stunden, bis der erste Gruppenkoffer auf dem Fließband erschien. Der Flug nach Goa war inzwischen zum Einsteigen bereit, und wir richteten uns auf mindestens eine Übernachtung in Bombay ein. Auch hier hatte uns wieder ein schüchterner, kopfwackelnder Agent erwartet. Die Maschine nach Goa sei ausgebucht, so seine erste Auskunft; ausgebucht auch morgen und bis in die nächste Woche hinein. Wir hatten nichts anderes erwartet.

Der fünfte Koffer war gerade vom Band gehoben, als das Gerücht umlief, plötzlich seien Plätze für uns frei geworden, aber leider nur drei. Sollten wir knobeln? Zwei Stunden nach der Landung in Bombay: Unser letzter Koffer tauchte auf – durchchecken ist bei Flügen innerhalb Indiens aus guten Gründen nicht möglich, wenn eine Zwischenlandung notwendig ist – und zeitgleich mit diesem Koffer wedelte ein lächelnder Agent mit zehn Bordkarten ... schnell zum Gate, allesamt, das Flugzeug nach Goa war startbereit: Bonbons, Lächeln, etwas überbackenes Gemüse im Pappkarton ... warum durften wir – zu zehnt! – in einer Maschine Platz nehmen, die doch seit langem ausgebucht war? Ich weiß es nicht. Es mag Bakschisch im Spiel oder auch ein Wunder die Ursache gewesen sein. Mit allem muß man in Indien rechnen, auch mit pünktlicher Einhaltung von Flug- und Fahrplänen.

*

Indien in vollen Zügen: hautnahe Annäherung an Landschaften und Menschen, ein Abenteuer. Nirgendwo auf der Welt reisen so viele Leute mit der Eisenbahn, zehn Millionen sind es jeden Tag, mehr als 300 Millionen im Monat, ungezählt diejenigen, die ihr Leben aufs Spiel setzen und dabei auch noch drei Monate Gefängnis riskieren: Sie hocken sich aufs Waggondach, sitzen dort oben im Staub und oft genug im Qualm der Dampfloks, von denen noch 6 500 fauchend über das Gleisnetz aus den Glanzzeiten des Britischen Raj rumpeln.

Jammu Tawl heißt der nördlichste Bahnhof, oben in den Vorbergen des Himalaya; und 3 730 Kilometer südlich davon liegt Kanniyakumari, am Südkap dieses gewaltigen Landes. Dazwischen: 7 000 Bahnhöfe, ein Schienengewirr von gut 62 000 Kilometern, zwei Millionen Angestellte, die tagtäglich 40 000 Personenzüge ins Rollen bringen ...

Ich hatte zwei Monate vor meiner geplanten Zugfahrt an ein Reisebüro in Kalkutta geschrieben. Am Mittwoch, dem 1. Februar, wollte ich mit dem „45 up", einem nicht sehr schnellen Schnellzug, nach Bhubaneshwar reisen, gut 450 Kilometer südlich am Golf von Bengalen gelegen, möglichst erster Klasse, aber keinesfalls im vollklimatisierten Waggon. Und wieder geschieht ein Wunder: Am gewünschten Datum, am Mittwochvormittag, hing an einer Tafel, ganz hinten, am Bahnsteig 14 von Howrah Station ein Computer-Ausdruck. Darauf stand mein Name, meine Wagen- und meine Abteilnummer, alles ganz präzise. Und um mich herum das Chaos ...

Noch um elf Uhr tobt hier, auf einem der größten Bahnhöfe der Welt, die Rush-hour. Pausenlos spucken Züge aus Vororten, die hundert und zweihundert Kilometer entfernt sind, alle die vielen Angestellten und Beamten aus, auf die in ihren Büros viel Tee mit Milch wartet – und geduldiges Publikum. Lange Schlangen bilden sich vor einigen Schaltern, wo es Bescheinigungen über die Verspätung von Zügen gibt. Ratten laufen, ungehindert und unbeachtet, zwischen den Gleisen herum. Großfamilien, ländlich gekleidet, breiten ihre Habseligkeiten auf dem Betonfußboden der großen Halle aus, einige dieser Gruppen sehen aus, als lagerten sie hier schon seit Wochen. Was für ein Bild: da wird gekocht, geschlafen, gestillt, da spült, im Takt der einlaufenden Züge, eine Welle der Hoffnung in die große Halle, und eine andere, eine Welle der Hoffnungslosigkeit, brandet aus der Stadt heraus auf die Plattformen und in die Ecken, wo die Bettler, die Krüppel, die Blinden und die zerlumpten, verlausten Kinder hocken, immer wieder aufspringen, wenn sich jemand nähert, von dem ein Opfer erwartet wird, um dann wieder zurückzufallen auf die Stoffbündel des Elends.

Hier war es: Abteil B, erste Klasse; vier vergitterte Ventilatoren an der Decke, eine eiserne, grün gestrichene Schiebetür, durchgesessene Kunststoffsitze, ein heruntergeklapptes Oberbett in Fahrtrichtung. Platz für sechs Personen. Die Fenster liegen tief, und an die Gitterstäbe davor muß man sich gewöhnen.

Eine halbe Stunde rollte der Expreß durch die tristen Vorstädte des Molochs Kalkutta, schließlich über Brücken durchs Gangesdelta, und als es ländlich wurde, Reisfelder, Wasserbüffel, flimmernde Hitze über einer amphibischen Landschaft, fragte einer der drei Mitreisenden, ein Bankbeamter, wie sich herausstellte, wo ich denn hin wolle. Wir beide kamen ins Gespräch, aber die ältere Frau im roten Sari blieb stumm, und auch der dritte Reisegenosse, ein magerer Mann im grauen Anzug, Pullover unter der Jacke, sagte kein Wort.

Kharakpur, zwei Stunden nach der Abreise: Es wurde immer schwüler und ich trank süßen Milchtee, der in Kanistern durch die Waggons geschleppt wurde, aß Nüsse und Samosas, leckere, warme Teigtaschen, mit Gemüse gefüllt. Der kontaktfreudige Bankmensch war ausgestiegen. Ein Junge bot sich an, das Abteil zu fegen; ich stimmte zu, aber der große Schweiger, der es fertigbrachte, vier Stunden in einer dünnen Zeitung zu lesen, er scheuchte den Kleinen mit einer Handbewegung davon. Später schaffte es der verwahrlost aussehende Junge immerhin, mir meine Schuhe zu putzen; das war mühsam, weil ich Sandalen trug und er mit der Creme nicht an die Socken geraten mochte.

Eine Mutter mit ihrer scheu wirkenden Teenager-Tochter stieg zu, für einen Augenblick nur; dann holte der Vater, der sie zum Bahnhof begleitet hatte, wieder aus meinem Abteil heraus ... Möglicherweise war es ihm nicht recht, daß seine Familie in einem Abteil reisen sollte, in dem auch ein weißer Mann saß. Contairoad, Rupsa Junction, Balasore: verschlafene Nester, wo Ziegen über Gepäckkarren kletterten und sich an roten Briefkästen rieben, die noch aus den Zeiten der britischen Vizekönige stammen mochten. Und immer wieder wurde in langgezogenen Signalrufen „Chaaaa, Chaaaa ..." ausgerufen, Tee zum Pfennigpreis, heiß, süß und durstlöschend. Auch Nescafé hätte ich kaufen können, Zigaretten stückweise und Brot in einzelnen Scheiben, Bananen, Papayas, Ananas, Mangos. Die Sonne knallte ins Abteil, aber die tiefblaue Notbeleuchtung an der Decke blieb ebenso angeschaltet wie die anderen Deckenlampen und die Leseleuchte im Rücken.

Es war dunkel, als der Zug Cuttack erreichte, die frühere Hauptstadt von Orissa. Blakende Kerosinlampen gaben den kleinen Verkaufswägelchen auf diesem Bahnhof ein gespenstisches Licht, und wir standen lange dort, stundenlang. Der Schweiger war einige Stationen zuvor ausgestiegen. Ich verlor das Gefühl für die Zeit und merkte erst in Bhubaneshwar, daß wir zwei Stunden zu spät angekommen waren, staubüberkrustet.

*

Die Eisenbahn ist das indischste aller Verkehrsmittel. Ihr Rhythmus paßt zum Charakter des Landes, besser als Flugzeuge, besser erst recht als die vollklimatisierten Busse, in denen wißbegierige Pauschalreisende durch die Jahrtausende indischer Kultur gejagt werden. Überlandbusse, von Einheimischen benutzt, kommen der Wirklichkeit da schon wesentlich näher. Sie fahren ins Herz auch der kleinen Orte, sie warten, bis jeder sein Bündel verstaut hat, auf dem Dach, im Gang, zwischen und auf den Sitzen. Und dann rollt dieser vollgestopfte Bus, rostig und ramponiert, auf die Piste, rast meistens in Straßenmitte, liefert sich Windschattenduelle mit „Gegnern", die von vorn kommen, ebenfalls in der Mitte der Fahrbahn: Künstler an den Volants überbordender Lastwagen, Virtuosen an den Lenkrädern von Bussen, die oft einäugig durch die Nacht jagen, keine Querrinne, kein Schlagloch auslassend. Nicht nach vorne sehen, nur seitwärts schauen: auf die braune, heiße Landschaft, auf die Geier, die da am Straßenrand hocken, auf die Tempel im Zwielicht, ins Dunkel der Tropennacht. Es gibt zahlreiche unterschiedliche Bustypen in Indien, und alle spiegeln sie die jüngste Geschichte und den Zustand dieses wahnsinnigen Landes wider: die Air-Condition-Coaches, mit Vi-

Folgende Doppelseite: Indien mit der Eisenbahn – eine Herausforderung für jeden Reisenden, der sich diesem Land nähern will; zum Beispiel auf einer Fahrt durch den Palmenwald von Goa.

deo-Schirmen ausgerüstet, über die den langen Weg Richtung Kaschmir pausenlos pralle Schicksale flimmern, oder die roten Doppeldecker in Kalkutta, an denen die Trittbrettfahrer manchmal wie Hornissenschwärme an einer Seite hängen und die Fahrzeuge aus der Kolonialzeit in bedenkliche Schieflage bringen.

*

Hotels, und mögen sie noch so indisch sein, bleiben für den Reisenden Festungen im Sturm der täglichen Herausforderungen, Oasen des Vertrauten. Aber vor der Tür warten in jedem Falle meine Freunde, die Taxifahrer: die Chauffeure der kleinen schwarzgelben Limousinen, der weißen Touristentaxis, der dreirädrigen Scooter. ... Piraten sind es oft, Hasardeure des Straßen-Alltags; vor sich, am Rückspiegel festgebunden, Bilder von Vishnu, Shiva oder Ganesha. Da stehen sie vor dem Hotel, meine Freunde, und warten, aber keineswegs auf jeden. Sie fragen: „Taxi, Sir?" und dann, das gehört zur Spielregel, erwarten sie gleichfalls eine Frage: das Fahrtziel nämlich. Wer sich einfach in das heiße Taxi wirft, hat meistens schon verloren. „Red Fort ...?", das ist angemessen, weil es die Möglichkeit andeutet, daß dem Chauffeur dieses Ziel nicht recht sein könnte. Gar nicht mal so selten lehnt einer die Fahrt ab. Ach, und dann erst das Ritual um das Einschalten des Taxameters, der angeblich nicht funktioniert. Oder, nach zwei Kilometern: Das Benzin ist alle, und der Fahrer braucht einen Vorschuß auf den Fahrpreis, muß mit dem Kanister zur Tankstelle laufen und Treibstoff besorgen ... ich liebe sie, diese Spielchen. Wenn alle durchgespielt sind, heißt es in aller Regel: „No problem, Sir ...!"
Eben noch sehe ich den Zusammenstoß mit einem verrückten Sikh-Fahrer auf uns zukommen, da bremst mein Freund in letzter Sekunde ab, manövriert um das Hindernis herum, schimpft den Sikh aus und lächelt mich an: „No problem, Sir ...!" Pausenlos geht das so, und irgendwann, vor Jahren schon, habe ich mir angewöhnt, mich zurückzulehnen, mich meinem Freund und seinen Göttern anzuvertrauen und im übrigen die hohe Kunst dieses Überlebensakrobaten ausreichend zu belohnen: „No problem, Sir ...!"

Essen: Gewürze und andere Geheimnisse

Gerüche, Geräusche... und auf der Zunge brennt sich langsam die Würze des tropischen Ostens ein. Bilder, Erinnerungen... die Flammen, die den Tonofen umhüllen; die dicke, schwarze Rußkruste auf dem Kessel, in dem sich Milch und Tee sprudelnd im Rauch vermischen; das wässrige Reisbrot auf dem Bananenblatt, Auftakt zur großen Hochzeit im Tamilendorf; überbackene Milch und Rosenwasser mit gerösteten Nüssen - der Mond muß sich runden, wenn Bombays Parsen* zu solchen Süßspeisen einladen; Koriander, Kokos, Mango, das geklärte Fett der Butter, die rotgefärbte Haut des Hühnchens, das heiß und limonensaftig aus dem *Tandoori*-Topf** kommt...

Meistens beginnt meine Indienreise in Delhi, zwischen Nacht und Morgengrauen. Der Wagen fährt vom Flughafen über die breiten Boulevards des Botschaftsviertels in die Neustadt. Die ersten Feuer glimmen am Straßenrand, und die Schläfer, manchmal sind es die Hüter der feinen Häuser, schälen sich aus ihren Lumpen. Ich drehe dann das Fenster herunter und ziehe den kühlen Duft der Nacht ein, die zuende geht. Rauchig schmeckt diese Luft, nach Kardamom, nach Zimt, nach Chili und nach den vielen offenen Kochstellen.

Noch am selben Tag, eine Tradition, gehe ich mittags an den Yamuna-Fluß, unterhalb der Roten Festung. Später, im Fort, letzter Torbogen, setze ich mich in eine Art Garten-Café, neben Gulzari Lal's unaufgeräumten Antikladen – irgendwann werde ich dort, hinter staubigen Statuen, Aladins Wunderlampe finden... Ich bestelle frittierte Teigtaschen, *Samosas*, mit Gemüse gefüllt. Dazu trinke ich ein Glas *Lassi*, flüssigen Joghurt, mit Salz und Pfeffer verrührt. Es gibt ihn auch in einer süßen Variante. Aber zu meiner Einstimmung paßt die milde Schärfe des gesalzenen Lassis viel besser. Nun kommen *Pakoras* auf den wackligen Tisch, an dem ich recht gemütlich auf einem niedrigen, etwas zerfledderten Korbstuhl hocke. In diesen öligheißen Gemüsebällchen verbergen sich Blumenkohl und Kartoffelstückchen, Zwiebeln, Knoblauch, Auberginen, Paprika und Chilipulver hinter einem goldbraunen Mantel aus *Besan*, Kichererbsenmehl. Das Fett auf dem Teller, am Mund und in der Magenwand wische ich mit *Chapatis* auf, ungesäuerten Brotfladen. Manchmal habe ich noch Lust auf eine Portion *Dal*, eine Art Linsenpüree. *Kurkuma* schmecke ich dann heraus, ein Gewürz, das mit dem

---

„Curry ist keine Speise ... es ist eine Wissenschaft."

Richard Katz (1888–1968) in seinem Buch „Bummel um die Welt" (1927)

* *Parsen:* Kleine, aber einflußreiche Religionsgemeinschaft. Ihre Weltanschauung geht auf Zarathustra (Zoroaster) zurück: Reinhaltung der Elemente Erde, Wasser und Feuer (Näheres im Kapitel „Religion: Die Seele und das Ganze", Seite 10 ff.).

** *Tandoor(i):* Ursprünglich nur die Bezeichnung für den Lehmofen, in dem viele nordindische Spezialitäten entstehen, besonders das bekannte Tandoori-Huhn (in Joghurt-Marinade). Heute Bezeichnung für viele Gerichte, die über der Glut gebraten oder, nicht ganz so aromatisch, im Gas- oder Elektroofen entstehen. Tandoori ist die aus der Mogulzeit stammende typische Küche des Nordens.

Essen: Gewürze und andere Geheimnisse

Ingwer verwandt ist und bei uns Gelbwurzel genannt wird. Und schließlich, bevor ich in das Gewimmel des Basarviertels von Chandni Chowk eintauche, trinke ich langsam und genüßlich Tee mit Kardamom, zwei, drei große Becher.

Immer wieder ist mir dieser Auftakt, diese Vorbereitung meines Körpers auf lange Wochen voller Staub und Hitze, gut bekommen. Die Einhaltung bestimmter Regeln, leicht zu merken und ohne Anstrengung zu befolgen, haben auch anschließend jedesmal geholfen, die Reise durch Indien problemlos zu überstehen: Niemals habe ich in den ersten vier oder fünf Tagen sehr scharf gegessen. Speiseeis, Eiswürfel – selbst im besten Hotel –, geschältes Obst, Mangoscheiben oder Ananasstücke, wie sie vielfach an Ständen angeboten werden, bleiben unbeachtet. Heißer, süßer Tee, meistens mit Milch aufgekocht oder, schwarz wie Tinte, mit starken Aromagewürzen veredelt, mag nach strapaziösen Besichtigungen oder langen Busfahrten weniger verlockend aber bekömmlicher sein als kaltes Bier oder Limca, jene eisgekühlte Brause, die fast überall an Buden und Ständen vor Sehenswürdigkeiten verkauft wird. Gesund und erfrischend ist auch der Saft der frisch aufgeschlagenen Königs-Kokosnuß, besonders im Süden des Subkontinents ein billiger und beliebter Durstlöscher. Bei fettigen Süßspeisen, kalten Desserts, bei Salaten und Rohkostplatten halte ich mich ebenso zurück wie bei den meisten Fleischgerichten und bei Alkohol vor Sonnenuntergang. Der Verzicht auf Fleisch fällt leicht, weil keine andere Küche der Welt so viele Variationen in vegetarischen Genüssen anzubieten hat wie die indische. Fisch und Seafood hingegen, Schalen- und Krustentiere aller Art, gekocht und gebraten, gehören vor allem in Goa oder am Golf von Bengalen, an der Koromandel- und an der Malabarküste zu meinen Lieblingsspeisen.

*

Tiruchirapalli, Distrikthauptstadt im tropischen Süden. Ein Garten hinter einem einfachen Hotel in Bahnhofsnähe, üppiges Grün. Ein schwerer, süßlicher Duft liegt am frühen Morgen wie ein Schleier über der Stadt. Aus meinem Zimmer habe ich vorhin auf die Straßen geschaut, auf die Pulks der Radler, auf die Frauen, die schwere Lasten auf ihren Köpfen balancieren: Feuerholz, Körbe, Kanister. Jetzt, im Garten, empfinde ich die Sonne als streichelnd und dämpfend. Sie steht schon sehr hoch um halb zehn, und die Krähen lärmen in den Palmen. Indische Städte wachen spät auf. Der Kellner bringt frische Papayascheiben und eine Mangofrucht. Danach serviert er lauwarm eine große Portion

Essen: Gewürze und andere Geheimnisse

Hoppers. Das sind Omeletts, wie es sie auch im nahen Sri Lanka zum Frühstück gibt, mit mild gewürztem Gemüse gefüllt. Aber nicht Eier sind die Grundlage, sondern Reismehl (in Nordindien manchmal auch Linsenmehl). Ich bekomme dazu meinen gewohnten *Chai*, den süßen, heißen Milchtee, obwohl hier im Süden häufiger Kaffee getrunken wird. Dann kommt der Ober mit einem *Thali*, einem großen kupfernen Tablett, und serviert *Idlis* und gleich mehrere Schälchen mit Chutney. Idli, das ist Reiskuchen, im heißen Dampf eines Spezialkochtopfs gedünstet, mit *Udid,* einer Linsenart, angereichert, die leicht gepfeffert und mit einem Dutzend frischer Gewürze angenehm scharf gemacht wird. Der Reiskuchen stabilisiert die Verdauung. Und Chutney, heute meistens *Chatni* geschrieben, hat hier im südindischen Bundesstaat Tamil Nadu wenig mit dem süßen Mango Chutney gemeinsam, das wir aus dem deutschen Supermarkt kennen. *Chatni,* wie es der dunkelhäutige Kellner an diesem Morgen bringt, ist frisch zubereitet, mit feingemahlenen Kräutern, Zwiebeln und Minze vermischt. Aus den Schälchen vor mir duftet es nach Koriander und Kokos. Die Zutaten, die das jeweilige Aroma, die Farbe und den vorherrschenden Geschmack liefern, werden erst geröstet und dann – auf dem Land mit dem Mörser oder auf dem Currystein, hier im Hotel mit dem Mixer – klein gestoßen und zur Paste verrührt. Mango Chutney ist die *eine* westliche Variante indischer Köstlichkeiten. Viel schlimmer ist die andere, das gelbe Einheitspulver, das in unseren Geschäften unter dem Begriff *Curry* verkauft wird. „Curry" steht zwar für indisches Essen, überall auf der Welt und völlig zu Recht. Aber die Inder und alle Liebhaber ihrer diversen Küchen meinen damit stets ein ganzes Gericht, eine ragout-ähnliche Mahlzeit: Hammel-Curry aus Kaschmir, mit frischem Safran aus den Bergtälern des Vorhimalaya angemacht, Vindaloo, das sehr scharfe Schweine-Curry aus dem Tropenparadies Kerala, Lamm-Curries aus dem Norden, bei denen nur ein Hauch des roten Chili den Gaumen kitzelt, diverse Geflügel-Curries, mit Joghurt oder Cashew-Nüssen gemischt, Fisch-Curries, Kartoffel-Curries, alle Arten von Gemüse-Curries, in dicke oder suppige Saucen getunkt...

Kari, das Ursprungswort aus der Tamilensprache, bedeutet eigentlich Sauce. Die Engländer machten daraus Curry, ein Einheitsgewürz, Welten entfernt von den aufwendigen Kräutermischungen, die der Stolz und das Geheimnis indischer Hausfrauen, indischer Köche sind. Diese Mixturen heißen *Masalas*, komponiert aus mindestens sechs, nicht selten

Essen: Gewürze und andere Geheimnisse

auch zwanzig Gewürzen. Chilli und andere Pfeffer, Kümmel, Piment, Ingwer und Kurkuma sind meistens dabei. Diese Masalas werden mitgekocht oder mit den Gerichten im *Degchi* verrührt. Das ist die Kasserolle, in der vom Himalaya bis zum Kap Komorin die vielfältigsten Curries der indischen Welt garen.

Noch immer überwiegen die kupfernen *Degchis*. Aber auf den ländlichen Krammärkten und erst recht in den Haushaltsgeschäften der Großstädte sieht man neuerdings häufiger Degchis aus Aluminium, sie sind billiger und leichter. Die Form ist die gleiche geblieben: gerade Seitenwände, ein breiter Rand, auf dem ein flacher Deckel sitzt, der beim Kochen oftmals mit Hilfe einer Mehlpampe „angeklebt" wird. Weil Backöfen, wie wir sie kennen, in indischen Küchen äußerst selten sind, legen die indischen Hausfrauen oder der Koch heiße Holzkohle auf den Deckel, denn eine große Oberhitze ist wichtig. *Dum cooking* heißt diese Technik in der anglo-indischen Alltagssprache.

Curries; Masalas; *Birianis* - raffinierte Reis-Gemüse-Mischungen, zu denen häufig Fleisch gehört, meistens Lamm; *Pillaus* – gedünsteter Reis mit Erbsen, die brahmanisch-schlichte Form der Birianis; *Dahis* – Quark- und Joghurt-Mischungen, beliebte Beilagen oder Zutaten; das alles sind Grundbegriffe aus einer farbenfrohen indischen Eßkultur. Kenner zählen die indische Küche neben der chinesischen, französischen und italienischen zu den vier großen kulinarischen Kunstrichtungen auf der Welt.

*

Ein Abend in einer kleinen Stadt im Süden. Ein schwerer Regenschauer hat eben ein Signal gesetzt. Die Wolken, die sich da ballen, drohend und verheißend zugleich, sind erste Boten des Monsuns. Ich sitze in einer Bude, die mit Wellblech gedeckt ist. „Meals" steht auf der Holzwand geschrieben, neben hiesigen Schriftzeichen. Der Lehmboden, rissig aus langen Monaten der Trockenheit, saugt den Regen noch nicht auf. Nach zwanzig Minuten bläst der heiße Wind die Dampfschicht über dem Land wie mit einem gewaltigen Föhn weg. Jetzt bringt mir der schüchterne Junge, der hier der Kellner ist, ein großes Bananenblatt, einen schmutzstarrenden Plastikbecher mit Wasser und einen zweiten Becher, auch aus Plastik, aber viel sauberer, mit heißem Milchtee gefüllt. Der Junge, keine zehn Jahre alt, trägt eine zerrissene Hose und ein löchriges, fleckiges Unterhemd. Er läuft barfuß wie sein Vater, der jetzt mit einer großen Schüssel Reis aus dem Hintergrund dieses „Restaurants"

Essen: Gewürze und andere Geheimnisse

kommt. Er füllt eine reichliche Portion des klumpigen, leicht muffig riechenden Reises auf das Bananenblatt. Dazu benutzt er einen Löffel aus Kokosholz. Schließlich holt der Mann, schüchtern lächelnd wie sein Sohn, vier kleine Schalen mit Gemüse-Curries, Erbsen, Linsen und vielen Gewürzen aus der Küche. Die Küche, das sind drei gewaltige Töpfe über einem lodernden Holzkohlenfeuer in einer Ecke seiner Hütte. Er gießt die breiigen Saucen aus den Schälchen über den Reis. Dann legt er, rührende Geste gegenüber dem seltenen Gast, eine Blütenkette um das Bananenblatt.

Langsam beginne ich, den Reis mit den Fingern der rechten Hand zu kleinen Kugeln zu formen. Ich mische und knete sie mit dem Gemüse, um sie dann mit Daumen und zwei Fingern in den Mund zu schieben. Die linke Hand bleibt ohne Beschäftigung. Die Leute hier wären schockiert, wenn ich die Finger der unreinen Seite, die doch für ganz andere Zwecke reserviert ist, mitbenutzt hätte. Während ich so nach Landessitte esse, sammeln sich Zuschauer um mich, draußen in der dämpfenden Feuchtigkeit eines Vormonsun-Nachmittags, drinnen in der rußigen Hitze dieses südindischen Dorfkrugs. Alle sehen zunächst ernst und staunend zu. Aber schon bald verlieren sie ihre Schüchternheit und lachen mit mir. Sie verfolgen meine Bewegungen, bilden einen Ring um den Tisch. Alleinsein ist schwer möglich in diesem Land.

*

Ein anderes Bild, eine andere Zeit. Ende März in Delhi. Ein Vorort, Reihenhäuser, ausgelaugte Vorgärten. Die meisten Pflanzen sind von der Sonne verbrannt, verwelkt, verdorrt. Die Angehörigen des Mittelstands, die hier wohnen, haben weder Zeit noch das Geld und meist nicht das Personal, um den Rasen, die Blumen oder Büsche täglich zu wässern. Ich bin bei einem Freund eingeladen, einem Kaufmann aus Bengalen, der schon lange in der Hauptstadt wohnt.

Wir sitzen zunächst auf der Terrasse, genießen den Hauch von Frische, der mit der Nachtluft kommt, trinken *Nimbu Pani*, Zitronenwasser mit Salz und Zucker, machen dem Magen mit einigen Samosas und Pakoras Lust auf kommende Genüsse. Ich kenne diesen Freund gut. Er hat meine Familie und mich in Deutschland besucht, ich war in Delhi schon mehrfach sein Gast. Auch diesmal sehe ich seine Frau nur flüchtig, höre sie im Hintergrund klappern, dem Koch Anweisungen geben, höre sie den Boy – so heißt ein Helfer auch nach vierzig Jahren Unabhängigkeit – scheuchen und beschimpfen. Ich höre sie mehr, als ich sie sehe.

Essen: Gewürze und andere Geheimnisse

Gegenüberliegende Seite: Getrocknete Chili-Schoten – hier eine Dorf-Szene aus Rajasthan – geben Sambals und Curries Würze und Schärfe.

Es wird ein langer Abend. Als wir schließlich am Tisch sitzen, der Freund und zwei seiner Partner, Bengalis wie er, dringen durch die geöffnete Terrassentür krächzende Transistorstimmen von irgendwo, sanfte Sitarklänge von anderswo, Kindergeschrei, Zikadengebrüll, das Surren und Klatschen von Insekten, die gegen eine blaue Neonröhre fliegen: Geräusche einer indischen Großstadtnacht.

In den Häusern, wo die Bewohner nach alter Tradition leben, essen die Männer vor den Frauen. Auch wenn Servants, eigene oder gemietete Diener, beim Kochen, Auf- und Abdecken oder Servieren helfen, gehört es in solchen Häusern für Frauen nicht zum guten Umgangston, sich mit den Freunden des Mannes und erst recht nicht mit seinen westlichen Gästen gleichzeitig an den Tisch zu setzen. Der Ursprung dieser Sitte liegt im patriarchalischen Gefüge der indischen Familien- und Gesellschaftsstrukturen. Und dieses Gefüge ist religiös geprägt. Besonders für ältere Frauen ist es immer noch undenkbar, mit einem Weißen, also einem Nichthindu, von den gleichen Speisen zu essen.

Wenn erst einmal aufgedeckt ist, wird zügig gegessen: Reis mit geklärtem Butterfett, dem *Ghee*, das zur indischen Küche gehört wie früher die Mehlschwitze zur traditionellen deutschen Kochweise, kommt als erstes auf den Tisch, dazu bitterer Kürbis, der das Blut in den heißen Sommertagen reinigen hilft. Auf Linsen mit gebratenem Blumenkohl, einen Zwischengang, folgt gekochter Fisch in Joghurtsauce.

Für mich liegen Löffel und anderes Besteck bereit. Aber ich schließe mich dem Hausherrn und seinen Freunden an: Wir klumpen den Reis und essen auf die gleiche Weise wie im einfachen Straßenimbiß. Und noch zweimal müssen die feinen Gräten köstlicher Fische, gedünstet in Senföl und Kokossaft, mit der Zunge ertastet werden: *Maacher Jhol*, eine fischige Sauce mit Senfpaste, *Muri Ghonto*, Fischkopf in Reis gekocht. Schließlich hat der bengalische Sweetmaker seinen Auftritt: *Rasgulas*, saftige Bällchen aus süßem Joghurt, schwammig aufgekocht und kalt serviert. Zum Abschluß krönt *Sandesh*, eine süße Käsespezialität, die eiweißreichen Curries.

*

Curry und viel mehr, kulinarische Gedankenreisen durch Indien: Fisch in Bengalen, Lamm in der schweren Mughlai- oder Mogulküche des Nordens, die feinsten Gemüse-Curries in der vegetarisch ausgerichteten Küche Gujarats, *Sambar*, das Höllenfeuer aus verschiedenen Hülsenfrüchten im armen Süden. Oder *Pomfret* und *Bombay-Ente,* die beide et-

was ganz anderes sind, als die Namen vermuten lassen, nämlich Fische von den Küsten Maharasthras. Und noch viel mehr: Schweine-Curries und alle Arten von Meeresfrüchten in Goa, dessen portugiesische Vergangenheit in den Küchen der Villas und Restaurants weiterlebt...

Regeln, Rituale, ein raffiniertes Geflecht aus religiösen Vorschriften, aus klimatisch bedingten Bräuchen, nicht zuletzt aus jener Not, aus der so gern Tugenden abgeleitet werden, bestehen seit Jahrtausenden: Millionen frommer Hindus essen niemals Fleisch oder Fisch, viele von ihnen auch keine Eier, nicht einmal Gemüse, das die Farbe von Blut hat. Für Moslems ist Schweinefleisch tabu, für fast alle Inder, auch wenn sie keine strengen Vegetarier sind, gehört der Verzicht auf Rindfleisch zu einer Selbstverständlichkeit in einem Land, das die Kuh heiligt.

Köstlichkeiten, kulinarische Abenteur, so viele ... Und da leben Hunderttausende in den Slums von Bombay oder am Straßenrand in Kalkutta, die sich diese Genüsse niemals leisten können. Sie bringen nicht einmal die Paisas, die Pfennige, auf für Bananen, wenn eines ihrer Kinder Durchfall hat. Sie sind zu arm, den Rat eines Arztes zu befolgen, der geriebene Äpfel zur Bekämpfung schwächender Diarrhöen empfohlen hat. Reis ist ihr tägliches Brot, meistens mit Dal, dem einfachen Linsenbrei, aufgefüllt. Dahi, das Quarkgericht, gehört zu den Speisen, die sich auch Arme – freilich nicht die Allerärmsten, die Elenden – leisten können, ebenso Fladenbrot. Wenn diese Armen es schaffen, mal Hülsenfrüchte und Reis oder anderes Getreide, mal Quark oder Joghurt, oder auch mal Chapatis oder sogar Chatnis auf ihr Bananenblatt zu bringen, erreichen sie immerhin eine Balance aus Kohlehydraten, Fetten und Eiweiß. Für Millionen aber bleiben selbst solche simplen Nährstoff-Theorien praktisch ohne Bedeutung. Hunger plagt auch im letzten Jahrzehnt des 20. Jahrhunderts zwei Drittel der indischen Bevölkerung.

Musik und Tanz: Gespräche mit der Schöpfung

Es war ein milder Morgen in Jodhpur, einer Stadt im Herzen der Provinz Rajasthans. Ich hatte mich vor dem Frühstück auf den kurvenreichen Weg hinauf zur Bergfestung Meherangarh gemacht. Bevor ich durch sieben Tore in den Hof des düsteren Rajputenforts gelangte, hielt ich immer wieder inne, um auf die weißen und blauen Häuser der Altstadt zu schauen. Sie erinnerten im pastelligen Licht der ersten Nachmonsunwochen an die kubischen Häuser einer griechischen Chora. In der Nähe des Marmor-Kenotaphs Jaswant Thaga, einer Art Grabgedenkstätte für den hier verbrannten Maharaja Jaswant Singh, hörte ich sanfte Klänge, gespielt auf einem Streichinstrument. Etwas später sah ich den Mann, der diese Musik machte. Er, der einen langen, weißen Bart trug und dessen Augen stumpf zu sein schienen, lehnte an einer Mauer aus vergangener Zeit. Ein Junge, vielleicht fünf oder sechs Jahre alt, hockte vor ihm, und der Mann, dessen bunte Kleidung, löchrig, aber mit Würde getragen, ihn als einen Straßenmusikanten auswies, einen aus der Kaste der Gaukler, der professionellen Unterhalter, mußte bis eben, bis ich gekommen war, nur für sich, für den Jungen, für den Himmel, für den schönen Morgen gespielt haben. Seine simple Violine, es schien eine sogenannte Sarangi zu sein, ähnelte auf den ersten Blick einer Sitar, dem bei uns wohl bekanntesten indischen Saiteninstrument (das allerdings gezupft und nicht gestrichen wird), nur war sie kleiner. Aber auch hier war der Resonanzboden ein aufwendig verzierter Kürbis. Und auch hier, an diesem Morgen, waren die Klänge, wie bei den Konzerten des weltbekannten Starkünstlers Ravi Shankar, dazu da, die Seele einer absoluten Ruhe näherzubringen.

„Der Du auf dem Berge Kailash tanzt, und die Welt in Deinen Händen hältst, Dich, den großen Shiva, bete ich an."

Gottes-Anrufung zu Beginn eines klassischen Tanzes

*

„Von Wohlbefinden und Glückseligkeit" heißt einer der Ragas, der Melodieformeln des großen Gurus der indischen Musik. Seine magisch-melancholischen Klänge, zur Sinnlichkeit ebenso anstiftend wie zur Meditation, inspirierten die Beatles wie die Rolling Stones, amerikanische Jazzinterpreten wie französische Avantgarde-Komponisten. Und als schließlich Yehudi Menuhin, der Geiger aus dem Westen, gemeinsam mit Ravi Shankar, dem Meister aus dem Osten, auftrat, war der globale Siegeszug dieses Teils der indischen Musik gewiß: am Anfang mißverstanden als akustischer Drogenersatz, später, bzw. lange schon erkannt, als ein Weg zur seelisch-geistigen Harmonie. Denn es ist diese Art der

Musik und Tanz: Gespräche mit der Schöpfung

Harmonie, die der indischen Musik zugrunde liegt und nicht jene aus der europäischen Klangtheorie.

Wie vor Tausenden von Jahren blieb der Charakter indischer Musik – so raffinierte Höhen sie auch erreicht hat – im wesentlichen melodisch. Die Traditionen wurzeln tief, sehr tief in den heiligen Mythen und Legenden dieses Landes: Nadha Brahma – der Klang der Schöpfung, oder auch: der Klang ist Gott. Und Gott Shiva schuf die Welt, durch den Kosmos wirbelnd, auf einer Flöte spielend – Shiva Nataraj, der Herr des Tanzes.

Noch immer gilt, was von Anbeginn an war: Der Musiker – sei es der große Guru im Konzertsaal oder der blinde Gaukler im Straßenstaub – tritt über Rhythmen und rhapsodische Variationen eines Grundtons in eine Art Gespräch mit der Schöpfung. Indische Musik ist nicht *wie* Religion, sie *ist* Religion. Sie „funktioniert" deshalb auch völlig anders als westliche Musik. Letztere wird von Interpreten und vom Zuhörer entgegengenommen, im besten Falle aufgesogen. Im Gegensatz dazu werden der indische Musikant und der Zuhörer in die Klangwelt hinübergezogen, sie werden eins mit ihr. Nach indischem Musikverständnis ist die Konzentration auf das, was während der Musik in uns geschieht, ganz wichtig. So gesehen ist indische Musik also auch Yoga.

Ihre Elemente heißen Tala und Raga. Tala mag mit dem Rhythmus verglichen werden, Raga mit der Melodie, dem Thema, dem musikalischen Modus. Und der geht, wie gesagt, von einem Grundton aus, der auch ständig gespielt wird. Das macht die Musik dieses Landes für ungeübte Ohren anfänglich so fremd, so völlig andersartig. Auf dem Grundton bauen sich Komposition und Improvisation auf; allerdings nicht wie etwa bei der Jazzmusik, als spontane Erfindung neuer Melodiesätze. Den rhythmischen Kontrapunkt zur Melodie, das Taktsystem gewissermaßen, liefert Tala, gewöhnlich auf Handtrommeln, sogenannten Tablas, gespielt. Erst dieses Zusammenspiel, das oft ein Duell ist, schafft die Faszination, der schon bald – auch und gerade – westliche Zuhörer erliegen. Bestes Beispiel waren über Jahre die großartigen Auftritte Ravi Shankars mit dem Tabla-Spieler Alla Rakha.

Bajantri

Klassische indische Musik ist stets Solistenmusik, gewöhnlich von zwei, manchmal auch von drei Instrumenten vorgetragen. Wenn nicht die Tabla, die Doppeltrommel, zur Begleitung geschlagen wird, dann die Mridanga, die zylindrische Urform der Holztrommel, an beiden Enden mit Fell bespannt. (Solche Trommeln sind, ebenso wie eine schöne Sitar

Musik und Tanz: Gespräche mit der Schöpfung

oder eine Sarod, ebenfalls ein Zupfinstrument, interessante Mitbringsel; nicht selten werden beim Kauf auch Unterrichtsstunden mit angeboten.) Man mag sich ein wenig animieren, im doppelten Sinne einstimmen lassen, gebe sich aber keinen Illusionen hin: Ravi Shankar meint, daß man das Instrument womöglich in zehn Jahren kennenlernen könne, für das Studium indischer Musik aber eigentlich ein Leben nicht ausreiche ... Auch Flöten und andere Blasinstrumente spielen oft eine wesentliche Solistenrolle. An jenem Morgen in Jodhpur, kurz nach dem Konzert des blinden Straßenmusikanten, schaute ich mir in einem der Paläste im Innern der Zitadelle die Instrumentensammlung der Maharaja-Familie an: wunderschöne Sitars, Jantars und andere klassische Kürbisse mit vielen Saiten, Vinas, indische Lauten, Sarangis, wie sie der alte Mann da draußen im Lichte des frühen Morgens selbstvergessen gestrichen hatte, Murals, Querflöten aus Bambus, Shenais, die indische Form der Oboe, und natürlich das Tampura, ein Handharmonikum, wie ich es so oft in Tempeln zum Klang der Zimbeln und Glocken habe spielen hören.

Bei einem Konzert gehen die Spieler dieser Instrumente jeweils ihre eigenen Wege, treffen sich manchmal im Rhythmus bei der gleichen Melodie und nehmen sofort darauf wieder, jeder für sich, durchs Instrument das Gespräch mit der Schöpfung auf. Weil es tausendundeine Raga gibt und noch viel mehr (gespielt werden heute um die hundert), haben die Weisen von einst ihnen Podien des Gefühls zugewiesen: Ragas für den Morgen, für den Abend und die Nacht, für den Kampf und die Helden, für die Sonne, den Mond und für den großen Regen, von dem in Indien fast alles abhängt.

Sitar

*

Musik ist die Seele des Tanzes. Und indischer Tanz ist Poesie, Meditation, Drama, Körpersprache in ihrer höchsten Ausdrucksform, vor allem aber Spiegel indischen Lebens, Wiedergabe aller Wert- und Glaubensvorstellungen – seit undenklichen Zeiten, älter jedenfalls als unsere Welt. Denn Shiva, so glauben die Hindus, hat erst durch seinen Tanz diese Welt geschaffen und tanzend hält er sie in Bewegung. In jedem großen Tänzer wohnt der Gott, dem noch immer zu Beginn der meisten klassischen Tanzdarbietungen gehuldigt wird (siehe Zitat am Anfang dieses Kapitels, S. 55). Und schon in früh-vedischer Zeit haben die Götter, vor allem der wilde Indra, den Menschen dieser Region etwas vorgetanzt. Später war es immerhin Brahma, der Schöpfer, der Tanz und

Musik als fünfte Veda – Natya Veda – allen Sterblichen zugänglich machte. Eine schöne Geschichte, eine göttliche Legende: Die Brahmanen hüteten die vier heiligen Veden, die Grundstöcke göttlicher Weisheit. Aber Natya Veda, „das Wissen von Tanz und Drama", sollte den Menschen – unabhängig von ihrer Kaste und ihrer Bildung – deutlich machen, daß sie ihr Leben meistern und höchste Ziele erreichen könnten, auch ohne die letzten Geheimnisse zu kennen. Zwietracht und Unruhe auf der Erde, so meinten die Götter, würden sich danach wohl vermindern lassen. Aus den vier Geheimveden entnahm Brahma deshalb wesentliche Elemente und lehrte sie Bharata, einen Weisen. Und der schrieb vor gut zweitausend Jahren das Natya Shastra, die Grundlage jeglicher künstlerischer Tradition, wie sie bis heute anhält.

Legenden, Mythen, göttliche und weise Überlieferungen standen am Anfang des Tanzes. Shiva, Zerstörer und Erneuerer, kosmischer Tänzer im Flammenring, heiratete einst Sati, deren Vater Daksha den Shiva beleidigte. Sati, so geht verkürzt erzählt die Geschichte weiter, verbrannte sich aus Gram über die Mißbilligung, die ihr Vater ihren Gatten spüren ließ. Shiva, der Grausame, tötete seinen Schwiegervater und tanzte Tandava, den Tanz der Zerstörung. Der Mythos will, daß Sati in neuer Gestalt wiedergeboren wird, diesmal als liebliche Parvati, Tochter der Himalaya-Berge, die als Thronsitze der Götter selbst vergöttlicht sind. Diese freundliche Parvati tanzte Lasya, den weiblichen Gegensatz zum kraftvoll-männlichen Tandava. Immer phantasievoller lassen sich die alten Mythen erzählen, und meistens ist darin vom Gegensatz zwischen Schöpfung und Zerstörung, von Erotik und Askese, Leben und Tod die Rede: Shiva vermag alle diese Gegensätze zu vereinigen.

Noch häufiger als dieser zwiespältige Shiva beherrscht heutzutage Vishnu die Bühnen des klassischen indischen Tanzdramas, ein eher wohlmeinender Gott, Welterhalter und Gatte der aus guten Gründen hochgeschätzten Lakshmi: Göttin der Schönheit, des Reichtums und des Glücks. Vishnu tritt in diversen, menschlich wirkenden Aspekten oder Erscheinungen auf, zum Beispiel gern (in seiner achten Inkarnation) als Krishna (eindrucksvoll sein „Gesang des Erhabenen" im Zentrum des Mahabharata-Epos). Beim Volk, quer durch alle Kasten und Klassen, ist seine Erscheinung als Rama besonders beliebt. Dieses ist die siebte Inkarnation Vishnus, und als Held steht er im Mittelpunkt eines der gewaltigsten Erzählwerke der Weltliteratur, dem Ramayana-Epos. In unzähligen Filmen, Comic strips, Dramen und immer wieder auf der

Tanzbühne, die oft der Lehmboden eines Dorfplatzes ist, wird jene Geschichte von der Entführung der Rama-Frau Sita und ihre Befreiung mit Hilfe des vergötterten Affengenerals Hanuman erzählt.

*

Über Jahrhunderte waren die Tempel auch Horte tänzerischer Hingabe an die Götter: Devadasis, Dienerinnen der Götter, wuschen und schmückten deren Statuen, sie tanzten und sangen zu ihren Ehren, sie wurden ihnen sogar angetraut (somit blieb ihnen, als wahre „Götter-Gattinnen", das grausame Witwenschicksal der übrigen Inderinnen erspart). Erst in den Zeiten dekadenter Maharajas und puritanisch-britischer Kolonialherren gerieten die Devadasis in den Ruf von Tempelprostituierten; sie wurden mehr und mehr verfemt und viele von ihnen in die wirkliche Prostitution getrieben. Der alte Tempeltanz, eine über Jahrtausende hochgehaltene Kunst, drohte gegen Ende des letzten Jahrhunderts in Vergessenheit zu geraten. Das Wort von den Bajaderen, den angeblich schamlosen Tempeltänzerinnen, heizte damals westliche Phantasien von einem orientalisch-zügellosen Liebesleben unter religiösem Deckmäntelchen an. Noch 1908 schrieb der deutsche Indienreisende Ernst Hengstenberg in seinem Buch „Hindustan" leicht anzüglich über die Darbietungen sogenannter Nauchmädchen: „Die Prima Ballerina stellte ihre Reize in das beste Licht. Sie war in ein lichtgrünes Gewand gekleidet; um Hüfte und Schultern hatte sie geschmackvoll einen seidenen, reich mit Gold verzierten Schleier geworfen. Kostbarer Schmuck funkelte an Hals, Ohren und Nasenflügel. Das Feuer ihrer tiefschwarzen Augen übertraf noch das Strahlen der Diamanten. Die dem Tempel geweihten Mädchen breiteten ... ein Tigerfell aus; auf diesem kauert die Solotänzerin nieder, feierlich bewegt sie ihre Arme und senkt sie wieder; dann richtet sie sich hoch auf, dreht und wendet den Oberkörper. Sie winkt mit dem Sari, läßt ihn plötzlich fallen und offenbart in malerischer Stellung und ausdrucksvollem Spiel der Hände und Finger den Reiz ihrer fließenden, verwirrenden Linien. Von den Priestern wird sie darauf mit Blumengirlanden behängt ..."
Hengstenberg erinnert in diesem Zusammenhang an Goethes indische Legende „Der Gott und die Bajadere", der auch nebenstehendes Zitat* entstammt. Er schreibt dazu: „Das Wort ‚Bajadere' ist in Indien unbekannt, es stammt noch von den Portugiesen her, die Bezeichnung ‚Nauch' dagegen aus dem Sanskrit. Die Musik, welche die Heldinnen zu ihrem Tanz begleitet, wird mit Cymbeln, Oboen, Rohrtrommeln

* „Sie rührt sich, die Cymbeln zum Tanze zu schlagen, Sie weiß sich so lieblich im Kreise zu tragen, Sie neigt sich und biegt sich und reicht ihm den Strauß."
Aus Goethes Ballade „Der Gott und die Bajadere"

und Tamtams aufgeführt. Für unser gut ausgebildetes musikalisches Ohr war sie schwer zu ertragen ..."

*

Die wichtigsten Richtungen und regionalen Ausprägungen des klassischen indischen Tanzes möchte ich im folgenden kurz erklären.

Bharat Natyam: Ursprünglich ein Solotanz aus dem Bundesstaat Tamil Nadu, lange Zeit von Tempeltänzerinnen gepflegt; auch heute werden die Szenen vielfach aus dem legendären Leben Krishnas entnommen und nur von Frauen getanzt. Die Bewegungen wirken äußerst präzise, jahrelange Übung liegt der dynamischen und schön anzusehenden Wiedergabe der Figuren zugrunde. Zur Bharat-Natyam-Richtung, auch Bharata Natya geschrieben, gehören unter anderem die Gruppentanzspiele *Kuchipudi, Kuruvanji* und das Tanztheater *Bhagavatamela.*

Kathak: Es stammt aus dem Zentrum Nordindiens, das einst das Zentrum der Mogulherrschaft war. Deshalb sind persische und islamische Einflüsse nicht zu übersehen und zu überhören. Die Fußstellungen sind wichtig, Fußglöckchen „sprechen" eine beredte Sprache.

Kathakali: Dieser Tanz aus der südindischen Region Kerala wird nur von Männern getanzt; ihre Masken sind farbenfroh und gewollt furchterregend. Die vorgeführten Dämonen- und Heldensagen bringen das wohl leidenschaftlichste, dramatischste indische Tanztheater auf die Bühne – ein Fest fürs Auge, wie es fotografisch interessierte Besucher schon wegen der üppigen Ausstattung schätzen.

Kathakali-Tänzer aus Kerala.

Odissi: Manchmal wird er auch (nicht ganz richtig) Orissi geschrieben. Es handelt sich dabei vorwiegend um einen weiblichen Solotanz, sinnlich und graziös, mit uralter religiöser Tradition aus Orissa; er wird angeblich heute noch im Jagannath-Tempel von Puri getanzt (siehe auch das Kapitel „Orissa: Wo der Herr des Weltalls wohnt", Seite 197 ff.). Der Stil ist lyrisch und, wie Leela Samson, Tänzerin und Absolventin der renommierten Kunstschule Kalakshetra, in ihrem Buch „Der klassische indische Tanz" schreibt, „von besonderer Subtilität ... Oberkörperbewegungen passen sich genau den Bewegungen des Unterleibs an ... die Hüften bleiben bewegungslos ... So entsteht ein stimmungsvoller Effekt: die Schönheit wie auf Wogen getragen ..."

Manipuri: Dieser Tanz stammt aus dem Nordosten Indiens und wurde durch Schriften des bengalischen Nobelpreisträgers Rabindranath Tagore bekannt. Es handelt sich um einen farbenfrohen Gruppentanz mit zentralasiatischen (tantrischen) Einflüssen; *Tandavas* und *Lasyas,* also männliche und weibliche Interpretationen, werden betont unterschiedlich getanzt.

Alle klassischen Tanz„schulen" haben drei Teile oder drei Elemente gemeinsam: *Natya* liefert den dramatischen, besser: den dramaturgischen Teil des Tanzes; *Nritta* ist der Rhythmus, der reine Tanz; *Nritya* ist die Inszenierung, die Interpretation des Themas, eine Art Verbindung aus Natya und Nritta. Hierbei „sprechen" die Augen, die Füße, der Körper, vor allem aber die Hände, die allein über 500 Ausdrucksmöglichkeiten, *Hastas,* haben.

Das tänzerische Ausleben von *Bhavas* und *Rasas,* gemeint sind Gefühlszustände und Gefühlshaltungen (heiter oder zornig, heldenhaft oder feige, verliebt oder angewidert), die getanzte Wiedergabe aller möglichen Stimmungen, Reaktionen, Handlungen und auch die Einbeziehung der Zuschauer-Empfindungen, beschreibt *Natya Shastra,* das Grundlagenbuch der Tanzkunst. Aber erst die miterlebte Klangexotik läßt eine Ahnung aufkommen von der großartigen Welt indischen Denkens, Gefühlslebens und Glaubens.

Frauen: Sujata und ihre Schwestern

„Durch den Opfermut werdet ihr euch vermehren, durch die Entsagung werdet ihr die Erfüllung eurer Wünsche erlangen."

Aus der Bhagavadgita, einem heiligen Buch der Hindus

Mandera, ein Dorf im heißen Herzen Rajasthans. Im Schatten eines ausladenden Luftwurzelbaumes sitzen etwa fünfzig Kinder. Der Lehrer steht vor ihnen und liest einen englischen Text vor. Es ist Mitte Februar, ein sonniger, warmer Tag. Der Leiter der Dorfschule, zu der Kinder von weither kommen, hat entschieden, daß der Unterricht an diesem Morgen im Freien abgehalten werden darf. Eine Weile schaue ich aus der Distanz zu; schließlich ist die Lektion beendet, und der Lehrer läßt die Kinder, alle zwischen zehn und zwölf Jahren alt, in geordneten Trupps, jeweils zu zweit nebeneinander, in den Bungalow zurückgehen. Jetzt erst fällt es mir auf: Es sind fast nur Jungen, die hier auf dem Schulhof stehen, adrett in kurze, dunkle Hosen und weiße Hemden gekleidet.

Ich frage den Schulleiter, wo denn die weiblichen Schüler seien. Er, der eben noch freundlich Auskunft über Lehrpläne, Beihilfe zur Uniform und zu den Büchern für die Kinder armer Landarbeiter gegeben hat, wird etwas unwirsch. Ob ich denn die Mädchen nicht sehe, die dort gerade in die Klasse gehen? Sechs sind es, nein sieben, jetzt sehe ich sie: sieben Mädchen und 45 Jungen. Der Lehrer muß zugeben, daß dieses Verhältnis in den anderen Klassen, drei gibt es noch, ähnlich ist: „Wir können nichts machen, die Eltern schicken uns oft nur ihre Jungen. Die Mädchen müssen im Haus helfen, oder sie arbeiten im Straßenbau. Die Leute sind arm, sie brauchen dieses zusätzliche Einkommen ..."

*

Anzeige in der „Times of India", aufgegeben vom Ministerium für Soziales und Frauen, zusammen mit Unicef: „Schulbildung spielt eine wichtige Rolle bei der Entwicklung der Kinder. Nicht nur Jungen, sondern auch Mädchen sind in der Lage, alle damit verbundenen Chancen zu nutzen. Am Ende des Jahrzehnts der Frau und am Anfang des Jahres der Jugend ist es traurig, festzustellen, daß Frauen noch immer diskriminiert und benachteiligt werden ..."

*

Auch auf den Universitäten sind Frauen bei weitem in der Minderheit, aber ihre Zahl wächst. Immerhin ist der Anteil der Studentinnen erheblich höher als in den Nachbarländern Pakistan, Nepal und Bangladesh. Allerdings: Fast nur die Töchter der städtischen Mittel- und Oberschicht, der Landbesitzer und einiger reicher Bauern schaffen den Sprung aufs College. Für diese Schichten hat ein Hochschulabschluß, auch schon der Besuch höherer Schulen, einen Prestigewert, der die Chancen auf dem Heiratsmarkt steigen läßt. Das ist es, was in Indien nach wie vor am meisten zählt.

*

Sujata, 19 Jahre, studiert in Delhi. Ihr Vater ist ein hoher Beamter im Außenministerium. Die Familie hat im Sudan gelebt, wo Sujata geboren wurde, in Amerika, in Deutschland. Die junge Frau hat viel von der Welt gesehen, sie reist zum Skilaufen in die Schweiz, und wenn sie manchmal Stadtführungen macht, dann weniger, weil sie das Geld braucht; sie hat ganz einfach Spaß am Kontakt mit Menschen aus anderen Kulturkreisen. Ihr selbstbewußtes Auftreten spiegelt sich in ihrer Kleidung: Sie wechselt gern von einer Welt in die andere, trägt Jeans und läßt die langen schwarzen Haare im Wind flattern, sie weiß aber auch, wie gut ihr ein Sari steht. Wenn sie ihn anzieht, flicht sie ihre Haare zu einem dicken Zopf.

Seit zwei Tagen kenne ich Sujata, und ich denke, sie ist eine typische Repräsentantin des modernen, aufgeschlossenen Bürgertums im Indien von heute. Ich bewundere ihren neuen Motorroller und den Mut, mit dem sie den Scooter durch das Chaos von Delhi lenkt. „Der Motorroller ist ein Teil meiner Aussteuer", erzählt Sujata ganz überraschend. Ihr Vater suche schon lange nach einem passenden Ehemann für sie. Er hat, so erzählt sie selbst und das ganz ohne Bitterkeit, schon mindestens zehn Anzeigen aufgegeben, aber den Richtigen hat er noch nicht gefunden. Auf die Mitgift, mit der Sujata demnächst „verkauft" wird, spart die Familie seit langem: Motorroller, Videogerät, moderne Elektrogeräte für den Haushalt und natürlich eine Summe Bargeld, die dem Status des Diplomaten angemessen ist. – Das alles wird den Eltern des Bräutigams übergeben, wenn der endlich gefunden ist, dazu Schmuck, eine Uhr, etwas Gold – Sujata schätzt, daß ihre Familie wohl mindestens 200 000 Rupies, gut 20 000 Mark, ausgeben muß, wenn sie heiraten wird. Sie versteht, daß ich darüber staune, daß sie, die hübsche, gebildete Tochter aus gutem Hause, sich den Mann fürs Leben von ihrem Vater aussuchen läßt: „Ich weiß, für euch klingt das wie Mittelalter. Ich finde das aber praktisch, und außerdem sehe ich mir die Kandidaten ja auch vorher an ..."

Seit Anfang der sechziger Jahre ist die Dowry-Praxis – die Mitgiftzah-

Gegenüberliegende Seite: Brautpaar aus Rajasthan: Nach der Zeremonie ist es üblich, sich fotografieren zu lassen. Der Lichtbildner hängt als „feinen" Hintergrund eine Decke auf.

lung der Brauteltern – offiziell verboten. Aber mit zunehmendem Konsumdenken, auch auf dem Lande und in kleineren Städten, trifft das Dowry-Elend, das allen Gesetzen zum Trotz weiter besteht, besonders hart die jungen Frauen der unteren Mittelschicht – und ihre Familien. Oft genug verlangen die Schwiegereltern Nachbesserungen zur abgepreßten Mitgift, und wenn diese Habgier nicht befriedigt wird, oder – noch schlimmer – wenn die junge Ehefrau dem Mann nicht bald einen Sohn schenkt, dann scheuen die Verwandten des Gatten zuweilen nicht einmal vor Mordanschlägen zurück. Jeden Tag berichten indische Medien über grausame Brandanschläge auf junge Frauen, als Küchenunfälle oder Selbstmordversuche getarnt. Jeden Tag, so entnehme ich einem Ende 1989 im indischen Fernsehen ausgestrahlten Bericht, werden vier Frauen angezündet, weil sie oder ihre Eltern nicht noch mehr zahlen wollten oder konnten, jeden Tag ...

*

Kein anderes Epos ist so beliebt wie das Ramayana, die Geschichte von Rama und Sita. Ein Dämon raubt die schöne Sita, verschleppt sie auf die Insel Lanka, wo Rama sie schließlich mit Hilfe des göttlichen Affengenerals Hunuman befreien kann. Aber danach verstößt der Mann die wiedergefundene Frau; er nimmt an, daß der Dämon sie während der Gefangenschaft berührt hat. Sita beteuert ihre Unschuld, ruft die Erdgöttin als Zeugin auf und geht schließlich, in demütiger Unterwerfung unter das vernichtende Urteil ihres Mannes, für den Gatten durchs Feuer. Bis heute jubeln die Inder, Frauen und Männer, mehrheitlich diesem Idealbild der Frau zu, die getreu bis in den Tod ist.

*

Seit 1829 dürfen Witwen nicht mehr mit ihren verstorbenen Ehemännern auf dem Scheiterhaufen verbrannt werden. Aber alle paar Jahre dringen Nachrichten von der Selbstverbrennung einer Witwe aus irgendeinem abgelegenen Dorf in die Welt, zuletzt im September 1987, im Dorf Deorala in Rajasthan. Roop Kanwar, 18 Jahre, und ihr Ehemann Maan Singh, 23 Jahre alt, hatten beide das College besucht. Die Heirat war von den Eltern arrangiert, nach der Hochzeit lebte das Ehepaar im Haus der Singhs. Acht Monate nach der Eheschließung starb der junge Mann. Über das, was nun geschah, gehen die Meinungen auseinander: Die Verwandten erzählten, daß die Witwe sofort nach der Todesnachricht erklärt habe, sie werde ihrem Gatten in den Tod folgen. Der Schwiegervater, immerhin Lehrer an der Dorfschule, drückte es so

Sati-Symbol: Erinnerung an Frauen, die eine Selbstverbrennung nach dem Tod ihrer Männer dem als noch grausamer empfundenen Schicksal als Witwe vorzogen.

aus: „Wir konnten sie nicht zurückhalten, der Sati-Geist nahm ihre Seele gefangen." Sati heißt die grausame Sitte der Witwenverbrennung, so genannt nach einer Göttin: Sie soll böse und traurig gewesen sein, als ihr Vater Daksha zu einem großen Opferfest nicht auch Shiva, ihren Gatten, eingeladen hatte, so verzweifelt, daß sie sich vor Kummer selbst verbrannte. Seither werden Sati-Frauen in heiligen Legenden verklärt: In sieben weiteren Leben sollen sie die Möglichkeit haben, mit ihrem Gott – gemeint ist ihr Mann – zusammen zu sein; eine Sati, so erzählen sich auch die Dörfler von Deorala, hat die Kraft, ihre Eltern und die Familie ihres Mannes von allen Sünden zu befreien. Im Himmel dürfe sie 35 Millionen Jahre mit ihrem Mann zusammenleben ... Und auch dies wurde damals in den Zeitungen über ein Dorf berichtet, in das das Mittelalter plötzlich zurückgekehrt schien: Dreimal habe Roop Kanwar, eine gebildete Frau unserer Zeit, vom Scheiterhaufen fliehen wollen, jedes Mal sei sie zurückgestoßen worden ... Deorala, so sah es aus, wollte sein Sati-Opfer, dem es anschließend einen Tempel bauen konnte.
Indische Frauen gingen auf die Straße. Auf ihren Transparenten stand zu lesen: „Sati ist keine Tradition, sondern ein Verbrechen." Emanzipierte Frauen machen immer häufiger von sich reden.

*

Madhu Kishwar gehört zu den Herausgeberinnen von „Manushi". Das heißt „Menschin" und dieser Titel macht schon deutlich: Es handelt sich um eine feministische Zeitschrift. Ihre Bedeutung ist weit größer als ihre Auflage (12 000 Exemplare). Frau Kishwar und ihre Mitstreiterinnen suchen nach indischen Wegen, die Stellung der Frauen zu verbessern: „Frauenhäuser können wir nicht aufbauen. Wir haben 800 Millionen Einwohner. Woher soll das Geld dafür kommen? Wir sollten Männer, die ihre Frauen und Kinder mißhandeln, dazu zwingen, das Haus zu verlassen. Mit Nachbarschaftshilfe läßt sich organisieren, daß entsprechend viele Frauen einen gewalttätigen Mann unter Druck setzen, so daß der es nicht mehr länger wagt, seine Frau zu peinigen." Zu den arrangierten Ehen hat Madhu Kishwar einen Vergleich parat: „Ich würde die Heiratsform im Westen nicht als Liebesheirat, sondern als ‚selbst arrangiert' bezeichnen. Ich sehe sehr wenig Liebe in den westlichen Ehen, jedenfalls nicht mehr als in Indien. Aber es ist natürlich wichtig, daß Frauen möglichst bald auch bei uns ihren Partner selbst bestimmen können."

*

Frauen: Sujata und ihre Schwestern

Unterwegs, wieder in Rajasthan. Der Wind weht Staub und Zement von einer Baustelle in die Nasenlöcher. Ein Auffangbecken für Regenwasser wird ausgeschachtet. Drei Gruppen von je fünf Männern hacken den Lehmboden auf und füllen die Erde in große Blechschüsseln, die von Frauen, es sind etwa 150, auf dem Kopf weggetragen werden. Viele von ihnen husten, sie sehen elend aus, aber sie lachen zu mir herüber, sie streicheln immer wieder die kleinen Kinder, die einige auf dem Arm tragen. Acht Stunden schleppen sie die Lasten; am Abend, das erzählen sie einem indischen Freund, der es mir übersetzt, haben sie das Gefühl, als ob ihr Rücken in zwei oder mehr Teile zerbreche. Eine Mark ist der Lohn für einen solchen Tag, eine Mark, auf die ihre Familien in den Dörfern der Nachbarschaft dringend angewiesen sind.

*

Es war einmal, vor vielen Jahrhunderten, ein König, der durch sein Land reiste, bis er auf Leute stieß, die in dunklen Höhlen lebten. Er war erschrocken über die Finsternis und befahl, jeder Familie Lampen zu geben und ausreichend Öl, sie zu füllen. Fünfzig Jahre später kam er wieder in die Gegend, und wiederum lagen die Höhlen im Dunkeln. Die Lampen waren vergessen oder zerbrochen, das Öl ausgelaufen. Der König schickte nach neuen Lampen und neuem Öl. Aber als er ein Jahr später zurückkehrte, waren die Höhlen erneut finster. Der König rief seinen Minister, einen weisen Mann, und bat um eine Erklärung. „Nun ja", sagte der Minister, „du hast die Lampen den Männern gegeben. Du hättest sie den Frauen geben sollen."
Der König verstand den Rat, und seither sind die Lampen nie wieder ausgegangen ...

Folgende Doppelseite: Vor allem Frauen der niedrigeren Kasten im Norden schmücken Hände, Arme und oft auch Füße mit Glückssymbolen. Die Motive werden mit Henna und anderen Naturfarben aufgetragen. Sie halten sich einige Wochen auf der Haut.

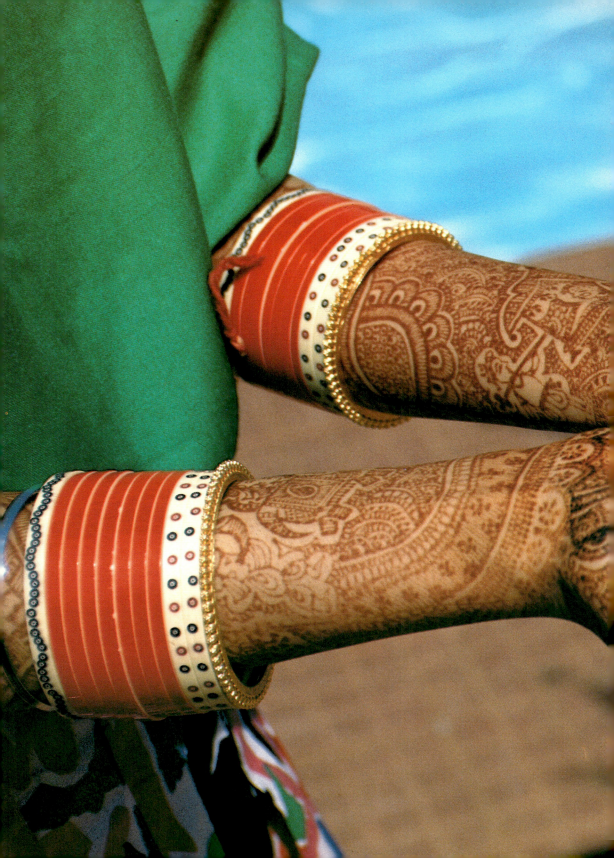

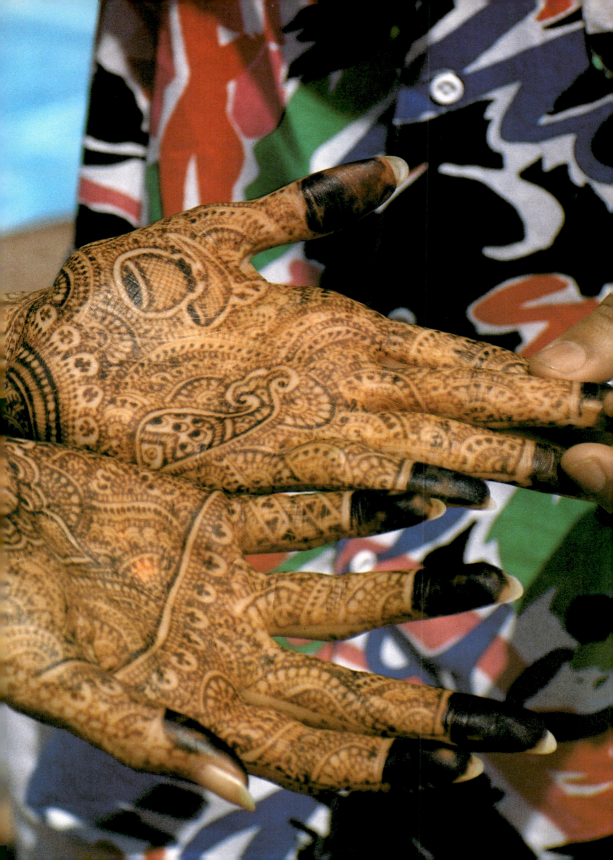

Geschichte: Augenblick und Ewigkeit

„Der Strom der Wahrheit fließt durch Kanäle von Irrtümern."

Rabindranath Tagore (1861–1941)

Was ist schon historische Wahrheit? Ein Land, das in kosmischen Zeiträumen denkt, hat ein anderes Verhältnis zu seiner Geschichte als westliche Staaten. Das Vergangene wird hier nicht in Jahreszahlen konserviert, sondern in Legenden, Mythen und in großen Epen. In ihnen spiegelt sich für die Inder der ewige Kreislauf wider. Wie eng die Verbindung des modernen Indien zu seiner vieltausendjährigen Kultur ist, mag aus der Gestaltung der Staatsflagge ersichtlich sein: Sie zeigt das Rad des Lebens (Dharma Chakra), dessen 24 Speichen an die 24 Stunden des Tages erinnern – und an die Lehren des Hinduismus und des Buddhismus, die von diesem Rad „angetrieben" werden. (Mit Gandhis Spinnrad, wie so oft zu hören ist, hat das Staatsemblem nichts zu tun.) Nicht *wann* etwas geschehen ist, interessiert die Inder, viel wichtiger ist, *daß* es passiert ist. Nicht die Namen der Epochen und die Einordnung in heutige Geschichtsbücher sind für indisches Denken von Bedeutung. Wichtiger sind die Geschichten, die sich aus dem Geschehen ergeben. Diese Tradition reicht von den Puranas, den alten Schriften, bis zu Salman Rushdie, der auch ein Legenden-Erzähler ist. Bis heute, und gewiß auch weiterhin, ziehen Märchenerzähler die Massen in ihren Bann; sie sind – auf Basaren, unter Bäumen und manchmal sogar in Stadien – Botschafter zwischen der Ewigkeit und dem Augenblick. Wo drei Viertel aller Menschen nicht lesen und schreiben können, stehen die Künste des Erzählens und Zuhörens in hohem Ansehen.

Mir gefällt das Bild, das Heimo Rau, Experte für indische Kunstgeschichte, in einem Kultur-Reiseführer gebraucht hat: Die Vermittlung indischer Geschichte könne man mit einem uralten Mann vergleichen, der aus seinen Jugendtagen erzählt. Und ein anderer bekannter Indologe unserer Zeit, Dietmar Rothermund, läßt in einem seiner Bücher einen kleinen Marathenjungen, den ein Reisender fragte, wann er denn so gut reiten gelernt habe, antworten: „Vor zweihundert Jahren ..." Seine Geschicklichkeit, das wollte er damit sagen, wurzelte in der Tradition seines Volkes, das mit seinen Reiterheeren einst große Teile Indiens erobert hatte. Geschichte und Gegenwart werden in Indien oft und gern wie mit dem Teleskop zusammengeschoben.

In der anschließenden Chronologie habe ich die wichtigsten Daten und Fakten wesentlicher Epochen der indischen Geschichte zusammengestellt.

Geschichte: Augenblick und Ewigkeit

Frühe Kulturen am Indus

um 4000 v. Chr.	Besiedlung des Industals.
um 2500–1700	Induskultur (wichtigste Ausgrabungsstätten: Mohenjo Daro und Harappa im heutigen Pakistan und Beispiele in Gujarat, Rajasthan und im Punjab).
um 1300	„Arische" Volksstämme aus dem Kaukasus besiedeln Nordwest-Indien.
um 1000	Die Veden werden aufgeschrieben.
900–400	Spätvedische Zeit; „arische" Besiedlung bis ins östliche Gangestal.
um 600	Buddhismus und Jainismus entstehen.
327–325	Indien-Feldzug Alexander des Großen.

Erste Großreiche und „Goldenes Zeitalter"

320–185	Die Mauryas beherrschen Nord- und Zentralindien; wichtigster Herrscher: Kaiser Ashoka (273–232).
320 n. Chr.–500	Gupta-Dynastien; Blütezeit für Kunst und Wissenschaft; Bedeutung des Buddhismus geht wieder zurück, der Hinduismus festigt sich.

Moslems und das indische Mittelalter

712	Erste islamische Invasion: Araber erobern Sind (heute Provinz in Pakistan) und dringen bis ins heutige Kaschmir vor.
um 1000	Moslems aus Afghanistan unter Mahmud von Ghazni dringen nach Nordindien ein; die Dynastie der Cholas wird Großmacht in Südindien.
1206–1526	Zeit der Sultanate in Delhi.
um 1300	Erste Mongolen-Angriffe.
1398	Timur-Leng (Tamerlan) verwüstet Delhi.
1336–1565	Hindukönige in Südindien schließen sich zu einem mächtigen Reich zusammen (Hauptstadt: Vijayanagar).

Aufstieg und Fall der Mogul-Herrscher

1526	Babur, Nachfahre Tamerlans, schlägt bei Pani-

Gegenüberliegende Seite: Zeitloser Augenblick, in Jaipur aufgenommen: ein Mann vor einem Palast blickt gelassen in den Alltag. Pfauen gehören seit alters her zu den auch in der Kunst häufig verwendeten Tiersymbolen, die Glück verheißen. In der Ikonographie gilt der Pfau als Reittier des Kriegsgottes Skanda. Seine bunten Federn sind dem Gott Shiva geweiht.

	pat den letzten Sultan von Delhi und begründet das Reich der Mogulen.
1530–1556	Großmogul Humayun (der zwischendurch im Exil lebt: Sur-Dynastie).
1556–1605	Humayuns Sohn Akbar (der Große) festigt die Mogul-Herrschaft.
1605–1627	Großmogul Jahangir (Akbars Sohn); höfische Kultur wird immer mehr verfeinert; starke persische Einflüsse durch Jahangirs Frau Nur Jahan, die aus Persien stammt.
1628–1658	Shah Jahan, dritter Sohn Jahangirs, an der Macht: größte Prunkentfaltung der Mogulepoche: Bau des Taj Mahal in Agra und des Roten Forts in Delhi.
1658–1707	Unter Kaiser Aurangzeb (dritter Sohn Shah Jahans) größte Ausdehnung des Mogulreichs.
1650	Mit dem Aufstieg der Marathen, einem indischen Volksstamm an der Westküste, beginnt der Niedergang der Mogulherrschaft.
1758	Größte Ausdehnung des Marathen-Reichs.

Die Europäer kommen

1498	Der Portugiese Vasco da Gama landet an der Küste Südindiens.
1510	Portugiesen erobern Goa.
ab 1612	Erste Handelsniederlassungen der Briten – in Surat (1612), Madras (1640), Bombay (1668) und Kalkutta (1690).
1751	Robert Clive, Angestellter der East India Company, besiegt bei Arcot die Franzosen, deren Blütenträume von einem französisch-indischen Kolonialreich danach niemals mehr gereift sind.
1813–1818	Die britische Ostindien-Gesellschaft kontrolliert das Marathenreich und Rajasthan.
1843–1848	Die Engländer festigen ihre Herrschaft.
1853	Erste Eisenbahnstrecke (Bombay – Thana) in Betrieb genommen.

Geschichte: Augenblick und Ewigkeit

Gegenüberliegende Seite: Varanasi, Altstadt. Im dunstigen Licht des frühen Morgens macht der Milchmann seine erste Runde, begleitet von ein paar Straßenjungen.

1857	Sepoy-Aufstand: Zahlreiche Fürsten lehnen sich gegen die Briten auf; indische Truppen meutern; es dauert über ein Jahr, bis der Aufstand niedergeschlagen ist.

Britisch-Indien und der lange Weg zur Freiheit

1858	Die Verwaltung des Riesenreichs geht von der Ostindien-Gesellschaft auf die Krone über.
1877	Königin Viktoria wird Kaiserin von Indien.
1885	Gründung des Indischen National-Kongresses (Ziel: Ende der Fremdherrschaft).
1906	Gründung der Moslem-Liga.
Ende 1911	Hauptstadt wird von Kalkutta nach verlegt; Georg V. besucht als erster britischer Monarch Indien und wird zum Kaiser gekrönt.
1914–1918	Fast 700 000 indische Soldaten nehmen am Ersten Weltkrieg auf alliierter Seite teil.
1915	9. Januar: Gandhi kehrt aus Südafrika zurück; bei der Ankunft in Bombay begrüßt ihn der Dichter und Philosoph Rabindranath Tagore als „Mahatma" (Große Seele).
1919	Blutbad von Amritsar: Der britische General Dyer läßt 379 wehrlose Inder, darunter viele Frauen und Kinder, zusammenschießen.
1920	Gandhi ruft zum gewaltlosen Widerstand auf.
1930	12. März bis 6. April: „Salzmarsch" von Ahmedabad nach Dandi. Gandhi wird verhaftet und bleibt fast ein Jahr im Gefängnis.
1936	Jawaharlal Nehru wird zum Führer der Kongress-Partei gewählt und behält den Vorsitz bis zu seinem Tode (1964).
1939–1945	Zweiter Weltkrieg: Erneut kämpfen indische Truppen auf alliierter Seite.
1942	Gandhi fordert völlige Unabhängigkeit; erneute Verhaftung und fast zwei Jahre Gefängnis; Massen-Unruhen.
1944	Verhandlungen zwischen der von Hindus geführten Kongress-Partei und der Moslem-Liga

	(unter Ali Jinnah) scheitern; die Teilung Indiens ist absehbar.
1947	3. Juni: Premierminister Attlee verkündet den Teilungsplan. 15. August: Unabhängigkeit; Nehru wird erster Ministerpräsident Indiens; sieben Millionen Moslems flüchten nach West- und Ost-Pakistan, ebensoviele Hindus in die entgegengesetzte Richtung; Hunderttausende kommen ums Leben.
1948	30. Januar: Gandhi wird von einem Hindu-Fanatiker in Neu Delhi erschossen.

Die Republik seit 1947

1950	Indien wird Föderative Republik. Am 26. Januar tritt die erste Verfassung des unabhängigen Indiens in Kraft. Seither wird dieser Tag („Republic's Day") festlich begangen. Größte Parade jeweils in Delhi.
1954	Nehru erklärt Blockfreiheit; französische Niederlassungen (Pondicherry u.a.) werden (friedlich) an Indien zurückgegeben.
1956	Pakistan nennt sich „Islamische Republik".
1957	Indien gliedert sich die besetzten Gebiete Kaschmirs ein.
1961	Indische Truppen besetzen die portugiesischen Kolonien Goa, Daman und Diu. – Ende des Kolonialzeitalters auf dem indischen Subkontinent.
1964	27. Mai: Nehru stirbt; Lal Bahadur Shastri wird Ministerpräsident.
1965	Kriegerischer Konflikt mit Pakistan (wegen Kaschmir).
1966	Waffenstillstand nach sowjetischer Vermittlung (Abkommen von Taschkent); Shastri stirbt; Indira Gandhi, Nehrus Tochter, wird Ministerpräsidentin.
1971	Indien unterstützt ostpakistanische Separatisten;

	Krieg mit Pakistan, den Indien gewinnt; aus Ost-Pakistan entsteht der unabhängige Staat Bangladesh.
1975	Indien annektiert das Himalaya-Königreich Sikkim; Indira Gandhi regiert zwei Jahre mit Ausnahmezustand.
1976	Aufnahme diplomatischer Beziehungen zwischen Indien und Pakistan.
1977	Kongress-Partei verliert erstmals absolute Mehrheit; Morarji Desai (von der konservativen Janata-Partei) wird Ministerpräsident.
1980	Indira Gandhi kehrt an die Macht zurück; ihr Sohn und „Kronprinz" Sanjay kommt bei einem Absturz mit seinem Privatflugzeug ums Leben.
1983/84	Schwere Unruhen in Assam und im Punjab.
1984	31. Oktober: Indira Gandhi wird von zwei Sikhs, die zur Leibwache gehören, ermordet; ihr Sohn Rajiv wird ihr Nachfolger.
1985	Große Mehrheit für Rajiv Gandhi; erneut schwere Unruhen im Punjab (Sikh-Terror).
1989	Rajiv Gandhi verliert die Wahlen; (vorläufiger?) Abschied von der Macht für die Nehru-Gandhi-Dynastie; Vishvanath Pratap Singh (von der Janata Dal Partei) wird neuer Premier.
1990	Indiens „Friedenstruppen" verlassen im April nach zweieinhalb Jahren die Insel Sri Lanka; das Expeditionskorps hat den Aufstand der Tamilen dort nicht brechen und die Lage auf der zerrissenen Insel nicht stabilisieren können. – Der Kaschmir-Konflikt spitzt sich erneut bedrohlich zu. Schwere Unruhen Ende Mai nach der Ermordung eines auch politisch einflußreichen islamischen Schriftgelehrten; viele Tote. – Tamilische Separatisten aus Sri Lanka verüben im Juni blutige Anschläge in Madras (Tamil Nadu).

Koloniales Erbe: Die alten und die neuen Sahibs

„Vielleicht wäre es gerecht zu sagen, daß Europa sich in Indien wiederholt ..."

Salman Rushdie in „Mitternachtskinder" (1983)

Der Mond, fast gerundet, läßt die Silhouetten einiger Palmen und Mangobäume erkennen. Wir sitzen im Garten des Gymkhana-Clubs in Delhi. Ein bekannter Arzt, allgemein „Doc" genannt, Schwager eines Freundes und führendes Mitglied dieses feinen Clubs, hat mich „auf einen Drink" eingeladen. Vorhin, in der Bar, war ich mit Rosa Kumar ins Gespräch gekommen, einer weißhaarigen, liebenswürdigen Dame halb englischer, halb deutscher Herkunft. Sie hat aus ihrem Leben erzählt, das sie seit ihrem 18. Geburtstag in Indien verbringt, und ihre Erinnerungen waren wie der Abriß der letzten Jahrzehnte anglo-indischen Miteinanders, denn Rosa Kumar, seit kurzem Witwe, war mit einem Inder verheiratet.

Anschließend, im Billardraum, versuchte ein Pensionär, der mit dem Verkauf energiefressender Klimageräte zu mittelständischem Wohlstand gekommen war, mir seine Lösung der globalen Energie-Probleme verständlich zu machen. Es ging ihm, glaube ich, darum, Energie aus den Luftmassen zu gewinnen, „die auf uns allen lasten ..."

Club-Atmosphäre, etwas verrückt, ein bißchen dekadent, angenehm versnobt, so wie sie Somerset Maugham in seinen Erzählungen festgehalten hat. Aber im Unterschied zu seinen Stories, wo weißen Pflanzern und weißen Residenten der Gin von braunen Servants gebracht wird, während andere „Eingeborene" keinen Zutritt hatten, geben heute in den Clubs von Delhi, Bombay oder Kalkutta die dunkelhäutigen Sahibs den Ton an. Weiße dürfen gern zuhören, auch ihre Meinung ist gefragt, aber erst, nachdem ein Clubmitglied die Einladung dazu ausgesprochen hat. Ansonsten, scheint es, ist vieles beim alten geblieben, die vertäfelten und verräucherten Räume, die von Männern beherrschten Regeln und Riten, die Gespräche: Lebensbeichten, Fluchtgeschichten, Entdeckungen jenseits der Realität, von Gin und Whisky zu fernen Ufern befördert.

Natürlich wird in diesen Kreisen fast ausschließlich englisch gesprochen, indisches Englisch, sanft und leicht singend. Auch die Umgangsformen sind britisch geblieben, ebenso die Essenszeiten, und jener Hauch zur Exzentrik sowieso, der die englisch-geprägten Clubs östlich von Suez zu allen Zeiten ausgezeichnet hat. Haben denn die Inder der sogenannten besseren Kreise ihre Identität auch 45 Jahre nach dem Abzug der Briten noch nicht gefunden? Was ist überhaupt geblieben von über 150 Jahren englischer Präsenz und Herrschaft, von den Gymkhana- und Yacht-Clubs mal abgesehen?

Humayun Kabir, Kampfgefährte Nehrus in der Freiheitsbewegung, hat schon in den vierziger Jahren, kurz bevor die letzten britischen Truppen das Land verließen, ohne Bitterkeit festgestellt: „Das moderne Indien sah den Westen immer durch die englische Brille. Britisches Denken ... hat uns zuerst beeinflußt. Der britische Einfluß auf unsere Kleidung mag gering sein, die Wandlungen aber, die er in unserer geistigen und intellektuellen Einstellung hervorgerufen hat, sind tiefgreifend."

Jeder Indienreisende wird geradezu zwangsläufig auf die Spuren der kolonialen Hinterlassenschaft stoßen: demokratisches Regierungssystem, Sprache, Verwaltung, Erziehung, Eisenbahnnetz, und natürlich, faszinierend anzusehen, die zahlreichen Gebäude aus jener glanzvollen Epoche viktorianischer Macht, die für die meisten Inder eine Zeit der Ausbeutung, Unterdrückung und Demütigung bedeutete. Wenn sich inzwischen auch manche Angehörige des neureichen Jet-sets amerikanischen Lebensstil zum Vorbild nehmen, so wird doch das britische Erbe noch auf lange Zeit prägend bleiben für den indischen Alltag, die Politik, vor allem aber für die Geisteshaltung der Elite.

*

Sie waren im 18. Jahrhundert von der kleinen Insel im nebligen Nordwesteuropa gekommen – Pfeffersäcke zunächst, nur an Gewürzen, Gold und Gewinn interessiert. Aber schon bald lockte die Macht. Als die Herrschaft um die Mitte des 18. Jahrhunderts auf die Krone überging, war aus Handelsinteressen eine Art missionarischer Auftrag geworden, geknüpft an das Dogma von der Überlegenheit der weißen Rasse. Manche Historiker meinen, daß der blutige Sepoy-Aufstand 1857 bereits den Anfang vom Ende britischer Macht über das orientalische Großreich markierte. Im Mai jenes Jahres standen erstmals indische Soldaten (Sepoys) in Massen gegen ihre weißen Offiziere auf, in denen sie ihre Peiniger sahen.

Ein Befehl und ein Gerücht hatten die Revolte ausgelöst: Patronen sollten, dies die Order, mit den Zähnen aus ihren Hüllen gerissen werden – Patronen, die angeblich mit Rinder- und Schweinefett eingefettet waren. Schlimmer konnten die religiösen Empfindungen der hinduistischen und moslemischen Artilleristen nicht verhöhnt werden. Erst nach anderthalb Jahren war der Aufstand niedergeschlagen, das Land ausgeblutet, die Felder waren verwüstet, Handwerk und Industrie, die sich

Gegenüberliegende Seite: Eine Szene wie aus einem der großen Indienfilme, die die Kolonialzeit versinnbildlichten: Ein Anwalt mit Talar und Tropenhelm begleitet seinen Mandanten, einen Brahmanen, zu einer Gerichtsverhandlung im Staate Bihar.

gerade entwickeln wollten, weitgehend zerstört. Nie wieder hat sich Indien von dieser Katastrophe erholt, weil auch seine Seele verwundet worden war. Der Sepoy-Aufstand, so sehen es heute Geschichtsschreiber in beiden Ländern, hatte bewiesen, daß die meisten Engländer Land und Leute entweder nicht verstanden oder nicht verstehen wollten.

Der britisch gelenkte Friede, der sich anschloß und sehr lange hielt, die viel zitierte Pax Britannica, war allerdings von Maßnahmen begleitet, die den Keim für neue Probleme in sich trugen: Agrarreformen wurden gestoppt, weite Gebiete des Landes an willfährige Großgrundbesitzer verteilt, die Steuerschrauben angezogen (die Salzsteuer zum Beispiel wurde zu einem Symbol im späteren Kampf um die Unabhängigkeit). Moslems und Hindus wurden nach einer Devise gegeneinander ausgespielt, die England auch anderswo, etwa in Ceylon und in Palästina, mit verhängnisvollen Konsequenzen einsetzte: „Teile und herrsche." Zum Schluß – das Juwel in der Krone war endgültig verspielt – blieb nur noch die Organisation der Teilung – und auch diese mißlang.

Als der Glanz des britischen Empire noch alle Welt blendete, staunten politische Beobachter und Reisende über „Disziplin und Zähigkeit" – diese Begriffe werden in den alten Berichten besonders häufig genannt – mit der 60 000 englische Soldaten und ein paar tausend Beamte des „Civil Service" Indien verwalteten, das damals von den Wüsten Belutschistans bis in die Dschungel Burmas reichte.

Über den Lebensstil der Kolonialbriten notierte 1921 der Kronprinz von Bayern, Rupprecht, in seinen „Reise-Erinnerungen aus Indien": „Die Engländer hängen zäh an ihren heimischen Lebensgewohnheiten und modifizieren sie in Indien nur insoweit, als die klimatischen Verhältnisse dies unbedingt gebieten. In den kühlen Morgen- und Abendstunden wird geritten, Golf gespielt oder irgendein anderer Sport getrieben, was der Erhaltung der Energie und Gesundheit sehr förderlich ist. In weitgehendstem Maße wird die Gastfreundschaft geübt und die winterliche Saison zu Kalkutta wie die sommerliche zu Simla, wo der Vizekönig während der heißen Jahreszeit zu residieren pflegt, bieten gesellschaftliche Vergnügungen in Hülle und Fülle…

Wie mangelhaft die meisten Engländer über außerenglische Zustände unterrichtet sind und mit welchen Vorurteilen sie diese betrachten, ist erstaunlich; noch erstaunlicher aber, wie wenig die meisten mit den Sitten und Gebräuchen der Inder vertraut sind…

Die vielen Luftkurorte, die außer in Simla in den Vorbergen des Hima-

laya sowie im Nilgiri-Gebirge geschaffen wurden und in denen die englischen Frauen und Kinder die heißesten Monate verbringen, haben in sanitärer Hinsicht sehr günstig gewirkt. Dessen ungeachtet vermögen nur die wenigsten Europäer zehn Jahre oder länger ununterbrochen in Indien zu leben, ohne schwere Schädigung ihrer Gesundheit. Es ergibt sich somit von Zeit zu Zeit die Notwendigkeit, wieder nach Europa zurückzukehren, um anämische Zustände oder Lebererkrankungen ausheilen zu können...

Bewunderswert ist, mit welch geringem Beamtenapparat das indische Riesenreich mit seinen 250 Millionen Einwohnern regiert wird. Alles in allem sind nicht mehr denn achttausend englische Beamte in Indien angestellt. In den Provinzen, die unter unmittelbarer britischer Verwaltung stehen, es sind dies die am dichtesten bevölkerten und der Fläche nach drei Fünftel des Landes, sind die obersten Beamten stets Engländer. Auch sind allen jenen indischen Beamten, die wichtige Posten innehaben, englische Hilfskräfte zugeteilt. Die Bezahlung der englischen Beamten ermöglicht es Junggesellen, sich in wenigen Jahren eine hübsche Summe zu ersparen und befähigt Verheiratete zur Führung eines ganz anständigen Haushalts."

Auch Alphons Nobel, der seine „Indische Reise" Ende der zwanziger Jahre veröffentlichte, ging auf die Hill Stations ein, wie die hochgelegenen Sommerresidenzen heute noch genannt werden: „Von ihrer Einrichtung her datiert eine neue Epoche anglo-indischen Lebens. Vorher war Indien eine Männerkolonie, weil es nur in den seltensten Fällen den Engländern möglich war, ihre Frauen mit nach dem heißen Indien zu nehmen. Ein Gesellschaftsleben konnte sich so nicht entfalten, und Indien war für das herrschende Volk ein Heerlager oder eine Faktorei. Nun, da man in den Sommerresidenzen den ungesunden Teil des indischen Jahres unter denselben klimatischen Bedingungen wie in Europa verbringen kann, leben nicht nur die Frauen, sondern auch die Kinder hier. Ganze Generationen wachsen hier auf, wenn auch nur im beschränkten Umfange. England kann immer nur eine Elite von Offizieren, Beamten und Kaufleuten in Indien unterbringen, niemals aber Massen. Denn nur diejenigen Frauen und Kinder bleiben gesund, die kostspieliger Luxus umgibt und pflegt."

Im gleichen Kapitel läßt sich Nobel kritisch-bewundernd über die Borniertheit und Zähigkeit der Briten in den Kolonien aus: „Der Engländer stirbt lieber vor Hitze, als daß er seinen schwarzen Smoking mit einem weißen Smoking vertauscht... Wundert mich nur, daß sie nicht statt Tropenhelmen schwarze Zylinder tragen ..." Als Nobel zu einem Amerikaner sagt, daß es seiner Meinung nach diese Zähigkeit sei, die die Engländer befähige, Indien zu halten, „320 Millionen mit 60 000 Soldaten", antwortet der Gesprächspartner mit einer Prognose, zu der 1928 vermutlich schon keine hellseherischen Fähigkeiten mehr nötig waren: „Sie werden es nicht halten können. Sie werden eines Tages mit großer und hochmütiger Geste Indien die Selbständigkeit zurückgeben und so tun, als sei dies seit drei Jahrhunderten das Ziel ihrer Politik ..."

*

Es ist spät geworden. Die Windlichter auf den Nachbartischen sind schon abgeräumt. Der süße Duft der Tropennacht hat sich wie ein Seidentuch über den Clubgarten gelegt. Und noch immer diskutieren wir das Erbe der Kolonialzeit, wir: die alte Lady, die früher in Lahore gelebt hat, der wohlhabende Arzt, zu dem die Armen strömen, weil er die auch schon mal kostenlos behandelt, der Energietüftler, der behauptet, seine Kaste nicht zu kennen, eine indische Dame, die vor ein paar Monaten ihren Mann, einen Brigadier, verloren hat – Sikh-Terroristen hatten ihn in der Nähe von Amritsar aus dem Hinterhalt erschossen...

Indische Gegenwart, anglo-indische Vergangenheit: In dieser samtwarmen Nacht, in diesen Gesprächen verschmelzen sie miteinander. Meine Bekannten am Tisch gehören einer Generation an, deren prägende Jahre in die Kolonialzeit zurückreichen. Wir sprechen vom Nutzen, den das moderne Indien aus britischen Einrichtungen ziehen konnte, vom Rechtssystem, von Straßen wie der Grand Trunk Road, die Peshawar mit Kalkutta verbindet – von Rudyard Kipling als Rückgrat Indiens gerühmt –, schließlich von der Eisenbahn, die überhaupt erst den Zusammenschluß des gewaltigen Subkontinents ermöglichte...

Gekleidet wie im alten England und abgehoben von der Umgebung, die sie nicht verstehen wollten, stolzierten viele „Memsahibs" durch Indien.

Alle sind sich einig, daß nichts davon zum Wohle der Inder gedacht war. Der Erfinder kann sich noch gut daran erinnern, wie es damals den Einheimischen in Restaurants oder gar in Clubs wie diesem hier erging: „Es war nicht verboten, dort hinzugehen. Es war alles viel subtiler: Inder wurden einfach nicht bedient in einem Lokal, das Weißen vorbehalten war. Mein Vater hat es mehrfach erlebt." Die indische Witwe fügt hinzu: „Am hochmütigsten waren die Memsahibs, die blassen Engländerinnen in den Hill Stations. Sie predigten und praktizierten oftmals blanken Rassismus." Aber haben nicht auch Engländer dieses Land geliebt, dem sie sich nicht selten in fünfter oder sechster Generation zugehörig fühlten; haben nicht erst die Briten, ein Beispiel nur, das Land systematisch erforscht, beschrieben, seinen Boden nach den Spuren der frühen Kulturen abgesucht? Gilt ihnen nicht das Verdienst, die Ruinenstädte im Industal entdeckt und ausgegraben zu haben, eine Leistung, nach der zumindest die ersten Kapitel der indischen Geschichte neu geschrieben werden mußten?

Der Doc, in seiner feinen Ironie englischen Vorbildern recht nahe, meint, sie hätten das mehr aus sportlichem Ehrgeiz getan, „bestimmt nicht aus Interesse an unserer Kultur". Churchill fällt ihm ein, der die Inder verachtete: „ ‚Bestialische Leute mit einer bestialischen Religion' hat er uns genannt, und Gandhi war für ihn nur der ‚halbnackte Fakir', den man nicht ernst nehmen dürfe."

Darf ich, der Weiße, der Gast, fragen, wie es denn die Inder heute mit Gandhis Erbe halten? Das wäre schon wieder ein anderes Thema, für das es heute nacht wohl schon zu spät geworden ist. Aber der Doc, mit geradezu unindischer Lust an der Selbstkritik, geht von allein auf fatale Erbsünden ein: „Wir", sagt er und meint wohl die Oberschicht, die Politik, das ganze moderne Indien, „sind nicht viel besser als die Briten, vielleicht sogar schlimmer: Wir kopieren sie nämlich…"

Niemand widerspricht ihm, im Gegenteil: Der Erfinder, der in keine Kaste gehören will, erzählt von Millionen oder Milliarden Rupies, die auf Schweizer Konten lagern sollen, in westlicher Währung, versteht sich: „Wo ist da der Unterschied? Früher wurden die Früchte indischen Fleißes nach England geschafft, heute, jedenfalls zum Teil, in die Schweiz." Der Doc seufzt: „Ach ja, wenn das Nehru wüßte…" Der hatte – ich lese es lange nach dem Abend im Gymkhana-Club – kurz vor der Unabhängigkeit einen Wunsch geäußert, eine Vision: „Wir wollen nicht weiße durch braune Herren ersetzen, sondern eine wirkliche Herrschaft des Volkes, durch das Volk und für das Volk, und ein Ende unserer Armut und Not."

Dunkle Wolken haben sich vor den Mond geschoben. Wir brechen auf. Doc, der Gastgeber dieser Runde, zeichnet seine Rechnung ab, und am Tor salutieren Sikh-Wächter in Khaki-Uniformen. Letztere könnten gut aus der Kolonialzeit stammen.

Gandhi: Verehrt – und trotzdem vergessen?

Südafrika, im Sommer 1893: Ein junger Rechtsanwalt, Angehöriger der indischen Minderheit im Lande, reist mit der Eisenbahn von Durban in Richtung Pretoria. Er sitzt allein in einem Abteil erster Klasse, westlich korrekt gekleidet und liest ein Buch. Der Zug hält in Pietermaritzburg; ein Weißer steigt zu und nimmt sofort Anstoß an dem jungen Mann brauner Hautfarbe, der da ruhig und gelassen einen Platz innehat, für den er eine Fahrkarte vorweisen kann. Das tut er auch, als der Schaffner kommt, gerufen von dem wütenden Passagier, der keinen „Kaffer" im Abteil der ersten Klasse dulden mag, wie er lautstark betont. Das gültige Ticket nutzt allerdings dem Inder gar nichts, denn der Schaffner erklärt ihm, daß Leute wie er nur in der dritten Klasse reisen dürfen. Dorthin möge er sofort umziehen. Der junge Mann, er heißt Mohandas Karamchand Gandhi, protestiert höflich, aber bestimmt, verweist noch einmal auf seinen bezahlten Fahrschein – und wird samt Koffer auf den Bahnsteig geworfen.

Bombay, im Januar 1915: Ein Dampfer aus Südafrika legt im Hafen an, sehnsüchtig erwartet von einigen tausend Menschen. Sie bejubeln den schüchtern wirkenden Mann, der da in einfacher Landestracht die Gangway herunterkommt, als Helden des indischen Widerstands in Südafrika, als Kämpfer gegen diskriminierende Gesetze, dessen Methoden der Gewaltlosigkeit sich in Indien schon herumgesprochen hatten. Kurze Zeit später begrüßt der Nobelpreisträger Rabindranath Tagore, Dichterfürst aus Bengalen, den Heimkehrer als „Mahatma" – Große Seele.

Delhi, 30. Januar 1948, kurz nach 17 Uhr: Mahatma Gandhi, inzwischen in aller Welt bekannt und bewundert, in Indien als Vater einer Nation verehrt, die gerade ein halbes Jahr zuvor gegen seinen Willen in zwei Staaten geteilt worden war, geht in den Garten des Birla-Hauses, wo er die letzten Tage fastend verbracht hat. Zwei Begleiterinnen stützen den entkräfteten Greis, als der sich langsam einer Gebetsversammlung zuwenden will. Gut fünfhundert Menschen warten auf den 79jährigen Mahatma, von dem noch immer eine Art Zauber ausgeht. Einer aus der Menge, ein Hindu namens Nathuram Vinayak Godse, tritt auf ihn zu, macht noch die Geste der Begrüßung durch das Zusammenlegen der Hände. Gandhi will auch gerade seine Hände falten, als der 35jährige Godse, Verleger eines chauvinistischen Hindu-Wochenblatts, eine Pistole zieht und dreimal auf den alten Mann feuert. Mahatma Gandhi

„Das unabhängige Indien hat Gandhi zu einem Heiligen gemacht und alle seine Lehren ignoriert."

Bertrand Russell (1872–1970)

stöhnt auf: „Oh Ram" (Oh Gott) kann er noch sagen. Dann ist er tot, gewaltsam ums Leben gebracht, das er der Gewaltlosigkeit verschrieben hatte.

Drei Szenen, an die sich jeder erinnert, der Richard Attenboroughs Gandhi-Film gesehen hat. Drei Daten, die den Weg eines Menschen markieren, der nach wie vor in aller Welt, auch in Indien, nicht *wie* ein Heiliger, sondern *als* ein Heiliger verehrt wird. Sein Kampf allerdings war schon gescheitert, als der Traum vom freien Indien in einem Alptraum von Grausamkeit unterging. Bis zuletzt hatte Gandhi gehofft, Moslems und Hindus doch noch versöhnen zu können – vergeblich. Für ihn war die Teilung – von Moslemführer Ali Jinnah schon immer gewollt, von Jawaharlal Nehru zumindest als unvermeidlich angesehen – „eine geistige Tragödie".

In den Wochen nach dem 15. August, dem Tag der Unabhängigkeit, „floß in Indien mehr Blut als Regen", meldete der Reporter der „New York Times" entsetzt in alle Welt. Und doch hätte es noch schlimmer kommen können. Als auch in Kalkutta ein Gemetzel drohte, wie es seit Wochen im Punjab ablief, zog Gandhi in die Stadt. Wenn die Gewalt nicht aufhöre, so kündigte er an, wolle er sich zu Tode hungern. Nach fünf Tagen kehrte Ruhe ein – in Bengalen hatte die Große Seele fürs erste den Frieden gerettet.

*

Als Mohandas Karamchand Gandhi, 1869 als Sohn eines hohen Beamten in einem kleinen Fürstentum in Gujarat geboren, erniedrigt im Staub des südafrikanischen Provinzbahnhofs gelegen hatte, war in ihm die Idee zum Widerstand gereift: „Das Unrecht, das mir widerfuhr, war nebensächlich – nur ein Symptom des tief sitzenden Übels der Rassenvorurteile. Wenn es möglich ist, sollte ich versuchen, dieses Übel zu beseitigen, auch wenn es dabei gilt, weiteres Unrecht zu erleiden." Und, an anderer Stelle seiner Autobiographie: „Mir ist es immer ein Geheimnis geblieben, wie ein Mensch sich durch Demütigung seiner Mitmenschen geehrt fühlen kann. Meine Landsleute haben sich an die Ächtung gewöhnt und ertragen sie schweigend. Ich will sie aber aus dieser Apathie befreien."

Das ist ihm gelungen, mit Aktionen, die er *Satyagraha* nannte: „Festhalten an der Wahrheit." Erst in Südafrika, später in Indien, von der ganzen Welt staunend beobachtet, entwickelte er immer raffiniertere Formen des zivilen Ungehorsams. Er wollte den Gegner – die Kolonialherren – solange moralisch ins Unrecht setzen, „bis dieser seinen Irrtum einsieht".

Aber nicht nur der politische Kampf mit neuen Methoden, sondern seine soziale Arbeit, sein religiöses Engagement, seine Aufrufe zum kulturellen Umdenken, ließen Gandhi zu einer der bedeutendsten Persönlichkeiten des Jahrhunderts werden, ja, zu einer Lichtgestalt, die nicht selten mit Jesus oder Buddha verglichen wurde (zum Beispiel von Albert Einstein, vom letzten Vizekönig Lord Mountbatten, von Martin Luther King). Sein Eintreten für die Unberührbaren, die er „*Harijans*" nannte, Kinder Gottes, verschafften ihm Respekt, Zuneigung, Liebe. Sein „Salzmarsch" im Jahre 1930, mit dem er gegen ungerechte Steuergesetze im wahrsten Sinne des Wortes Sturm lief, erregte Bewunderung im Ausland und ein größer werdendes Gefühl der Ohnmacht bei den Briten. Mit seinen Appellen ans Volk, vor allem an die Großstädter, in die bäuerliche Idylle früherer Zeiten zurückzukehren, wurde Gandhi allerdings schon früh von pragmatischeren Weggefährten wie Nehru zum „politischen Idealisten" gestempelt. Die Mehrheit der Freiheitskämpfer war fortschrittsgläubig. Sie mochte dem Mahatma nicht folgen, wenn der dazu aufrief „alles zu verlernen: Eisenbahn, Telegraph, Krankenhäuser, Advokaten, Doktoren, all dies muß verschwinden; und die sogenannten besseren Kreise müssen bewußt, gläubig und gezielt das einfache Bauernleben lernen, im Wissen, daß dieses Leben das wahre Glück bringt".

Nehru erteilte einer solchen schwärmerischen Rückbesinnung eine deutliche Absage (1934 in seinem Buch „Vorwärts zur Freiheit"): „Mir persönlich gefallen diese Lobgesänge auf Armut und Leiden nicht... Auch mit der Idealisierung des ‚einfachen Bauernlebens' bin ich keineswegs einverstanden... Die heutige Zivilisation ist voll von Übeln, aber auch voll von Gutem; und sie trägt in sich die Möglichkeit, die üblen Seiten abzustreifen." Und schließlich, wie an einen politischen Gegner gewandt: „Gandhi denkt immer nur in Kategorien von persönlichem Heil ... während in unserem Denken das Wohl der Gesellschaft zuoberst steht... Ökonomische Untersuchung, Abklärung der Bedürfnisse des Volkes, Verbesserung der gegenwärtigen Lage – das zählt bei Gandhi nicht. Es genügt ihm, die Herzen zu verändern. Das ist eine rein religiöse Haltung zum Leben und seinen Problemen. Mit Politik, Ökonomie und Soziologie hat das nichts zu tun."

*

Folgende Doppelseite: Sie waren die Architekten der Unabhängigkeit: Jawaharlal Nehru und Mahatma Gandhi.

हेम चन्द्र भार्गव, देहली.

Gandhi: Verehrt – und trotzdem vergessen?

Das Mani Bhavan, Gandhis Hauptquartier in Bombay von 1917 bis 1934, ist leicht zu übersehen. Es liegt in einer stillen Seitenstraße in einem der besseren Viertel. Und obwohl von hier aus über Jahrzehnte die Nation über die Ideale des Mahatma aufgeklärt wurde, obwohl von hier die Massenbewegung gegen die Engländer ihren Ausgang nahm – mit einer Demonstration am 6. April 1919 – steht Mani Bhavan auf kaum einer Liste der Sehenswürdigkeiten.

Es ist ruhig in dem kühlen Haus, das von hohen Bäumen umstellt ist. Sieben Besucher, nur Ausländer, schlendern mehr oder weniger andachtsvoll durch die Zimmer. In diesem Raum, so erklärt ein vergilbtes Papier, trank der Mahatma das erste Glas Ziegenmilch, als sich nach einer Fastenperiode sein Zustand wieder einmal bedenklich verschlechtert hatte. Und hier bekam Gandhi-ji* Unterricht am Spinnrad.

Auch die Terrasse wird gezeigt, auf der Gandhi am 4. Januar 1932 festgenommen wurde. Es war das Jahr, in dem er erfolgreich gegen getrennte Wahlen für Hindus und Unberührbare kämpfte („Fastet bis zum Tode"). Und der berühmte Brief an Hitler, der gern als Beispiel für die Naivität Gandhis herangezogen wird. Er hängt unter Glas im Mani Bhavan zu Bombay: „... Es ist mir vollkommen klar, daß Sie heute der einzige Mensch sind, der einen Krieg verhindern kann, durch den die Humanität auf den Müll geworfen würde. Muß dieser Preis für ein Objekt, und mag dies noch so wertvoll erscheinen, wirklich bezahlt werden? Wollen Sie nicht auf den Friedensruf eines Mannes hören, der nicht ohne beträchtlichen Erfolg das Mittel des Krieges nach sorgfältigster Überlegung vermieden hat?"

Die Sonne blendet mich, als ich nach einer Stunde wieder auf die Straße trete. Am Gateway of India, nicht weit von der Stelle, an der Gandhi nach seinen Jahren in Südafrika wieder Heimatboden betreten hatte, komme ich mit drei indischen Studenten ins Gespräch. Ich erzähle ihnen von meinem Besuch im Mani Bhavan und vom Erfolg des Gandhi-Films in Europa, der auch mich stark beeindruckt habe. Die jungen Männer sind kritisch. Einer von ihnen meint allen Ernstes: „Wir wären heute viel weiter, wenn Gandhi den Blick nicht so lange nach hinten gerichtet hätte. Wir brauchen keine Spinnräder, wir brauchen moderne Technik." Und sein Freund sieht die Ideale des Mahatma „sowieso und schon lange verraten". Der dritte Student, ein Moslem, der anfangs, als es in unserem Gespräch noch um Deutschland ging, besonders neugierig war, schweigt zum Thema Gandhi.

---

* Dies ist die Koseform für alle besonders beliebten und verehrten Personen; das „ji" wird einfach an den Namen gehängt.

Gandhi: Verehrt – und trotzdem vergessen?

Ein beliebtes Party- und Club-Thema, vor allem, wenn Europäer und Amerikaner dabei sind: Gandhi – und was aus seiner Lehre geworden ist. Der Mahatma, „der ein Empire mit einer altmodischen Idee zum Teufel gejagt hat" – so läßt Nayantara Saghal jemanden in ihrem Roman „Memsahib" über Gandhi sagen – der Mahatma wird verehrt, ein Heiliger aus einer anderen Zeit. Sein Denkmal, das zu jeder indischen Stadt gehört, wird mit Blumengirlanden geschmückt, seine Porträts hängen in Schulen und Behörden. „Ach ja, Gandhi-ji...", so habe ich manchen Inder seufzen hören, mit dem ich über den Mahatma reden wollte.

*

Im Birla-Garten in Neu Delhi sind die letzten Schritte des Mannes sichtbar gemacht worden, dem Indien – mehr als jedem anderen – die Freiheit verdankt. Über knapp hundert Meter führt eine Trittspur aus rötlichen Steinen zu der Stelle, wo der Attentäter auf Mahatma Gandhi gewartet hat. Dort steht jetzt ein Marmorpodest, kühl und unnahbar – „no trespassing". Gandhis letzter Weg ist von blühenden Büschen eingerahmt. Ein Spruch von Albert Einstein, auf einer Tafel am Rande dieses Weges zu lesen, gibt der Hoffnung Ausdruck, die ja ein wesentliches Prinzip der Gandhischen Lehre war: „Der moralische Einfluß Gandhis auf denkende Menschen wird unser Zeitalter der brutalen Gewalt überdauern." Die Spuren des Mahatma, aus Gips geformt, scheinen ins Leere zu laufen...

*

Auf den großen Rasenflächen am Yamuna-Fluß, zwischen Alt- und Neu-Delhi, halten Familien und Dorfgemeinschaften aus allen Teilen des Landes Picknick ab. Sie sind von weither gekommen, um die Große Seele zu ehren und, gleich nebenan, auch die Gedenkstätte für Indira Gandhi zu besuchen. (Sie war mit dem Mahatma nicht verwandt.) Am Tage nach dem Mord hatten Millionen Menschen dem Apostel der Gewaltlosigkeit das letzte Geleit gegeben. Auf einer Lafette, in einem Meer von Blumen, war Gandhis Leichnam an den Yamuna gebracht, auf ein Floß gelegt und verbrannt worden. Ernst und mit sichtbarer Trauer besuchen täglich Tausende von Inder die Gedenkstätte. Ergriffen lauschen sie der Stimme des Mahatma, die aus Lautsprechern zu ihnen spricht. Manchmal, wenn der Wind ungünstig steht, wehen die Wortfetzen über den Fluß hinweg.

Maharajas: Fürsten, die von der Legende leben

„Inmitten der Gleichmacherei unserer Zeit ... retten sie die Faszination alter und edler Geschlechter vor dem Erlöschen."

Lord Curzon, Vizekönig von Indien von 1899 bis 1904

Das ist der Stoff, aus dem die Legenden sind: Der Maharaja von Gwalior, einem Fürstentum, das so groß wie Belgien und Holland war, erlegte insgesamt 1400 Tiger ... der Fürst von Patiala, Besitzer von 500 Polopferden und 350 Haremsfrauen, brauchte angeblich jeden Tag eine Jungfrau ... die Maharani von Jodhpur wäre unweigerlich unter der Last ihrer Juwelen zusammengebrochen, wenn sie jemals alle Klunker auf einmal angelegt hätte ... der Palast des Maharajas von Karputhala war dreimal so groß wie der Buckingham Palace in London ... die Audienzhalle im Herrscherpalast zu Gwalior – 900 Zimmer – wurde auf ihre Stabilität geprüft, indem zwei Elefanten für drei Tage an die Decke gehängt wurden ... der Maharaja von Bharatpur ließ sich sämtliche Rolls-Royce-Limousinen aus einem Londoner Autohaus nach Indien schaffen, nur um sie anschließend der Müllabfuhr zur Verfügung zu stellen ... keiner aber war so verrückt wie der Nabob von Junagadh: er hielt 800 Hunde in 800 fürstlich ausgestatteten Zimmern; jeder Hund hatte seinen eigenen Diener; starb ein Tier, wurde es unter den Klängen von Chopins Trauermarsch in einem Mausoleum aus Marmor beerdigt ...

Die bizarren Lüste und Leidenschaften der indischen Fürsten haben ein Jahrhundert lang die Phantasie im Abendland angeheizt. Manche unter ihnen, die Rajputen-Könige zum Beispiel, blickten auf uralte Dynastien und Traditionen zurück; die meisten waren Emporkömmlinge, Günstlinge der Engländer, groß geworden im Chaos des untergegangenen Mogulreichs, vor allem aber nach 1858, als Indien zur Kronkolonie erklärt wurde. Etwa sechzig Prozent des Subkontinents wurden direkt von den Engländern regiert, vom Vizekönig, seinen Residenten und Agenten. Der Rest, der nominell nicht zu Britisch-Indien gehörte, waren die fast 600 Fürstenstaaten, einige so groß wie die Bundesrepublik Deutschland – Hyderabad zum Beispiel oder Jammu und Kaschmir im Norden, andere nur Lehensbesitz zweier Dörfer in abgelegenen Wüsteneien. Etwa Hundert dieser Staaten hatten Sitz und Stimme in der Fürstenkammer, andere durften sich nur rühmen, Recht auf eigenem Grund und Boden zu sprechen. Ohne sie alle hätte England sein fernes Kaiserreich kaum beherrschen können.

Die Maharajas und Nabobs, die Prinzen und Ranas, die Thakor Sahibs und der Nizam von Hyderabad, skurrilster Vertreter unter denen, die

Maharajas: Fürsten, die von der Legende leben

H.H. The Raja of Sailana.

Jeswant Singhji, der Raja von Sailana, einem der Rajputen-Fürstentümer, die im heutigen Rajasthan aufgegangen sind. Diesem Herrscher über ein Ländchen von der Größe des Stadtstaates Hamburg standen elf Schuß Salut zu. Seine Streitkräfte: 160 Kavalleristen, 400 Infanteristen und fünf Kanonen.

in diesem Jahrhundert den Titel des reichsten Mannes der Welt innehatten: Diese Herrscher wollten bis zuletzt, daß die Briten im Lande blieben. Von denen wurden sie zwar gern als stabilisierende Faktoren benutzt, gleichwohl aber verachtet. Von weiten Teilen der Bevölkerung wurden die meisten Herrscher verehrt, geliebt und – wie zum Beispiel bis auf den heutigen Tag der Maharaja von Varanasi – vergöttert. Den Kämpfern für ein freies Indien waren sie allerdings schon früh verhaßt, als „vergoldete Automaten" im Dienste der fremden Herren, wie eine Zeitung bereits 1903 schrieb, als „Marionetten, die geschaffen oder geduldet wurden, um die britische Kolonialherrschaft zu stützen", wie Mahatma Gandhi 1947 verbittert feststellte.

Es war nicht leicht, die Maharajas „mit Indien zu verheiraten". So nannte Lord Mountbatten seine Bemühungen um die Integration der Fürsten in den unabhängigen Staat. Der letzte Vizekönig verbrachte 1947 viel Zeit damit, die Potentaten davon zu überzeugen, daß ihnen keine Wahl blieb, als die Anschlußerklärung zu unterschreiben. Ein Herrscher aus Zentralindien starb dabei an gebrochenem Herzen, andere weinten, wieder andere versuchten ihrerseits den Vizekönig zu überzeugen, daß der Abzug der Briten Chaos und Kommunismus bedeuten würde. Schließlich blieben drei Fürsten übrig, die sich widersetzten: Der Nabob von Junagadh, ein Moslemfürst, der über Hindus herrschte, wollte sein Ländchen an der Westküste lieber in das neue Pakistan einbringen; auch das große Hyderabad, ebenfalls von einem Moslem beherrscht, dessen Untertanen fast alle Hindus waren, wehrte sich, bis Nehru Truppen in den Süden schickte; schließlich Hari Singh, Maharaja von Kaschmir, ein Hindu, dessen Volk, mehrheitlich Moslems, lieber zu Pakistan gehören wollte – ein Problem, das noch immer zwischen Pakistan und Indien strittig ist.

Die Briten, Weltmeister im „Teilen und Herrschen", hatten sich ein subtiles System der Rangfolge ausgedacht: Je wichtiger ihnen einer der Märchenprinzen erschien, desto höher wurde er auf der Salutliste eingestuft. Einfachen Rajas standen neun Schüsse zu, Maharajas der Mittelklasse immerhin schon 13; für bessergestellte Herrscher wurde 15 und 17mal gefeuert; der Maharaja von Indore und der Mewar von Udaipur durften sogar stolz sein auf 19fachen Kanonendonner, und fünf Fürsten an der Spitze sonnten sich im Spektakel von jeweils 21 Salutschüssen, die sie manchmal aus goldenen Kanonen abfeuern ließen: allen voran der Nizam von Hyderabad, dessen Reichtum so spektakulär wie sein

Maharajas: Fürsten, die von der Legende leben

Geiz war, ferner die Maharajas von Mysore, Baroda, Kaschmir und Gwalior. Diese fünf Herrscher besaßen mehr Land, mehr Leute und mehr Geld, als alle anderen 560 Rajas und Maharajas zusammen.
Vor über hundert Jahren drangen die ersten Geschichten über den unvorstellbaren Reichtum und die schier unglaubliche Verschwendungssucht einiger indischer Fürsten auch nach Deutschland. Emil Schlagintweit, der aus einer berühmten Familie von Asienforschern stammte, notierte 1881 in seinem Indien-Werk, das er mit viel Liebe zum Detail erarbeitet hatte: „Der Fürst lebt jederzeit in höchster Pracht, unbekümmert, ob der Schatz gefüllt oder die Kasse leer ist: man macht Schulden oder mehrt die Abgaben. Paläste sind stattlich und stilvoll ... im Innern macht sich der Verkehr mit Europäern bemerkbar. Nirgends fehlen Stühle und Tische; Sofas, Buffets, Pianos stehen umher; Ölbilder ... zieren mit Spiegeln die Wände ... ein einfacher Zeltstuhl steht neben einem kostbaren Damast-Fauteuil; im Emfangssaale stößt man auf Waschtisch und Handtuchständer, während das Piano im Schlafzimmer Aufstellung fand. Ebenso buntscheckig sind die Wände behangen; neben guten Ölbildern und feinen Stahlstichen hängen Penny-Porträts englischer Generale, der beiden Kaiser Napoleon, des Kaisers Wilhelm, des Fürsten Bismarck, meistens billige Zerrbilder, die um teures Geld eingehandelt wurden. Die ganze Einteilung verrät nicht den geringsten Geschmack ... Überfluß ist an Teppichen; bei Staatsbesuchen ist am Teppiche mancherlei zu beachten. Ist der Rangunterschied zwischen Empfangendem und Besucher groß, so steht der Thronsessel des Fürsten auf einem eigenen Teppich und wird vom Empfangenden nicht betreten; anderenfalls lassen sich beide auf demselben Teppich nieder ... Bei solchen Anlässen erscheinen die Fürsten und ihr Gefolge als wandernde Goldwaren-Ausstellungen, überdeckt mit Brillanten, Edelsteinen und Gold auf Kleidern und Waffen ... Auf Mehrung der Schatzkammer entfallen große Summen, bei den feenhaften Festen, welche 1875–76 dem Prinzen von Wales, 1890 seinem Sohn Albert Victor gegeben wurden, brachten die Fürsten den künftigen Kaisern von Indien wahre Wunder ... in edlen Metallen und Edelsteinen dar ..."
Es gab spleenige Geizkragen unter den Potentaten, die ihr Geld – wie der schon mehrfach erwähnte Nizam von Hyderabad – in Pappkartons aufbewahrten, Scheine im Wert von vierzig Milliarden Dollar, an denen die Ratten nagten; es gab Käuze wie den Maharaja von Baroda, dessen Gäste am Vorabend auf einer goldgeränderten Karte ankreuzen

mußten, ob sie am nächsten Morgen lieber im Rolls Royce oder auf einem Elefanten einen Ausflug machen wollten; Verschwender gehörten dazu, wie der Maharaja von Gwalior, der sich als Lokführer verkleidete, um seine Jagdgäste im Luxuszug durch den Dschungel zu kutschieren – derselbe Fürst, der ein Vermögen beim Bau der indischen Eisenbahnen verdient hatte, ließ daheim einen Spielzeugzug über die üppig gedeckte Tafel sausen, aus dessen Waggons sich die Gäste mit Getränken und Delikatessen versorgen konnten (ein Enkel nahm später am Kabinettstisch von Rajiv Gandhi Platz – als Eisenbahnminister ...).
Monster-Typen wie der Hundeliebhaber aus Junagadh waren unter den Maharajas häufiger als Helden und Wohltäter, aber auch sie gab es. Der Maharaja von Mysore, der 1895 als Elfjähriger die Herrschaft über ein Land antrat, das größer als Schottland war, ließ sich klug beraten – von einem Engländer. Sir Stuart Fraser machte aber aus seinem Schüler nicht nur einen hervorragenden Polo- und Squash-Spieler, sondern auch einen der wenigen Monarchen, die sich dem Allgemeinwohl verpflichtet fühlten. Krishnaraja Vodejar, so der Name dieses Maharajas, gab um die Jahrhundertwende ein Fünftel des Staatseinkommens für Erziehung und Bildung aus. Das Geld floß ihm reichlich zu aus Sandelholz- und Kaffeeplantagen, aus Goldminen und anderen Quellen. Er gründete eine Universität, unterstützte Maler und Dichter, baute Krankenhäuser, darunter Indiens erste Klinik für Geburtenkontrolle, und errichtete das erste Wasserkraftwerk auf dem Subkontinent.
Auch die Nachkommen des exzentrischen Geizhalses in Hyderabad schafften aus einer Stiftung, in die 1948, nach dem Zwangsanschluß an die Union, ein Großteil des Vermögens eingebracht wurde, nicht nur Arbeitsplätze für die eigene, vielköpfige Sippe. Krankenhäuser, Schulen und wohltätige Vereine werden bis heute aus den Millionen des einstigen Nizams unterstützt.
Ganga Singh, Prinz von Rathor, Maharaja von Bikaner, war um 1905 einer der berühmtesten Jäger seines Standes. Scharen von gekrönten Häuptern aus Europa jagten mit ihm hinter dem Flughuhn her. Dem Prinzen von Wales gefiel das so gut, daß er 1911 noch einmal an den Rand der Wüste Thar, in das kleine Fürstentum Bikaner kam, diesmal als König Georg V., der auch Königin Mary mitbrachte. Solche engen Verbindungen zu den höchsten Kreisen der Kolonialmacht hinderten Ganga Singh später nicht, den britischen Residenten „aus Kostengründen" nach Delhi zurückzuschicken. Er reformierte den Staatshaushalt,

Maharajas: Fürsten, die von der Legende leben

baute Schulen und Hochschulen, zwei Krankenhäuser mit Radiumtherapie zur Krebsbekämpfung, eine Lungenheilstätte und Ambulanzen für jede Stadt und jedes größere Dorf. Er ließ Waisenhäuser und Hilfszentren für Blinde und Taubstumme errichten. Schließlich setzte er sich mit einem Kanal, der den Bauern dieser regenärmsten Region ganz Indiens noch immer nützlich ist, ein Denkmal. Soviel Selbstbewußtsein und Wohltätigkeit fiel auch den Briten auf: Sie schickten den Maharaja als einen ihrer Delegierten zu den Friedensverhandlungen von Versailles. Die Aktentasche, die der indische Ausnahmefürst dabei mit sich führte, ist heute im kleinen Museum im Lalgarh-Palast zu sehen. Diese Ausstellungsräume erinnern an die große Zeit Ganga Singhs, dessen Nachfahre, der Maharaja Karni Singh, nur noch auf Tontauben schießt. Aus den Herrschern von Bikaner, die einst die pompösesten Jagdgesellschaften Nordindiens gaben, sind engagierte Tierschützer geworden, aus dem größten Teil des Palastes wurde ein Hotel, das aber nur wenig vom Glanz der alten Tage ahnen läßt.

Nach 1947 verloren die Maharajas ihre Reiche, nach 1971 auch ihre Titel. Bis Indira Gandhi ihnen diese und andere Privilegien nahm, waren viele Fürsten politisch aktiv, die meisten in Indiras Kongress-Partei. Heute machen die Herrschaften ohne Macht wenig von sich reden. Die meisten leben gut vom Rest ihres Erbes, von ihren Grundstücken, von Industriebetrieben, an denen sie beteiligt sind – und von der Legende: In den Zimmerfluchten ihrer Schlösser suchen Reisende nach der Melancholie verblichener Größe. Nur einer, Vibhuti Narayan Singh, Maharaja der heiligen Stadt, die heute Varanasi heißt, läßt noch jeden Herbst, wenn er beim Dussehra-Fest als Gott Vishnu auftritt, Salut über den Ganges schießen – wie damals, als die Engländer im Cantonment dieser Stadt siedelten, die sie Benares nannten.

Foto-Essay

Posttag für einen der indischen Schreiber, die in britischen Kolonialdiensten standen.

Indien um die Jahrhundertwende

Parsee Beauty

Eine junge Frau aus der in Bombay und an der Westküste beheimateten Religionsgemeinschaft der Parsen. Sie hält einen Fächer aus Pfauenfedern in der Hand. Parsen sind hellhäutiger als die meisten anderen Inder; ihr Gesichtsschnitt erinnert an ihre ursprüngliche Herkunft aus dem alten Iran.

Foto-Essay

Milchhändler in einem der Basare von Bombay. Die Hockhaltung des Mannes unter dem Vogelbauer ist typisch für Inder. Die Form der Gefäße hat sich bis heute erhalten.

Indien um die Jahrhundertwende

Blick in den Burra-Basar von Kalkutta. Um die Jahrhundertwende, als die Stadt am Gangesdelta Hauptstadt von Britisch-Indien war, wirkte das Stadtbild weitaus weniger chaotisch als heute.

Indien um die Jahrhundertwende

An Indian Kitchen

Küche einer Frau, die zu einer der oberen Kasten gehörte. So wie damals sieht auch heute noch größtenteils das Geschirr und Besteck in vielen, zumal ländlichen Haushalten aus.

Foto-Essay

Indien um die Jahrhundertwende

Angehörige eines Stammes der Urbevölkerung aus den Blauen Bergen (Nilgiri) im heutigen Unionsstaat Tamil Nadu, Südindien.

Indien um die Jahrhundertwende

Die Goldene Moschee in Delhi. Sie wurde in der ersten Hälfte des 18. Jahrhunderts gebaut, als Nadir Shah die Stadt erobert hatte.

Barogh Station,

7156.

Indien um die Jahrhundertwende

Simla Railway.

Die Kalka-Simla-Schmalspurbahn gehört zu den „Sammelobjekten" der Eisenbahnliebhaber in aller Welt. Die 97 Kilometer lange Strecke wurde zwischen 1899 und 1903 gebaut – ein Meisterstück der Ingenieurkunst. Dieses Foto zeigt die Station Barogh hinter dem längsten von insgesamt 103 Tunneln. Dieser Barogh-Tunnel mißt fast 1,2 Kilometer.

Foto-Essay

Arbeiterin einer Teeplantage bei Darjeeling. Für die Briten waren solche billigen Hilfskräfte, die ihnen den Reichtum sicherten, nur „Kulis". Dieser Begriff ist heute in der Dritten Welt so verpönt wie der des „Eingeborenen".

A Tea Garden Coolie Girl.
7167.

Indien um die Jahrhundertwende

Der kleine „Lord" wird von der indischen Kinderfrau ausgefahren. Diese Betreuerinnen wurden Ayahs genannt; Generationen englischer Offiziers- und Zivilbediensteter hatten in ihren ersten Lebensjahren mehr Kontakt mit der Ayah als mit ihren Eltern.

Government House, Calcutta.

Indien um die Jahrhundertwende

Von diesem Gebäude in Kalkutta wurde einst das britische Empire auf dem indischen Subkontinent regiert. Ende 1911 wurde der Beschluß gefaßt, die Hauptstadt nach Delhi zu verlegen.

Foto-Essay

So betriebsam ging es vor gut neunzig Jahren im Hafen von Kalkutta zu, der heute teilweise versandet ist.

7248. On the River, Calcutta.

Indien um die Jahrhundertwende

Der Prachtboulevard Chowringhee in Kalkutta, an dem u.a. das Grand Hotel und das Indische Museum liegen. Rechts öffnet sich die breite Straße zum Maidan, dem großen Platz, der heute noch Erholungsort und Schauplatz großer Demonstrationen ist.

Foto-Essay

In solchen Bungalows wohnten die britischen Familien, umsorgt von zehn bis zwölf und manchmal noch mehr Hausangestellten, die auf der Terrasse oder in Nebengebäuden schliefen.

An Indian Bungalow.

Clifton & Co., Bombay.

Indien um die Jahrhundertwende

Das traditionsreiche „Grand Hotel" in Kalkutta, seinerzeit mit dem „Great Eastern" im Wettbewerb um das erste Haus am Platze. Heute gehört das Luxushotel zur Oberoi-Kette.

Indien um die Jahrhundertwende

Neben dem Club war der Rennplatz – hier der von Poona – ein typischer Treffpunkt der weißen Mittel- und Oberschicht in Britisch-Indien.

Foto-Essay

Das Indische Museum zu Kalkutta ist noch immer das am meisten besuchenswerte im Lande.

Indien um die Jahrhundertwende

Der pompöse Hauptbahnhof von Bombay (Victoria Terminus), im sogenannten angloindisch-sarazenischen Stil erbaut, sieht heute noch genauso aus wie um die Jahrhundertwende. Nur der Verkehr, der ihn umbrandet, ist unvergleichlich stärker geworden.

Foto-Essay

Der große Durbar von 1903, den Lord Curzon, Vizekönig um die Jahrhundertwende, anläßlich der Thronbesteigung Eduard VII. abhielt, gehörte zu den glanzvollsten Höhepunkten englischer Macht in Asien.

Indien um die Jahrhundertwende

Am 10. November 1905 besuchte der Prinz von Wales, der spätere König Georg V., das Juwel in seiner Krone: Britisch-Indien.

Foto-Essay

So phantastisch war der Reitelefant der Vizekönige geschmückt.

Indien um die Jahrhundertwende

Prunkvoll wie ein europäischer Kaiser setzte sich Lord Lytton in Pose, Vizekönig und Generalgouverneur von Indien in den siebziger Jahren des 19. Jahrhunderts. Und noch ein Titel schmückte den obersten Vertreter der britischen Krone: Er durfte sich Großmeister des Sterns von Indien nennen.

Delhi: Friedhof der Dynastien

„Gott schmückte unsere Erde mit dem Bildnis der Stadt Delhi, die Himmelshöhen zu uns herniederbringend."

Mushafi, Urdu-Dichter (1750–1824)

Jemand hatte mir von einem Krankenhaus für Vögel erzählt. Irgendwo in den Windungen des alten Silberbasars soll es sich verstecken, nicht weit vom Tempel der Jains. Anhänger dieser Religionsgemeinschaft, die eine besondere Achtung vor allen Lebewesen auszeichnet, würden dort, so hatte mich mein Gewährsmann neugierig gemacht, Krähenfüße reparieren oder flügellahmen Geiern die Schwingen stützen. Das wollte ich sehen. Also bin ich immer tiefer in das Gewirr von Shabjahanabad geraten, das Basarviertel, in dem es nach allem riecht und schmeckt, was uns der Orient bedeutet: nach Weihrauch und Rosen, nach Sandelholz und jeglichen Nuancen des Curries. Und nach Schweiß, Staub, Fäulnis und Armut.

Ich warte, ob einer die rostigen, krummen Nägel kauft, die da auf einem Stück Papier angeboten werden; aber ich werde von einem Lastenträger an die Seite gestoßen. Ich möchte erfahren, ob jemand dem Krüppel, der sich mit tierischen Lauten zwischen, eigentlich unter den Menschen bewegt, ein paar Münzen zuwirft; aber ich muß einer Fahrrad-Riksha ausweichen. Ich würde gern für einen Moment die Augen schließen, um mir vorzustellen, wie hier die Elefanten mit den Hofdamen des Moguls durch Chandni Chowk, einst eine prächtig-breite Straße, geschaukelt sind, auf dem Weg zu den geschicktesten Silberschmieden ganz Indiens. Aber wenn ich das tue, bin ich verloren in diesem buntesten, lautesten, geschichtsreichsten aller Märkte Delhis.

Gehen Sie nach rechts, dann nach links und wieder nach rechts, hatte eben ein Student gesagt, der nach Ersatzteilen für sein Moped suchte. Mir war das Vogelkrankenhaus wieder in den Sinn gekommen. Nach rechts, und dann? Hier war ich doch gerade, bei diesem verrückten Luftballon-Verkäufer? Oder sieht der nur so ähnlich aus wie der eben, vor der Moschee?

Ich lasse mich treiben, folge ganz einfach den Farben und Verlockungen, lasse mich mitziehen in die Gassen zwischen den Verkaufsständen, in die Nischen und Winkel, in die Höfe und auf die hintersten Plätze. Zehn Minuten lang hängt ein kleiner Junge an meiner Seite, dann trage ich die Blütenkette, die er mir schon die ganze Zeit verkaufen wollte, um den Hals. Handtaschen, Sandalen, Saris, Uhren, Hefte mit dicken, nackten Frauen auf dem Titel, alle zwanzig Meter ändert der Basar die Struktur des Angebots. Scharfer Qualm dringt in die Nase, Erdnüsse werden hier mit der Schale geröstet, das Tütchen für zwei, drei Pfenni-

Delhi: Friedhof der Dynastien

ge. Alle Sinne sind gereizt, aber das Krankenhaus der tierliebenden Jains habe ich verpaßt. Ich bin froh, als ich einen Ausgang aus dem lebenstrunkenen Labyrinth der kleinen Händler, der Massen, des Lärms, der Gerüche finde. Es wird auch Zeit, denn mittags bin ich mit Atrei verabredet, einer jungen Hauptstädterin, die mir ihr Delhi zeigen will.
Am Chandni Chowk warten genügend Fahrrad- und Auto-Rikschas, aber ein Phut Phut, das direkt vor mir stoppt, fährt von Alt Delhi nach Neu Delhi, genau meine Route. Fünf Fahrgäste sitzen schon auf den klebrigen Kunststoffbezügen, unter einem sonnengebleichten Baldachin, auf einem Kasten, der zu einer dreirädrigen Harley Davidson gehört. Mit einem Seil bringt der Fahrer, dessen flammendroter Turban selbst in diesem Gewühl auffällt, seine Maschine auf Schwung. Wir müssen zusammenrücken, weil noch eine umfängliche Dame zusteigt, die starr nach vorn schaut und deren Unterkiefer Betelnüsse mahlt.
Phut Phuts sind Sammeltaxis, die kuriosesten unter den Verkehrsmitteln der Hauptstadt. Schon vor über siebzig Jahren dröhnten solche aufgerüsteten Motorräder durch das alte Delhi. Natürlich haben sie ihren Namen vom charakteristischen Klang einer Harley Davidson ... phut, phut, phut. Sie stinken nicht so erbärmlich wie die dreirädrigen Auto-Rikschas, sie sind schneller als Fahrrad-Rikschas, ihre Chauffeure sind ehrlicher als Taxifahrer, dafür aber nicht so amüsant.

*

Jetzt biegen wir ab ins koloniale Neu Delhi, fädeln uns ein in den Verkehr auf den Prachtboulevards, die einmal die Größe des britischen Raj symbolisierten. Am Raj Path, dem Königsweg, dem Pfad imperialer Macht, leuchtet die flache Kuppel des Rashtrapati Bhavan. Das ist der Präsidentenpalast, in dem bis 1947 die britischen Vizekönige residierten. Die Maße sind eindrucksvoll, das Gebäude ist größer als Versailles, wie für die Ewigkeit angelegt. Genau das hatten die Engländer sich gedacht, die vor dem Ersten Weltkrieg beschlossen, die Hauptstadt ihres Kronjuwels von Kalkutta, aus der feuchtheißen Gangesniederung, nach Delhi, in die staubtrockene Ebene am Yamuna-Fluß zu verlegen. Die besten Architekten, allen voran Edwin Lutyens und Herbert Baker, schöpften zwanzig Jahre lang aus dem Vollen. Aber als im Februar 1931 zwei Wochen lang die Böller knallten und aller Glanz des größten Reiches aufgeboten wurde, das die Erde je gesehen hat, da war schon die Götterdämmerung hereingebrochen über Britisch-Indien. Sechzehn Jahre später stieg Lord Mountbatten, der letzte Vizekönig, vom Raisi-

Delhi: Friedhof der Dynastien

na-Hügel herab, auf dem der Palast steht. Die neue Hauptstadt hatte dem Empire so wenig Glück gebracht wie allen anderen Dynastien zuvor. Seit über dreitausend Jahren konzentriert sich die Macht am Yamuna, und genausolange ist Delhi auch ein Symbol für die Vergänglichkeit der Macht, ein Friedhof der Dynastien, wie die Stadt immer wieder genannt wird.

Siebenmal soll sie aufgebaut und vernichtet worden sein; vielleicht auch zehn- oder dreizehnmal, wie manche Forscher aus den tausend und nochmal tausend Ruinen herauslesen. Ein Fluch, so erzählt man sich genüßlich in Bombay und Kalkutta, ein böses Omen liegt über der Kapitale. Rajputen und Eindringlinge aus Zentralasien, Afghanen, Türken, Mongolen, setzten sich fest und verloren bald darauf wieder die Herrschaft. Die Mogulkaiser, allen voran Shah Jahan, prunkten und protzten vom Pfauenthron in der Roten Festung, bis Nadir Shah diesen Stuhl der Macht raubte – auf dem er zehn Jahre später ermordet wurde. Die roten und gelben Sandsteine der britischen Prachtbauten leuchten grell in der Mittagssonne. Drüben im Osten, am anderen Ende des Boulevards der Macht, drei Kilometer vom Raisina-Hügel entfernt, flimmern die Umrisse des India Gate wie eine Fata Morgana. Dieser Triumphbogen erinnert an 90 000 indische Soldaten, die im Ersten Weltkrieg für die Kolonialherren fielen. Es sind lange Wege, die unser Phut Phut zurücklegt, Schauplätze großer Geschichte, über denen jetzt, Ende Januar, ein sanftgelber Schleier liegt. Die erfrischenden Wochen der Nachmonsunzeit sind vorbei, und die lähmende Hitze, wenn der Wind Glut aus der Wüste in die Stadt bläst, setzt erst Ende März wieder ein.

*

Atrei wartet in der Lobby des Meridien-Hotels auf mich. Diese eisgekühlte Halle, so hoch wie das ganze Gebäude, wirkt wie eine Gruft. Gläserne Fahrstühle schweben auf und ab, Leuchtkäfer in einem modernen Mausoleum. Mir gefallen solche Hotels nicht, aber Atrei hat bewußt diesen Treffpunkt zum Lunch vorgeschlagen. Sie ist Anfang zwanzig, eine Vertreterin der hervorragend ausgebildeten Jugend, die dem oberen Mittelstand angehört. Heute meint sie, daß ihr Jeans besser stehen, morgen trägt sie voller Anmut einen Sari. Heute geht sie in die Disco, morgen in einen Tempel, am liebsten zu Krishna, weil er ein so fröhlicher Gott ist.

Ich habe Atrei im Büro eines indischen Freundes kennengelernt. Sie jobbt dort hin und wieder; ihr Vater, ein Ingenieur aus der Brahmanen-

Delhi: Friedhof der Dynastien

kaste, weltgewandt, aber doch so traditionsverhaftet, daß er der Tochter den Mann aussuchen möchte, dieser Vater hat sich immerhin daran gewöhnt, daß Atrei neben dem Studium ein paar Mark verdient als Bürogehilfin, Fremdenführerin oder Dolmetscherin.

Die junge Frau weiß, daß ich schon oft in Delhi war und die wichtigsten Sehenswürdigkeiten kenne. Sie hat aber von meiner Vorliebe für Plätze abseits der bekannten Pfade gehört, und diese Vorliebe teilt sie. Es freut sie auch, daß ich die Hauptstadt, die oft als langweilig beschrieben wird, mag. Bei einer gemäßigt-scharfen Mullygatawny-Suppe erzähle ich ihr, daß ich manchmal am späten Nachmittag ins Red Fort gehe. Dann leuchtet der Garten noch einmal auf, und die Audienzhalle des Großmoguls ist ein guter Ort, die Sonne über dem Yamuna untergehen zu sehen.

Das Rote Fort, eine Palastburg, wie die Mogulherrscher sie auch in Agra und Lahore gebaut haben, trägt die Handschrift Shah Jahans, dem die Welt das Taj Mahal zu danken hat – und Delhi die Freitagsmoschee, die Jama Masjid, gegenüber vom Red Fort. Von den Stufen dieser größten indischen Moschee läßt sich das Treiben im alten Delhi geruhsam verfolgen, das ganz und gar islamisch geprägt ist. Alt Delhi spricht Urdu, die Sprache der indischen Moslems, die Sprache der alten Dichter, die von den Nachtigallen und den Rosengärten erzählten, die das Delhi der Mogulkaiser besangen.

Wir machen uns auf den Weg, diesmal mit einem Scooter, einem Dreirad-Taxi. Vom Bangla Sahib, einem Tempel der Sikhs, dringen sanfte Klänge an unser Ohr. Aber drinnen, unter der goldenen Kuppel, herrscht eine ganz andere Atmosphäre als jene, die so oft mit dieser kämpferischen Glaubensgemeinschaft in Verbindung gebracht wird. Atrei und ich kaufen Blumenketten. Sie werden geweiht, und erst dann hängt uns ein Turbanträger die Blütenkränze um. In der Mitte der Gurdwara – das heißt: Tor zum Guru, in aller Welt der Begriff für einen Sikh-Tempel – hockt der weißbärtige Alte, dem die Blütenkränze gebracht werden. Er betupft sie mit heiligem Wasser; vor ihm steht ein länglicher Metallbehälter, der große Mengen gespendeter Münzen aufnimmt.

Meine Augen haben sich an das gefilterte Licht in der Halle gewöhnt: Drei Musiker sitzen vor einem Mikrophon und schicken ihre melancholischen Lieder, von einem Harmonium begleitet, in den Nachmittag. Im Hintergrund sind etwa hundert Männer damit beschäftigt, Geld zu zäh-

Delhi: Friedhof der Dynastien

Gegenüberliegende Seite: Der 26. Januar, Tag der Republik, wird alljährlich mit farbenprächtigen Paraden begangen. Bei der aufregendsten Prozession, der in Neu Delhi, ziehen Abordnungen aus allen Teilen des großen Landes, gekleidet in typischen Trachten und begleitet von Elefanten und Kamelen, an den Zuschauertribünen über den Rajpath, den Weg der Könige.

len, kiloweise Münzen und bergeweise Scheine. Fast alle Sikh-Tempel werden von den Gläubigen selbst errichtet; für den Unterhalt macht die festgefügte Gemeinschaft dem Tor des Guru großzügige Stiftungen. Es gibt keine Sikh-Bettler und so gut wie kein Elend in den Orten, wo Sikhs in der Mehrheit sind. Marmortreppen führen zu einem quadratisch angelegten See, ähnlich wie vor dem Goldenen Tempel in Amritsar, dem höchsten Heiligtum der Sikhs.

Vom Teich des Bangla Sahib schauen wir zu einem modernen Hindu-Tempel hinüber: Lakshmi-Narayan. Wir geben die Kopftücher zurück, die uns den vorgeschriebenen Turban ersetzen mußten und besuchen anschließend Lakshmi, die Göttin des Wohlstands. Ihr, natürlich, hat 1938 der Industrielle Birla ein ungewöhnliches Heiligtum gespendet, blitzsauber, geradezu steril. Die Kühle, die vom Marmorfußboden ausgeht, macht diesen Tempel zu einem angenehmen Rastplatz an heißen Tagen. Bald geht die Sonne unter. Das ist die Stunde des Opfers. In den Nischen warten Ganesha, der Elefantenköpfige, Hanuman, der göttliche General der Affen, Krishna, Shiva, Vishnu und Maha Devi, die Muttergöttin, auf ihre Anhänger. Wie hatte doch Joseph, der Christ, gesagt, mit dem ich durch Südindien gefahren bin und der keine Gelegenheit ausließ, dem Ganesha zu opfern: „Der Hinduhimmel ist ein Supermarkt; jeder kann sich bedienen..."

*

Freitag, Feiertag der Moslems: Wieder bin ich mit Atrei unterwegs zu den beschaulichen Plätzen, die zwar auch im Kunstreiseführer erwähnt sind, denen aber die Rundfahrtbusse meistens zu wenig Zeit einräumen. Humayuns Grab ist an diesem Vormittag unser erstes Ziel, ein Sandstein-Mausoleum, in dem der zweite der Mogulkaiser begraben liegt. Auch Haji Begum, seine Witwe, fand hier ihre Ruhe, ebenso einige Prinzen; Atrei behauptet, auch dem Friseur der Haremsdamen sei hier ein letzter Platz gegönnt worden.

Am Kalkaji-Tempelchen tupfen uns die Priester mit aufdringlicher Demut blaue, weiße und rote *tikas* auf die Stirn. Wir revanchieren uns, wie etwas später auch in Chatapur, draußen in der Nähe der Siegessäule Qutb Minar, mit Blütenopfern, mit Früchten und ein paar Münzen, die wir den fettglänzenden Gottheiten zu Füßen und den Tempeldienern in die Hände legen.

Qutb Minar, Wahrzeichen Delhis: Die Sonne wirft schon einen langen Schatten, als wir am Turm eintreffen. Die Säule kündet vom Sieg des

Delhi: Friedhof der Dynastien

Islams über das Herz Indiens. Hier, wo vorher die Rajputenstadt Lal Kot gestanden hatte, bauten afghanische Söhne des Propheten die erste Moslem-Hauptstadt. Bis in den ersten Stock des 73 Meter hohen Turms kann man eine Wendeltreppe hochsteigen, um von dort auf die Kuppeln, Minarette, Ruinen und Hochhäuser der Sechsmillionenstadt zu schauen.

Atrei wird nicht müde, die Vielfalt Delhis vorzuführen. Am Baha'i-Tempel, einer utopistischen, steinernen Lotusblüte, die den friedlichen Charakter dieser kleinen weltumspannenden Religionsgruppe versinnbildlicht, wird eine Rasenfläche, so groß wie ein Golfplatz, bewässert. Dabei fällt mir ein, daß die Zeitungen wieder voller Horrormeldungen über die Dürre-Katastrophe in Zentralindien und in Rajasthan waren, keine hundert Kilometer von der Hauptstadt entfernt. Hier, auf der grünen Insel der Baha'is, bleiben die Probleme der Welt, so scheint es, ausgeklammert. Nicht einmal Bettler lenken den Blick ab, der nur dem Schönen gelten soll.

Indischer, viel indischer geht es zu im Hanuman Mandir, dem betriebsamen Tempel des Affengottes. Ein steter Pilgerstrom wälzt sich dem Heiligtum zu, beträufelt Shivas Lingam mit Wasser. Für Fremde mag es überraschend sein, daß dieses Phallussymbol in einem Hanuman-Tempel seinen Platz findet. Ein dicker Priester liegt auf einer Pritsche, die Arme über eine dralle weiße Kissenrolle gelegt. Er sieht ein bißchen aus wie der liebenswerte Ganesha, dem die Sucht nach Süßigkeiten den Leib aufgequollen hat.

Am Connaught Circus, dem großstädtischen Zentrum der Hauptstadt, treffen wir Freunde von Atrei. Dieser gewaltige Zirkel, von dem acht Straßen abgehen, bietet internationales Flair: Viele Fluggesellschaften haben in den Säulengängen, die rund um das moderne Geschäftszentrum verlaufen, ihren Sitz; in den Fast-Food-Lokalen sitzt die Benetton-Generation, diskutiert die neuesten Charts und führt sich gegenseitig flippige Fummel vor. Die gut sortierten Emporien – staatliche Verkaufsstellen für Kunsthandwerk, Seide und Saris – locken viele Touristen an den Janpath, der im Süden vom großen Kreisel abzweigt. In diesen Geschäften wird nicht gefeilscht, wohl aber auf dem Tibetermarkt nebenan. Dort verkaufen die Nachkommen tibetischer Flüchtlinge, die mit dem Dalai Lama im Nordosten Indiens Asyl gefunden haben, astrologische Wandteppiche, Butterlämpchen, lederne Etuis für Teetassen, echten und weniger echten Schmuck aus dem Himalaya.

Delhi: Friedhof der Dynastien

Connaught Place, Mittelpunkt der Millionenstadt. Wenn der Sommer kommt und die Stadt zu kochen beginnt, ziehen Atrei und ihre Freunde in den Palika Basar, ein unterirdisches Einkaufszentrum. Videotheken verdrängen dort die alten Textilläden, Hard Rock knallt aus Eisdielen und Music-Shops. Der alte Mann in der Ecke, der die Sitar spielt, eine Blechdose für Spenden vor sich, ist nicht mehr zu hören.

Was für ein Kontrast: Am Raj Ghat, dem Verbrennungsplatz für Mahatma Gandhi am Yamuna-Fluß, machen Großfamilien aus Rajasthan farbenfrohes Picknick. Traditionell gekleidete Sippen aus Darjeeling oder Ladakh, ganze Busladungen südindischer Touristen, feiertäglich gekleidete Ausflügler aus Delhis Mittelschicht-Vierteln, sie alle erweisen dem Vater der Nation hier die Ehre. Aus Lautsprechern mahnt die Stimme der Großen Seele zur Harmonie unter den Völkern Indiens und der Welt. Nicht weit entfernt erinnern die Gedenkstätten für Pandit Nehru und seine Tochter Indira Gandhi daran, daß auch diese Dynastie hier ihren Friedhof gefunden hat.

Südindien: Auf der Straße der Tempel

„Wie auf dem Lotosblatt Tropfen zergehen,
Siehst du das Leben im Winde verwehen,
Steig in den Nachen, der da heißt ‚Die Freundschaft mit dem Guten' –
Rette dich so aus des Weltenstroms Fluten."

Shankara (788–820)

Wie ein böses Tier mit vielen Saugarmen fällt die Hitze schon frühmorgens über dieses Land her. Sie legt sich auf Palmenwälder und Reisfelder, krallt sich in die lehmigen Straßendörfer und kriecht in das Auto, mit dem ich seit einigen Tagen durch einen Teil Südindiens fahre. Am Steuer sitzt Joseph, ein ungewöhnlich hochgewachsener Tamile, sehr dunkelhäutig, fast schwarz. Ihm scheint die schwüle Glut dieser Aprilwochen kaum etwas auszumachen. Sein weißes Hemd jedenfalls klebt nicht – wie meines – bereits nach wenigen Minuten auf der Haut. Joseph, den die Mietwagenfirma als Fahrer empfohlen hatte, stammt aus einer katholischen Familie. In Tamil Nadu, dem größeren und volkreicheren der beiden Bundesstaaten an der Südspitze Indiens, sind Christen nur eine kleine Minderheit. Im westlich benachbarten Kerala hingegen, an der Malabarküste der Arabischen See, prägen die Gotteshäuser der Katholiken, verschiedener syrisch-orthodoxer Christen und die Kirchen zahlreicher evangelischer Richtungen das Bild vieler Fischerdörfer. Immerhin gehören ein Viertel der fast 30 Millionen Einwohner Keralas christlichen Bekenntnissen an, heillos zersplittert und zerstritten.

Josephs Heimat ist Madras, Metropole des Tamilenlandes und die größte Stadt des Südens, nach Kalkutta, Bombay und Delhi die viertgrößte Indiens. Auf einem Hügel am Rande dieser dem Meer zugewandten Stadt, soll der Jesus-Jünger Thomas, der Zweifler, gewaltsam ums Leben gekommen und begraben sein. Joseph erzählt stolz, daß neuerdings immer mehr Wissenschaftler die Legende vom apostolischen Ursprung des Christentums in Südindien ernst nehmen.

*

Südindien. Viele sehen in diesem tropischen Teil des Subkontinents das Herz des gewaltigen Hindulandes. Vier Bundesstaaten gehören zum eigentlichen Süden, dem Siedlungsgebiet der drawidischen Sprachfamilie. Diese Sprachgruppe ist nicht verwandt mit den indo-arischen Sprachen des Nordens und Zentralindiens. Die wesentlichen Ausprägungen des Drawidischen, nach denen weitgehend auch die Grenzen der heutigen Bundesstaaten gezogen wurden, sind Tamil (in Tamil Nadu), Telugu (in Andhra Pradesh), Malayalam (in Kerala) und Kannada (eingedeutscht auch Kanaresisch; in Karnataka).

Südindien: Auf der Straße der Tempel

Andhra Pradesh, der frühere Herrschaftsbereich des Nizams* von Hyderabad, heute der größte der vier südindischen Staaten – so groß wie die Bundesrepublik und Belgien zusammen – steht selten auf den Programmen der Pauschalreisenden. Die sehenswerten Höhepunkte – neben der Hauptstadt Hyderabad vor allem Tempel- und Ruinenstädte wie Alampur, Nagarjunakonda, Tirupati oder Vishakhapatnam – liegen weit voneinander entfernt und sind ungünstig miteinander verbunden.

Kerala im Westen, Haupstadt Trivandrum. Ein Land, wo der Pfeffer wächst, der einmal die europäischen Mächte lockte. Heute tragen auch Kokospalmen und Kaffeesträucher zum wirtschaftlichen Erfolg dieses seit langem kommunistisch regierten Staates bei. Es ist ein fruchtbares Land: Dreimal im Jahr kann der Reis, Hauptnahrungsmittel der feuchtheißen und üppig-grünen Provinz, geerntet werden.

Karnataka: Mysore hieß dieses „Land der Kannada sprechenden Menschen" (das ist die Bedeutung des heutigen Namens) in den Zeiten der britischen Herrschaft. 1956, knapp zehn Jahre nach der Unabhängigkeit, wurden dem alten Fürstentum einige benachbarte Gebiete zugeschlagen, in denen auch Kannada gesprochen wird. Das so vergrößerte Mysore heißt seit 1972 Karnataka, die Hauptstadt Bangalore. Diese Drei- bis Viermillionen-Metropole, eine Gartenstadt mit eindrucksvollen Zeugnissen der anglo-indischen Kolonialepoche, gilt vielen Indern als beliebteste Stadt ihres Landes. Der einheimische Journalist Vinod Lal behauptete in einer Reportage: „Ich traf nie jemanden in Indien, der Bangalore nicht mochte." Da bleibt es wohl nicht aus, daß „die ganze indische Bourgeoisie davon träumt, sich nach der Pensionierung hier niederzulassen" (auch das eine Einschätzung des indischen Reisereporters Vinod Lal).

Tamil Nadu: Der größte Teil des Tamilenlandes hieß bis 1969 Madras, so wie in den Zeiten des Raj. Die Stadt Madras, erste Niederlassung der East Indian Company, war eine der Keimzellen Britisch-Indiens.

Einige Tempelstädte in der Tiefebene dieses uralten Kulturlandes stehen im Mittelpunkt meiner Impressionen aus Südindien (Hinweise auf die wichtigsten Sehenswüdigkeiten dieser und anderer Teile Tamil Nadus sowie der übrigen Südstaaten bietet der Anhang ab S. 238 ff.).

Die indo-arischen Völker aus dem Nordwesten und die Eindringlinge aus den Steppen Zentralasiens waren im Verlauf der indischen Geschichte selten bis in den tiefen Süden vorgedrungen. Deshalb hat sich der Hinduismus und sein reiches Erbe aus vorvedischer Zeit im Sied-

* Die Nizams von Hyderabad: Moslemische Potentaten, die ihre Herrschaftsrechte auf Privilegien der Großmogulen zurückführten. Ihre exzentrischprunkvolle Darstellung von Macht und Reichtum wurde in aller Welt berühmt und geradezu zum Symbol für die Verschwendungssucht vieler indischer Fürsten.

Gegenüberliegende Seite: Dutzende von Männern ziehen an armdicken Seilen bunte Tempelwagen, die oft die Höhe eines vier- oder fünfstöckigen Hauses erreichen. Auf diesen Wagen sitzen die Statuen lokaler Gottheiten. Besonders prächtige Prozessionen monströser Tempelwagen und ekstatischer Menschenmengen gibt es in Tamil Nadu und in Orissa.

lungsraum der drawidischen Sprachfamilie besonders eindrucksvoll und besonders „rein" erhalten. Nirgendwo anders wohnen die Hindugötter so prachtvoll wie in Tamil Nadu. Ihre Pyramiden und Paläste, Hochburgen für Millionen Pilger, sind die wichtigsten Ziele auf meinen Fahrten durch die heißen Ebenen zwischen dem Kap Komorin und den Östlichen Ghats. So heißt die Hügelkette im Norden Tamil Nadus. Sanft abgestuft, fällt sie vom Dekhan-Hochland zum Golf von Bengalen ab.

*

Unterwegs. Aus der staubkrustigen Eintönigkeit des flachen Südens ragen die Wedel der Palmyrapalmen. Stunde um Stunde rollt der kleine Wagen durch ein gelbgraues Land. Joseph fährt so schnell wie alle indischen Chauffeure, zu schnell für unser Empfinden. Natürlich weicht er den Lastwagen, die direkt auf uns zuhalten, im letzten Moment aus. Natürlich fährt er geschickt um Ochsenkarren, Radfahrer und Kühe herum, die allesamt ein geregeltes Linksrechts-Schema ausschließen. Aber auch nach Hunderten von Kilometern schrecken mich seine Kamikaze-Manöver immer wieder aus dem Halbschlaf der Erschöpfung. Die klebrige Hitze lähmt Geist und Glieder. Ich versuche, mich an das dauernde Gehupe, an das knirschende Schalten, an das häufige Bremsen und an das Anfahren in zu hohen Gängen zu gewöhnen. Aber die Reise bleibt ein Wechselbad von Schock und Schläfrigkeit.

Zwischen Tiruchirapalli und Madurai gerät der Wagen in eine Gruppe festlich gekleideter Menschen, ein Hochzeitszug. Dorfbewohner, blumengeschmückt die Männer, in feine, leuchtend bunte Saris gekleidet die Frauen, begleiten ein junges Paar zum Haus der Brauteltern. Josephs Slalomkünste helfen nicht weiter, denn vor uns hat die prächtige Prozession bereits zwei Lastwagen gestoppt. Eines dieser schweren Fahrzeuge ist mit Reissäcken beladen. Sein Fahrer lädt mich ein, den bunten Zug von oben zu beobachten, vom Dach seiner türlosen Fahrerkabine.

Die Hochzeitskapelle, fünf, sechs Männer mit langen Bärten, freut sich über das Interesse des fremden Besuchers. Die Spielleute, es sind Angehörige einer Kaste wandernder Musikanten, streichen ihre Bögen heftiger, schlagen ihre Zimbeln, Trommeln und Glocken lauter als eben noch, halten mir ihre Instrumente entgegen, drehen sich mehrfach um sich selbst.

Thai (Januar/Februar), der Monat nach dem Einbringen der Ernte und die beliebteste Zeit für Hochzeitsfeiern, liegt schon mehr als acht Wo-

chen zurück. Jetzt, in den heißen Tagen Anfang April, die zum *Chitrai*-Monat des Tamilenkalenders gehören, sind Hochzeitszüge wie dieser selten. Aber wichtiger als die allgemeine Beliebtheit des Monats Thai ist das Horoskop des Brahmanen. Erst wenn die Sterne nach Meinung eines kundigen Priesters günstig stehen, werden Musikanten bestellt und man handelt die Mitgift in allen Einzelheiten aus.

Der Zug, den wir ins Stocken gebracht haben, setzt sich wieder in Bewegung, lautstark, aber nicht ausgelassen. Zu wichtig nehmen es die konservativen Dorfleute hier im tropischen Süden mit den zahlreichen Regeln, die ihnen seit Jahrtausenden den Lauf des Lebens vorschreiben, als daß spontane Fröhlichkeit, abweichend vom vertrauten Ritual, aufkommen könnte. Die Verwandten und Freunde, die da zum großen Fest unterwegs ins Nachbardorf sind, tragen geflochtene Schalen und Körbe mit Früchten und Blüten; lächelnd, freundlich, ein wenig staunend schauen sie zu mir herauf. Die Menschen wirken heiterer, gelöster, auch langsamer als die helleren und schlankeren Inder in den nördlichen Provinzen.

Jetzt sehe ich die Braut, die einen goldfarbenen Sari trägt und auf dem Kopf einen Blütenkranz. Sie schaut ernst und züchtig zu Boden, aber ihr Mann, im weißen Traditionsgewand, auch er mit Blumen im Haar, nickt zu mir hoch. Er mag knapp zwanzig sein; die schüchterne Braut schätze ich auf höchstens sechzehn Jahre. Vielleicht haben sich die beiden erst heute kennengelernt, nachdem ihre Eltern sie womöglich schon vor Jahren füreinander bestimmt haben, ausgesucht nach Kaste und den Möglichkeiten der Mitgift.

Musikfetzen dringen mit dem heißen Staub ins Auto, als Joseph nach einer guten Stunde märchenhafter Unterbrechung unseren Wagen wieder startet. Wie zur Befreiung überholt er gleich mehrere Reislaster und balanciert mit schleifenden Rädern um Karren herum, die von trägen Buckelrindern gezogen werden. Aber schon nach wenigen Kilometern sind wir erneut eingekeilt. Hunderte von Schafen, Ziegen und Kühen versperren diesmal den Weg. Ein Viehmarkt verlängert unsere Reise nach Madurai.

Händler bieten klumpigen Zucker und Naturmedizin in schmutzigen kleinen Flaschen an. Ein Schmied beschlägt die Hufe einer Kuh, deren Beine eng zusammengeschnallt sind. Kleine Mädchen, höchstens fünf Jahre alt, tragen Körbe mit frischem Dung auf ihren struppigen Köpfen. Tanzende Affen, in zerschlissene Jacken gesteckt, machen Männchen

Südindien: Auf der Straße der Tempel

auf zwei Pfählen, und nebenan steckt eine Kobra ihren häßlichen Kopf aus einem Korb. Die Gehilfen der Gaukler, rotznäsige Kleinkinder, betteln um ein paar Münzen, und die Sonne sticht aus einem graublauen Himmel. Die heiße Luft des Nachmittags läßt die Kleider am Körper festkleben.

Bilder einer langen Fahrt, Szenen aus dem indischen Alltagsleben: bunte Saris, die am Ufer des Cauvery-Flusses zum Trocknen ausgelegt sind – riesige Beete aus Stoffbahnen; grellbemalte Menschen mit schweren Holzgestellen auf den Schultern und Pfauenfedern auf dem Kopf – fromme Büßer, unterwegs zu den heiligen Türmen und Tempeln von Madurai; Banyan-Bäume* am Rande der Straße, die Luftwurzeln breit gefächert, Agaven und Ananas, Palmyrapalmen und Elefantengras; Felsbrocken bei Pudukkotai, die wie Plastiken von Henry Moore aus dem Land ragen, das immer hügeliger wird und bei Mellur, weiter südlich, wilden Gebirgscharakter annimmt. Die Sonne steht tief, als wir endlich Madurai erreichen. In den kühlen Tempelhallen, im diffusen Licht aus grünem Neon und blakenden Fackeln, huschen Fledermäuse um meinen Kopf, und am Ende dieses heißen Tages fröstelt es mich.

* Südasiatische Feigenbaumart mit mächtigem Wuchs.

In Madurai hat Shiva einen seiner Wohnsitze und täglich strömen viele tausend Pilger in die heilige Millionenstadt am Vaigai-Fluß. Jetzt, wo sich bald der Vollmond rundet, rüsten Hunderttausende aus dem gesamten Hindureich zum großen Chitrai-Fest, bei dem sich die Götter vermählen, zehn aufregende Nächte lang. Nirgendwo auf dem Subkontinent, nicht einmal in Varanasi, zeigt sich indische Frömmigkeit so inbrünstig, so grell, so erregend fremd wie im Minakshi-Tempel von Madurai. Es mögen 33 Millionen steinerne Götter und Geister, Menschen und Tiere dieses Haus der angebeteten Stadtherrscherin zieren, wie in manchen Schriften behauptet wird. Es mag auch richtig sein, wenn den strengen Richtern der Kunstgeschichte dieser gewaltige Tempelkomplex mit seinen neun Tortürmen überladen, „kitschig", verwirrend vorkommt. Ganz sicher aber geht das Leben in dieser Tempelstadt jedem Besucher unter die Haut, denn hier begegnet er dem großen Shiva und seiner Göttergattin auch außerhalb der hohen Feiertage ganz persönlich, sozusagen menschlich, jeden Abend um neun.

Relief am Minakshi-Tempel zu Madurai: Die Vermählung von Shiva und Parvati, in der Mitte Parvatis Bruder Vishnu.

*

Die Nacht von Madurai. Immer mehr Menschen drängen sich in die Hallen und Nischen der Tempelstadt, dem Geraune der Brahmanen entgegen, den dumpfen Klängen der Trommeln hinzu. Papageien kreischen über unseren Köpfen. Die bunten Vögel springen in Käfigen umher, die von rußigen Wänden herunterhängen. Von irgendwo brüllt eine Kuh, und noch weiter weg schickt ein Elefant seine Trompetenstöße in die Finsternis. Mit der Menge der dunklen Gläubigen schiebe ich mich durch ein Labyrinth zwischen Licht und zuckenden Schatten immer näher an das Bett des Gottes.

Shiva, der Zerstörer, der doch auch die Welt in Schwung hält – heute abend wird der große Gott, eine fettglänzende Steinfigur, geradezu zärtlich gebadet, geölt und unter den Klängen mehrerer Klarinetten und den hallenden Schlägen der Trommeln in eine silberne Sänfte gesetzt. Viele Namen hat dieser dynamische Herrscher des Hindu-Himmels: Als *Shiva Nataraja* tanzt er die Welt in Grund und Boden – Neues kommt hervor, fort und fort. Er reitet auf *Nandi,* dem Stier, und seine männliche Energiequelle ist vor jedem Shivatempel abertausendfach in Indien zu sehen und zu begreifen: Der Lingam, steinerner Phallus, der im *Yoni,* dem Mutterschoß steck, symbolisiert Shiva und mit ihm die Zeugungskraft ... eben den Shiva, der doch eigentlich ein Zerstörer sein soll ... nicht leicht zu verstehen für den westlich eingestellten Verstand.

Hier in Madurai, an diesem wie an jedem Abend, wird Shiva als *Sundareshvara* verehrt, als „schöner Bräutigam". Die Braut, zu der er jetzt getragen wird, auf einer Plattform und unter einem Baldachin – beides im schemenhaft erhellten Tempel mehr zu ahnen als zu sehen –, diese Braut heißt *Minakshi*. Nach ihr ist der große Tempel von Madurai benannt. Sie, die fischäugige Patronin dieser Stadt, war wohl schon als Dorfgöttin in vorhinduistischer Zeit bekannt. So steht es in den legendengeschmückten Büchern der indischen Antike. Im Laufe der Zeit wurde Minakshi in den Pantheon der Hindus gehoben, als Shivas Gattin, die im Tamilenland auch Uma heißt und zugleich überall in Indien als Parvati beliebt ist ... und letztlich doch immer nur *Shakti* darstellt, das Sinnbild der weiblichen Schöpfungskraft.

*

Im Laufe der Zeit ... was heißt das an einem solchen Ort, in einem solchen Land? Am späten Nachmittag, als ich mit Joseph durch die träge vor sich hin dämmernde Stadt geschlendert war, zum südlichen Gopuram, dem höchsten Torturm, bekam ich eine Ahnung, wie die Zeit die Vorstellungskraft der Hindus dehnt. Wir waren auf den Turm gestiegen, sechzig Meter hoch, hatten auf den heiligen Bezirk und die Stadt geschaut und auf den Teich der Goldenen Lilien, der im Streulicht der untergehenden Sonne zu schlafen schien. Unten, am Eingang zum Gopuram, hockte ein alter Mann, der Umgebung und der Zeit entrückt. Er saß mit untergeschlagenen Beinen auf einer Steinstufe, und ich weiß nicht, wie er mit Joseph in ein Gespräch geraten war. Dieser Alte, ein Yogi, der auf dem weiten Weg vom Augenblick zur Ewigkeit gewiß einen Schritt weiter war als die meisten Pilger hier in Madurai, er unterhielt sich mit Joseph, dem Schnellfahrer, über die Zeit. So ein Gespräch, denke ich, kann es nur in Indien geben.

Joseph ließ den Alten, dessen Rippen unter der durchsichtigen Haut zu zählen waren, reden; nur wenn der Yogi eine Pause machte, übersetzte er mir, was dieser Weise, der jeden Tag hierher kam, zu sagen hatte. Jetzt, so ging die Geschichte des Alten, leben wir im dunklen Zeitalter, in der Periode des Kali Yuga. Früher hat es andere Yugas gegeben, unterschiedlich lange. Und alle zusammen bilden ein Großes Zeitalter, ein Maha Yuga. Aber selbst tausend solcher Yugas sind nur ein Tag für Brahma, der die Welt geschaffen hat. Und wie lange, wollte ich nun wissen, dauert so ein Maha Yuga? Der Alte blinzelte ins letzte Sonnenlicht, sprach leise mit Joseph, und der versuchte mir dann auf englisch den Zeitbegriff dieses weisen Hindus, vielleicht sogar den Zeitbegriff dieses Landes, zu erklären: Ein Maha Yuga ist die Zeit, die nötig wäre, einen Berg aus Granit abzutragen ... allein und nur durch das Betupfen mit einem Wattebausch ... jeweils einmal in hundert Jahren ...

*

Zeit spielt also im Tamilenland, wo die Seele Indiens wohnt, keine Rolle. Als Kaiser Augustus in Rom herrschte, standen Kunst, Kultur und Handel in Madurai schon lange in hoher Blüte. Zeitlos wie der Glaube der Hindus, zeitlos wie alles in dieser Stadt, scheint auch die Verehrung mächtiger alter Elefanten zu sein. Drei Dickhäuter gehören dem Tempel, viele mehr leben in der Stadt, gepflegt als gutmütige Glücksbringer, hochgeschätzte und teuer bezahlte Ehrengäste auf Hochzeiten und Geschäftseröffnungen. Madurai, so lese ich in einer indischen Zeitschrift, wird wohl die einzige Stadt im Lande sein, in der wie selbstverständlich Bankdarlehen für die Anschaffung eines Elefanten ausgegeben werden. Das Gemurmel der Gläubigen schwillt an. Vier Priester tragen die Sänfte mit Shiva vorbei. Vor den Papageien, Minakshis Lieblingstieren, muß Shiva warten. Papageien gelten in ganz Indien als erotisches Symbol. In vielen Legenden dienen sie sehnsüchtigen Frauen als schlaue Ratgeber. Die Brahmanen fächeln jetzt mit bunten Federbüschen Luft

in das Innere des Tragegestells, auf daß es dem göttlichen Liebhaber nicht schon vor dem Spiel zu heiß werde. Als endlich der Lärm der Schellen und Oboen erstirbt und nur ein Horn einmal geblasen wird, verschwinden die frommen Sänftenträger mit Shiva durch eine Holztür ins Allerheiligste. Von der anderen Seite, für uns nicht mehr sichtbar, huscht nun auch Minakshi in den verbotenen Bezirk.
Aus Büchern weiß ich, was weiterhin geschieht: Die Göttin mit den Fischaugen und den drei Brüsten, drei Fuß hoch und angeblich aus einem einzigen Smaragd gemacht, wird – wie auch der große Gott Shiva – auf eine Schaukel gesetzt. Lange werden sie, die ja ein Ehepaar sind, hin- und hergewiegt, ein Liebesspiel, ein göttliches, beginnt ... Danach werden den beiden Reis und Früchte zur Stärkung angeboten. Dann erst kommen sie zur Ruhe, während wir, Pilger und staunende Besucher, schon den Weg nach draußen gefunden haben. Morgen früh, gegen vier Uhr, wenn die Hähne krähen und gleich darauf die geheiligten Elefanten des Tempels zu trompeten beginnen, werden Shiva und Minakshi geweckt. Wiederum werden sie liebevoll gebadet, geölt und mit feinen Kleidern geschmückt. Schließlich bringen die Brahmanen sie in ihre dunklen Ecken zurück, wo sie sich ausruhen dürfen, bis am Abend erneut das Spiel der göttlichen Liebe beginnen kann.

*

Die Nacht von Madurai klingt lange nach. Noch Tage später, als wir auf der Straße der Tempel nach Sri Rangam fahren und weiter nach Mahabalipuram und nach Kanchipuram, geistern Fledermäuse und Elefanten, Yogis und fischäugige Göttinnen durch meine Tagträume. Manchmal stoppt Joseph, der Christ, unvermittelt an einem Straßentempelchen, das zum Beispiel dem Ganesha geweiht ist. Alle lieben diesen Gott mit dem Elefantenkopf und dem dicken Bauch, auch ich. Ganesha, der auf einer Ratte reitet und gern Reiskuchen ißt, verhilft zum Gücklichsein und zur Gesundheit – und er ist, neben vielem anderen, auch der Patron der Schriftsteller.
Gestern abend, im Rasthaus, nach einem guten Gemüsecurry, hatte Joseph mir versichert, daß es keinen Hindu störe, wenn er, der doch das Kreuz trägt und ein Marienbild auf den Rückspiegel geklebt hat, einem der unzähligen Götter dieses Landes ein Opfer bringe. Manchmal schlage er eine Kokosnuß auf vor einem Lingam des Shiva; meistens aber lege er ein paar Früchte oder eine Blumenkette vor Ganesha ab. Es komme auch vor, daß er dessen vertraute Gestalt am Straßenrand mit Öl aus

Sandelholz einreibe. Der Hinduismus, so erklärt Joseph dieses Mit- und Nebeneinander, sei doch eigentlich nichts als ein großer Supermarkt; jeder könne sich bedienen.

*

Wieder zurück in Tiruchirapalli, das alle nur Trichy nennen. Diesmal steigen wir über 430 Stufen hinauf zu einer Felsenfestung, um über die Ebene und den Cauveryfluß hinüber zur Tempelstadt Sri Rangam zu schauen. Dort nun wohnt Vishnu, der Erhalter, der göttliche Held in vielen Inkarnationen und mit ebenfalls tausend Namen in einem heiligen Bezirk von nahezu einem mal einem Kilometer Umfang. Größer ist kein anderer Vishnutempel zwischen dem Himalaya und der Südspitze des Subkontinents.

Brahmanen und andere Gläubige fahren mit ihren Autos bis in den Vorhof zur Wahrheit. Dort warten Banken auf ihre Kunden, davor hocken die Hungrigen und halten ganz ruhig ihre Schalen in beiden Händen, so still, als wollten sie keinen Geber durch aufdringliche Gebärden verscheuchen. Seltsame Heilige bevölkern die Tempelstadt. Kleinunternehmer im großen Seelengeschäft. Sie malen mir das Zeichen Vishnus auf die Stirn und nehmen dafür soviel in Scheinen, wie die einheimischen Pilger in Münzen zu geben bereit sind. Andere helfen den Frommen bei einer *Puja,* das ist in Indien, Nepal und Sri Lanka der Begriff für jegliche rituelle Opferzeremonie. Wieder andere, in Asche gekleidet, stehen stundenlang auf einem Bein und schauen in die Ferne oder in ihr Innerstes.

Es kostet Mühe, die Woge dieser vielschichtigen Eindrücke zu dämmen. Noch mehr Mühe kostet es, die hochgeborenen Männer mit der Brahmanenschnur nicht zu verletzen und sie doch fortzuschicken. Denn sie sind manchmal hartnäckig, lästig und gierig. Oft wollen sie den Tempelführer spielen, gegen ein kleines Entgeld für das Heiligtum, wie sie sagen. Über diesen wohlgenährten Zeremonienmeistern des heiligen Alltags, über Händlern, die kleine Götterfiguren, gefärbte Reiskuchen oder Luftballons anbieten, und über Pilgern, die demütig ihrem Vishnu oder Krishna opfern, lächeln stumm die Götter von den Säulen und Tortürmen – entfernte Ebenbilder des irrwitzigen Treibens zu ihren Füßen.

*

Dem Meer entgegen.

Wir sind auf dem Wege nach Kanchipuram und Mahabalipuram, den heiligen Vororten von Madras. Die heiße Luft flimmert über den vielen

Gewässern, die hier das Reisland durchziehen. Kinder vergnügen sich in schlammigen Flüssen. Frauen, bis zu den Hüften im Wasser, den Sari vor der Brust gerafft, waschen mit viel Schaum ihre Haare. Hier und da hat sich ein Büffel in den Teich geflüchtet. Myriaden von Mücken tanzen auf seinem nassen Leib.

Über den Dörfern lastet die Stille des Vormonsuns. Wenn wir gegen zehn Uhr früh, irgendwo zwischen Schilf- und Bambushütten, vor einem Kramladen haltmachen, der auch ein Dorfkrug ist, steht die Sonne schon senkrecht. Wir trinken viel Tee, manchmal auch Lassi, den durstlöschenden flüssigen Joghurt. Auf den Lehmmauern rund um die Gehöfte kleben Reste von Film- und Wahlplakaten. Daneben trocknen Kuhfladen, bis sie mürbe genug sind zum Verfeuern. Ein alter Mann hockt im Schatten eines Baumes, dessen Blätter die Farbe der Erde angenommen haben. Die Füße des Alten zeigen dicke Schwielen und Schmutzkrusten. Er repariert den Holzpflug, mit dem er vielleicht morgen wieder sein Feld bearbeiten wird. Selbst die Krähen, die lauten Symbolvögel des indischen Morgens, halten jetzt ihren Schnabel.

Aus dieser farblosen Schwüle leuchten vielerorts grellbunte schlanke Pyramiden, die Gopurams. Aber auch die kleinen Statuen der Dorfgötter behaupten sich glänzend gegen den Staub der Straße. Sie sind gewöhnlich aus Lehm gebrannt und derbe bemalt, so wie bei uns die Karussellfiguren auf einer ländlichen Kirmes. Seit Jahrtausenden leben diese Erd- und Baumgötter, die älter sind als der Hinduismus, mit den Menschen zusammen. Ohne ihre Einbeziehung in den Alltag kann nichts gedeihen. Böse Geister würden in die Siedlung dringen, der Regen zu früh oder gar nicht kommen, kein Streit könnte geschlichtet, kein Geschäft getätigt werden.

*

Kanchipuram, gut fünfzig Kilometer vom Golf von Bengalen entfernt, halbwegs zwischen der Koromandelküste und den östlichen Stufen zum Hochland gelegen. Das fruchtbare Schwemmland war schon in der indischen Antike die Kornkammer der Herrschenden. Die meisten Tempel von Kanchipuram stammen aus der *Pallava*-Periode. Ihren Höhepunkt hatte diese Dynastie im vierten nachchristlichen Jahrhundert. Die Pallavas bauten hier aus Sandstein, ganz im Gegensatz zu den *Pandyas* und vor allem den *Cholas,* deren granitene Wunderwerke weiter südlich zu bestaunen sind. Sie entwickelten weiter, was die Pallavas zu Beginn unserer Zeitrechnung begonnen hatten.

Südindien: Auf der Straße der Tempel

Noch bis zum Ende des neunten Jahrhunderts glänzte Kanchipuram als Hauptstadt der Pallavas. Tausend Tempel soll es damals gegeben haben, mindestens hundert sind übriggeblieben. An ihnen sind die Spuren der Pallavas sichtbar. Zum Beispiel erinnern steinerne Löwen an das Wappentier dieses Herrschergeschlechts, das in der Geschichte versunken ist. Hundert Tempel, vielleicht sogar 124, wie es in einem Buch heißt ... welchen sollen wir anschauen? Diesmal lassen wir uns nicht im Fluß der Gläubigen mittreiben, der zum Ekambareshvara-Tempel fließt. Dort wird der „Nackte Herr" verehrt, eine asketische Erscheinung von Shiva. Dieser größte Tempel der Stadt, dessen Gopuram mit fast sechzig Metern auch der höchste von Kanchipuram ist, mag zwar den Wechsel der großen Reiche vergangener Jahrhunderte veranschaulichen – das Fundament zu diesem eindrucksvollen Bauwerk sollen die Pallavas gelegt haben; die Cholas haben weitergebaut; erst die Baumeister des Vijayanagar-Reiches vollendeten 1509 den gewaltigen Komplex. Aber uns geht es zu betriebsam und laut an diesem Ort zu.

Joseph bringt das Auto in eine Werkstatt, am Kolben muß etwas repariert werden. Ich miete mir eine Fahrradriksha und lasse mich zum Kailasanatha bringen, dem schönsten aller Pallava-Tempel, etwas außerhalb vom Ortszentrum gelegen. Auch dieser Bau aus dem achten Jahrhundert ist Shiva geweiht; er ist hier der unbestrittene Herrscher, dem auch Vishnu und Brahma huldigen. – Wie still es in den Höfen ist ... von hier aus wirkt die Kulisse der anderen Tempeltürme besonders eindrucksvoll. Vier, fünf weitere heilige Stätten steuern wir mit der Riksha noch an, darunter Vaikuntha-Perumal, der dem Vishnu geweihte Tempel.

Fünf von hundert Tempeln ... die Steine reden von den Heldentaten der Götter und von den Kriegen der Könige, von der Antike und vom goldenen Mittelalter dieses Tropenlandes, als das Reich der Cholas seine größte Ausdehnung hatte. Aber auf einmal dröhnt mir die steinerne Sprache der Tempel in den Ohren; der Hindu-Himmel fällt mir auf den Kopf. Ich treffe Joseph, und wir gehen Tee trinken. Joseph wundert sich nicht über meine plötzliche Abneigung, heute noch weitere Tempel ansehen. Er hat diesen Überdruß schon bei anderen Besuchern beobachtet, die er durchs Land gefahren hat. Irgendwann, so meint er, stieße jeder an eine Grenze.

Die Läden rund um den Bahnhof und in der Mahatma-Gandhi-Road quellen über vor Seide. Nirgendwo in Südindien wird dieser Stoff in solchen Mengen, so fein und so glänzend, angeboten. Es ist kühl in den Geschäften, und Ventilatoren an der Decke verwehen mit der Hitze auch die Zeit. Die leuchtenden Farben der Saris, die hier verkauft werden, entsprechen der barocken Üppigkeit auf den Friesen und Säulen der Pallava-Tempel. Als wir aus dem Halbdunkel eines Seidenlagers in die gleißende Sonne des Nachmittags treten, spreizt sich direkt vor uns ein Pfau. Joseph hält das Rad, das uns da unvermutet geboten wird, für ein gutes Zeichen.

*

Unsere Autoräder dreschen wieder das Reisstroh, das zu diesem Zweck auf den Dorfstraßen ausgebreitet liegt. Es ist nicht mehr weit nach Mahabalipuram, ich kann schon das Meer riechen. Pilgerzüge nehmen die Hälfte der Straße ein, dämonische Gestalten aschebeschmierter Asketen. Vor uns hupen sich Benzintransporter der staatlichen Ölgesellschaft den Weg frei; an ihrer Rückfront fordern diese Lastwagen wie alle anderen in Indien dazu auf, den Lärm der Straße anzuheizen: „Please horn!" heißt es da, mit Blumen umrankt, und Joseph hält sich an den Rat.
Mahabalipuram ist unsere letzte Station auf der Straße der Tempel. Hier sehen die Tempel ganz anders aus, am blendendweißen Strand der Koromandelküste, schwer zu vergleichen mit dem düsteren Labyrinth in Madurai. Einige Bauten werden von den Wellen des Indischen Ozeans erreicht, seit über tausend Jahren schon. Mamallapuram, wie die Stadt einst hieß, war der Hafen der Pallavas. Einer ihrer Könige wurde „Großer Streiter" genannt – Mahamalla; daraus schliff sich Mamallapuram ab und schließlich Mahabalipuram.
Aber natürlich ist dies wieder nur eine von vielen Deutungen. Nach einer anderen, poetischeren, versteckt sich Bali, der große Dämonenkönig, im Namen der Stadt. Vishnu hat ihn einst an diesem Platz bezwungen ... kein anderer Ort in Südindien strahlt soviel harmonische Schönheit aus wie die Felsentempel am Strand von Mahabalipuram: Reliefs und Heiligtümer, aus gewaltigen Felsbrocken geschlagen und geschnitzt, erzählen Geschichten voller Phantasie und Spannung. Und heute mag ich sie wieder hören.
Bunte Schmetterlinge flattern zwischen Palmen und Tempeln umher, eine Gruppe wilder Hunde streunt durchs Gelände, eine Affenfamilie aus Granit schaut zu uns herüber. Alles paßt zusammen, Natur und Kunst sind eins. Einige Tempel wurden aus den Felsen herausgearbeitet, andere in den Berg gehöhlt. Auf die fünf Rathas, die steinernen

Südindien: Auf der Straße der Tempel

Tempelwagen, die nach den Helden der Mahabharata-Legende benannt sind, gehe ich im Reiseführer-Teil dieses Buches ein (siehe Seite 242); dort finden sich auch nähere Angaben zum Felsrelief, das „Arjunas Buße" heißt, und zum Strandtempel, der seit Jahrhunderten der Brandung trotzt.

Mahabalipuram gilt als Vorbild für die meisten sakralen Bauten in Südindien. Es ist eine Wunderwelt aus Stein, so sanft und kraftvoll wie die Natur, die sie umgibt. Joseph und ich klettern auf einige Felsen. Von dort bieten sich Aussichten zum Meer hin und in das Kulturland auf der anderen Seite. Der Buckingham-Kanal glänzt aus dem dunkelgrünen Dunst. Diese Wasserstraße verbindet Mahabalipuram mit Madras, der Millionenstadt mit der großen anglo-indischen Vergangenheit.

Morgen fährt Joseph dorthin zurück. Ich dagegen ziehe für ein paar Tage in eine preiswerte Lodge am Strand von Mahabalipuram. Dieser Ort scheint mir der beruhigendste zu sein auf meiner Reise zu den Quellen drawidischer Frömmigkeit. An den nächsten Tagen treffe ich alle Motive, die ich auf den Reliefs bewundert habe – in den Dörfern der Umgebung, in den Reisfeldern, am Meer: Frauen, die den Büffel melken, Asketen, die im Yoga versunken sind, Mädchen, die voller Anmut ihre kupfernen oder irdenen Wassergefäße auf dem Kopf balancieren, Bauern, die mit dem Pflug oder der Hacke den trockenen Boden aufreißen, Hirten, die mit ihren Tieren durchs Land ziehen. Die Felsbilder sind zum Leben erwacht, als lägen nicht tausend Jahre zwischen den Szenen auf der Tempelwand und jenen in den Dörfern der Gegenwart. Die königlichen Steinmetze von einst haben geschickte Nachahmer gefunden. Im staatlichen „Sculpture Training Centre" an der Hauptstraße, aber auch in kleinen Privatwerkstätten, klopfen und meißeln sie wahre Heerscharen von Helden nach dem Vorbild der Pallava-Künstler. Am Strand, in Sichtweite der Tempel und Felsen, flicken Fischer ihre Netze und bessern Boote aus Baumstämmen nach. Das alte Indien läßt sich hier in aller Ruhe studieren – und seine Gegensätze auch. Im Licht der untergehenden Sonne blitzen, höchstens fünf Kilometer entfernt, die Kühltürme eines Kraftwerks auf, und am Horizont schwimmen hochbeladene Containerschiffe der vierten Generation dem Hafen von Madras entgegen.

Bombay: Das alltägliche Wunder

„Bombay gibt jedem eine Chance. Und manchmal mehr als das: Manchmal geschehen auch Wunder."

Vidiadhar Surajprasad Naipaul (*1932)

Churchgate Station, zwölf Uhr mittags. Der Zug, auf den Ram wartet, verspätet sich. Ungeduldig setzt er seine Mütze, ein weißes Nehru-Schiffchen, ab und wieder auf. Fast alle Männer um ihn herum tragen eine solche Mütze, dazu Khaki-Shorts oder weiße Hüfttücher. Diese Männer, einige Hundert, sind Dabba-Wallas, Essenslieferanten einer Organisation, die es, einmalig auf der Welt, nur in Bombay gibt.

Endlich, zehn Minuten über die geplante Zeit, läuft der Vorortzug aus Dadar ein. Und sofort stürzen sich Ram und seine Kollegen auf die ersten vier Waggons. An denen hängen keine Fahrgäste, wie sonst auf der indischen Eisenbahn üblich. Diese Sonderwagen sind beladen mit Blechdosen voller Hausmannskost, zigtausendfach gestapelt auf Brettern mit einer Art Schlingerleiste. Jeweils vierzig Dabbas gehören zu einem solchen Tragegestell, wie es Ram jetzt aus dem Waggon zieht. Er kennt den Dreh- und Angelpunkt des schweren Gestells, nimmt es hoch und balanciert es auf seinem Kopf. Die nächsten anderthalb Stunden läuft der vielleicht vierzigjährige Mann, der aus einem Dorf südlich von Bombay stammt, mit seiner Last durch das Büroviertel an der Mahatma-Gandhi-Road.

Siebzig Kilo drücken auf den dürren Ram, der diese Arbeit seit vier Jahren macht. Er kann, wie die meisten seiner Kollegen, nicht lesen und nicht schreiben. Ram hat auch keine Uhr bei sich, so etwas könnte er sich gar nicht leisten. Und doch wird er bis gegen halb zwei seinen Kunden ihr Essen zugestellt haben, jedem genau die dreifache Blechpagode, die von dessen Frau oder Mutter zuhause mit Curry, mit Reis, Gemüse und Gewürzen, und, in der dritten Etage des Dosentürmchens, mit Chapatis gefüllt wurde. Wie funktioniert das alles?

Die Dabbas, die Blechbüchsen, sind mit Farben und Zeichen markiert, die nur die Dabba-Wallas entziffern können. Jeden Tag, immer um die gleiche Stunde, holen sie aus den Häusern der kleinen Leute die einzelnen Dosen ab, sammeln sie auf Brettern der Art, wie Ram sie jetzt durch das Gewühl der Straßen bugsiert. Etwas später werden die Essenstöpfe auf Vorortbahnhöfen in spezielle Waggons gestapelt, gut achtzigtausend insgesamt. Über ein ausgeklügeltes System von Zwischenträgern gelangen Bretter und Dabbas schließlich ins Zentrum von Bombay, wo Ram und seine Kollegen für die Zustellung direkt an den Arbeitsplatz des

Auftraggebers sorgen. Wissenschaftler einer amerikanischen Universität haben sich die Organisation eine Woche lang angesehen. Sie haben sogar versucht, den Spuren eines einzigen Dabbas zu folgen - und mußten schließlich staunend von einem Wunder sprechen.
Die Angestellten in den Bürotürmen und Behörden sind an das liebevoll zubereitete Essen von zuhause gewöhnt. Wer sonst soll die Gewürzmischungen so genau kennen? Auch die rituellen Speisevorschriften einzelner Kasten können für fromme Hindus nur auf diesem Wege eingehalten werden. Und doch setzen sich bei jüngeren Beamten und Schreibern die Angebote der „Kantinen" durch. So werden in Bombay die Fast-Food-Lokale genannt, von denen es immer mehr gibt. Die Zahl der Dabba-Wallas nimmt dagegen ab: Vor zwanzig Jahren trugen mehr als viertausend Boten die raffiniert gekennzeichneten Henkelmänner aus; jetzt, Anfang der neunziger Jahre, laufen höchstens noch 1600 Zauberer dieser merkwürdigen Zunft von den Bahnhöfen in die Büros.
Aber noch fallen sie um die Mittagszeit auf, prägen sogar das Straßenbild im Geschäftsviertel zwischen der Mahatma-Gandhi-Road und dem Marine Drive, einem sechsspurigen, hochhausgesäumten Küstenboulevard, der in Prospekten gern als „Halsband der Königin" herausgestellt wird. Nicht alle schleppen, wie Ram, die Last auf dem Kopf. Einige Kollegen schieben Karren mit den fast drei Meter langen Brettern durch das Verkehrsgewühl, andere steuern die Empfänger mit umgebauten Fahrrädern an. Aber Ram arbeitet, wie er es gewohnt ist, mit dem Kopf, für etwa sechzig Mark im Monat.

*

Die Dabba-Abonnenten müssen zwischen sieben und zehn Mark monatlich für die prompte Zustellung zahlen, je nachdem wie weit der Wohnort entfernt ist, wie oft die Dosen umgeladen werden müssen. Kassierer ziehen die Gebühr ein. Sie entlohnen auch Ram und seine Kollegen. Sie alle gehören einer Vereinigung an, die eher einer Kaste als einer Gewerkschaft ähnelt, der „Bombay Tiffin Suppliers" (Tiffin ist der alte anglo-indische Begriff für Lunch, die frühe Mittagsmahlzeit). Seit hundert Jahren versorgen Dabba-Wallas die kleinen Herren an den großen Schreibtischen; niemals haben sie gestreikt; niemals, so heißt es, sei auch nur ein Henkelmann an den falschen Adressaten gelangt.
Manchmal setzt Ram sein Brett für einen Moment ab, wischt sich mit einem schmutzigen Tuch den Schweiß von der Stirn und gönnt sich ein paar Kichererbsen oder Betelnüsse. Die kauft er, wie jeder Mensch in

Bombay: Das alltägliche Wunder

Bombay, beim Bhel-Puri-Walla am Straßenrand, dem Lieferanten kleiner Leckereien. Und seine weißen, langen Hemden, seine Khakihosen und auch die Hüfttücher von der Art, wie Mahatma Gandhi sie trug, gibt Ram einmal in der Woche dem Dhobi-Walla, einem Boten der größten Freiluft-Wäscherei der Welt. Bis zu den Knien stehen dort, am sogenannten Dhobi-Ghat, die Wäscher in übelriechender Seifenlauge, Männer und Frauen strikt getrennt. Noch am Mahalakshmi-Tempel in der Nachbarschaft, wo die Göttin des Glücks und des Reichtums mit Opfern üppig verwöhnt wird, ist das Klatschen der nassen Stoffe zu hören, die auf Steinen ausgeschlagen werden. Auch die Bügel-Wallas arbeiten unter freiem Himmel, kastenlose „Kinder Gottes" wie die Wäscher. Alle Wallas, ob sie zu den Unberührbaren gehören oder nicht, ob sie etwas verkaufen, etwas austragen oder sonstige Dienste leisten, sichern den kleinen Luxus, den die Menschen in Bombay schätzen; Ram, der Dabba-Walla, so gut wie die Millionäre auf dem Malabar Hill.

Von den Terrassen ihrer Villen und Eigentumswohnungen dort oben schauen die Reichen auf das funkelnde „Halsband", auf die Kette der Wolkenkratzer, von denen immer mehr in den Himmel drängen. Indiens heimliche Hauptstadt wächst in die Höhe, weil die Arabische See der Ausbreitung enge Grenzen setzt.

Die feinen Leute von Malabar haben ihre eigenen Probleme. Hin und wieder finden sie einen Arm auf ihrem Balkon, manchmal landet ein großer Zeh neben dem Swimmingpool. Aasgeier lassen diese Körperteile fallen. Es sind Reste von Leichen, die von den Parsen, einer kleinen, in Bombay aber höchst einflußreichen Religionsgemeinschaft, auf die Türme des Schweigens gelegt werden.

*

Hinter Palmen, Mango- und Feigenbäumen, unzugänglich für alle Fremden, verbergen sich auf dem Malabar-Hügel die seltsamsten Totenplätze, die sich denken lassen. Weil Parsen nur der Seele Bedeutung beimessen, nicht aber dem Körper, weil ihnen alle Elemente, besonders das Feuer, heilig sind, dürfen ihre Verstorbenen nicht verbrannt, nicht begraben und nicht dem Meer übergeben werden - Feuer, Erde und Wasser würden sonst beschmutzt. Bei einer langsamen Verwesung unter freiem Himmel nähme die Luft Schaden. Also überläßt man die Leichen den Geiern. Die Tropensonne brennt die Knochen rasch zu Staub, der in einen Schacht fällt, auf den Bodens des Turms. Die Seele, so hoffen die Parsen, lebt dann schon längst in lichten Regionen.

Ram nimmt keine Notiz von Malabar Hill, über dem die Todesvögel kreisen. Er muß seine vierzig Dabbas an den Mann bringen, eine Dose mit rotem Strich in diese Computerfirma (von denen es mittlerweile fünfhundert gibt in der Boomstadt), die nächste, mit einer Numm auf dem obersten Deckel, ins Erdgeschoß des Nachbarblocks. Kurz nach drei hat Ram alle leeren Henkelmänner wieder eingesammelt. Erneut steckt er seine Nehru-Mütze in die Tasche, hievt sich das Tablett auf den Kopf und tritt in leichtem Laufschritt den Rückweg nach Churchgate Station an. Am frühen Abend werden alle Dreifach-Dabbas wieder in den Küchen sein, aus denen sie heute vormittag herausgereicht wurden und in denen sie morgen, wie an jedem Werktag, ganz individuell mit Reis und Curry gefüllt werden.

Rajasthan: Ein Turban voller Legenden

„Ich ziehe die vier Silben Rajputana immer noch den dreien des neuen Namens Rajasthan vor; sie scheinen auf magische Weise ein fernes Märchenland heraufzubeschwören ..."

Satyajit Ray, Filmregisseur

Gegenüberliegende Seite: Stolzer Rajpute aus der Wüste Thar in Rajasthan. Der Turban, kunstvoll aus sechs Meter Stoff geschlungen, ist die selbstverständliche Kopfbedeckung aller männlichen Sikhs, aber auch fast aller Rajputen.

Brahma, der Schöpfer, war verbittert. Alle anderen Götter des Hindu-Himmels besaßen bereits Tempel, wo die Gläubigen ein Opfer verrichten konnten, wie es der Vorschrift entspricht. Nur er, der doch eigentlich der Herr der Welt war, hatte einen solchen Ort der Stille noch nicht gefunden. Während Brahma noch in Nachdenken versunken war – denn von der Einhaltung der Vorschrift hing die Macht über diese wie über jene Welt ab –, fiel ihm eine Lotosblüte aus der Hand. Der Wind trug sie wie eine Feder langsam der Erde entgegen. Brahma schaute ihr nach und nahm dies als Zeichen: Wo die Blüte niederfallen würde, wollte er seinen Opferplatz einrichten. Dreimal berührte der Lotos, das sanfte Symbol der Schönheit und der Heiligkeit, den Boden und jedesmal quoll Wasser aus der steinigen Erde. Mitten in der Wüste entstand also ein See; ein guter Platz für das ungestörte Opfer, dachte Brahma. Und er nannte das Gewässer Pushkar – nach der Blume, die ihm aus den Händen geglitten und zu Boden gefallen war, denn Pushkar heißt Lotos. Ein Bad im Lotossee nimmt die Sünden fort. Aber damit es nicht so voll wird im Himmel, beschränkte schon der Schöpfergott die Wirkung des heiligen Wassers auf eine kurze Zeitspanne im Jahr. Und seither kommen im November die Pilger von weit her, um sich zwischen dem elften Tag des Monats Kartika bis zum Vollmond an Brahmas Opferplatz zu reinigen, zu beten, aber auch, um zu feiern und fröhlich zu sein.

*

Eine Legende, eine von vielen aus dem Wüstenland Rajasthan. Brahmas Opferplatz, der einzige in ganz Indien, ist nach wie vor Treffpunkt für Hunderttausende, wenn alljährlich im Spätherbst das Kartika-Fest begangen wird. Und weil dieses eben nicht nur eine fromme Feierlichkeit, sondern zugleich ein farbenfroher Jahrmarkt ist, der wohl bunteste und aufregendste Viehmarkt der Welt, kommen immer mehr Touristen. Sie schauen den Händlern und den Heiligen zu, den Gurus und Gauklern, den Musikanten und Marktschreiern. Und sie werden zuhause von den exotischen Bildern an Brahmas Opferplatz erzählen, von den märchenhaften Szenen zwischen den Tempeln am See und den Tieren am Rande der Wüste.

Kein anderer Teil Indiens wird so oft als märchenhaft bezeichnet, keine andere Religion auf dem Subkontinent entspricht so sehr den landläufigen Vorstellungen vom prächtigen, aber auch geheimnisvollen Indien

wie Rajasthan. Selbst kritische Autoren aus dem Westen, die als „Lüge entlarven wollen, was als Mythos Indien jeden Reisenden in die Irre zu führen droht", wie es Manfred Görgens in seinem „Rajasthan"-Buch aus dem Jahre 1981 ankündigt, verzichten nicht auf Metaphern, die seit alters her den besonderen Reiz dieser indischen Provinz andeuten. So nennt Görgens das Land der Könige – dies die Bedeutung von Rajasthan - im Untertitel seines Buches einen „Turban voller Geheimnisse und Legenden".

Rajasthan, mit 342 214 Quadratkilometern heute Indiens zweitgrößter Unionsstaat (nach Madhya Pradesh), hat das Erbe vieler kleiner Königreiche angetreten, die jahrhundertelang unter dem Namen Rajputana die Phantasie aller Indienreisenden, ihrer Leser und später auch ihrer Hörer und Zuschauer angeregt hat.

In unzähligen Legenden wird über die Tapferkeit und die Grausamkeit der Königssöhne, der Rajputen, berichtet. *Sati,* die Verbrennung der Witwen, wird ebenso verherrlicht wie *Jauhar.* Dieser Begriff bezeichnet den kollektiven Tod ganzer Stadtbevölkerungen, die sich lieber selbst verbrannten als dem überlegenen Feind in die Hände zu fallen. Immer wieder stritten die Clans der Rajputen untereinander, nie gab es ein eigenes Reich. Solche Zwietracht machte es den moslemischen Eroberern leicht, über den Indus und durch die Wüste Thar in die Fürstentümer Rajputanas einzudringen. Aber auch die Vorfahren der Rajputen waren Einwanderer gewesen. In den Jahrhunderten vor und nach Beginn unserer Zeitrechnung sind sie, so vermuten Völkerkundler, aus dem Norden gekommen, ein altiranisches Volk, das schon damals seine Mythen und Legenden mitbrachte – und seinen Hochmut. Die Götter selbst, genauer: die vergöttlichten Naturgewalten Sonne, Mond und Feuer, sind die Ahnen der Rajputen-Clans. Die einen führen ihre Herkunft auf den Sonnengott *Surya* zurück, so die Herrscherhäuser von Udaipur, Amber, Jaipur, Jodhpur und Bikaner. Zur *Chandra*-Dynastie hingegen, die dem Mondgott gehört, einer Linie, aus der auch Gottkönig Krishna stammt, zu dieser feinen Richtung zählen die *Bhatti,* ein Clan aus der phantastischen Wüstenstadt Jaisalmer, die Herrscher von Mathura ebenso wie die von Dwarka und anderen kleinen Fürstentümern. Und schließlich hat auch *Agni,* der Gott des Feuers, seine Nachkommen. Auf ihn beruft sich der jüngste Zweig der 36 Rajputen-Clans, der sich für den vornehmsten hält, aber von den Sonnen- und Mondgeborenen gering geachtet wird; diese Linie ist erst 1200 Jahre alt...

Rajasthan: Ein Turban voller Legenden

Wer durch Rajasthan reist, wird über den Glanz in den Palästen der Maharajas staunen, über Städte, die noch heute ansehnliche Kulissen zu den Geschichten aus Tausendundeiner Nacht abgeben, über die Farbenpracht der Feste, über Tempel und Kaufmannshäuser, die wie aufgelöst wirken in steinernem Filigran.

Und auch dies kann dem Reisenden nicht erspart bleiben: Dörfer, über die sich der Sandschleier der Wüste wie ein Leichentuch legt; Frauen, die Auffangbecken für Regenwasser bauen, mit Hacken, Blechschüsseln und Händen. Die Sonne und der Staub setzen ihnen, die ihre Herkunft nicht auf die Götter zurückführen, arg zu. Sie lächeln, während sie ihre Kleinkinder schaukeln, die in Hängematten unter spärlichem Baumschatten schlafen.

Folgende Doppelseite: Rückfront des Wahrzeichens von Jaipur: Palast der Winde, Hava Mahal. In den winzigen Kammern hockten früher die feinen Damen des Maharaja-Clans und beobachteten das Straßenleben. Sie selbst konnten nicht gesehen werden.

*

Vier Jahre hatte der Monsun das Land der Krieger und Könige ausgespart. Kein Tropfen Wasser war auf den ausgedörrten Boden gefallen. Fromme Hindus mußten ihre Rinder in die Wüste schicken, weil es kein Futter mehr für das Vieh gab; und auch die Bauern, die Tagelöhner, die Massen der Armen in den Städten dieses stolzen Landes hatten kaum noch etwas zu essen. Das war die große Zeit des großen Fressens für die Geier, die Zeit, in der besonders eifrig mit den Mitteln von vorgestern am Kanal von morgen weitergebaut wurde. Eines Tages – Indra, der Gott, der den Regen schickt, mag wissen, wann dieser Tag sein wird – eines Tages soll der Indira-Gandhi-Kanal anderthalb Millionen Hektar Wüste blühen lassen.

Viele im Reich der Rajputen haben gehungert, bis 1988 endlich der große Regen kam. Aber die Ratten im Tempel von Deshnoke litten während der jahrelangen Dürrezeit keine Not. In ihnen wohnen die Seelen verstorbener Fürsten. Und wenn es eine weiße Ratte ist, zeigt sich mit ihr Karni, die Schutzgöttin aller Rajputen. Ihr ist der Tempel der heiligen Ratten geweiht, und gemeint ist Karni Devi, die den Maharajas von Bikaner besonders nahesteht, die Göttin Kali (auch Durga genannt), die Schreckliche, die eine Kette aus Menschenschädeln um den Hals trägt. Das alles glauben die Rajputen in der Wüste Thar, und die Legende, die Pate gestanden hat zum Tempel von Deshnoke, erzählt folgendes: Der Sohn einer Fürstenfamilie ist gestorben; das Herrscherhaus ist außer sich vor Trauer, denn wenn dieser Sohn nicht wieder lebendig wird, stirbt der Clan aus. Also wendet sich der Maharaja an die Göttin Karni, den Sohn ins Leben zurückzuholen. In tiefer Selbstversenkung trifft sie

Yama, den Gott des Todes und bittet ihn um die Seele des Fürstenkindes. Aber Yama kann nicht mehr tun, denn die Seele ist bereits wiedergeboren. Aus Wut über ihre Hilflosigkeit in diesem Fall schwört Karni, daß niemals auch nur eine Seele ihres Stammes an Yama gehen soll. Karnis Seele und alle Seelen ihrer Schutzbefohlenen sollen künftig in Ratten wohnen, und wenn diese sterben, dann sollen Musikanten, die hochgeachtet sind im Land der Königssöhne, die Seelen der toten Ratten aufnehmen...

Ich habe keine weiße Ratte im Tempel von Deshnoke gesehen. Aber ich bin barfuß wie alle anderen Besucher durch das Gelände gegangen, und ich habe zugeschaut, wie Pilger sich auf dem Fußboden ihr Essen mit den Ratten geteilt haben, die nur so groß sind wie Mäuse. Damit kein Raubvogel die Tiere aus dem goldenen Käfig holen kann, schützt ein Gitterdach den heiligen Bezirk. Auch außerhalb des Tempels wohnen Ratten. Aber sie vermischen sich niemals mit Karni Devis Tieren, die hier mit Süßigkeiten gefüttert werden, bis die Seele aus ihren aufgeblähten Körpern weicht.

*

Wer sich Indien aussetzt, wird vielerorts auf Schaurig-Schönes oder Unergründliches stoßen. An anderen Orten, vor allem in Rajasthan, mag wiederum das Phantastisch-Schöne bestaunt werden, das Märchenhafte, das zu allen Zeiten die Besucher aus dem Westen beeindruckt hat. Beispiele aus den Büchern der frühen Reisenden, ergänzt durch eigene Eindrücke aus den letzten Jahren, stehen deshalb auch für die Zeitlosigkeit vieler Erlebnismöglichkeiten. Ich habe bei den folgenden Auszügen älterer Werke nur die Ortsnamen in heutige Schreibweise übersetzt.

Alexander Burnes, 1836: „Einige reiche Kaufleute wohnen zu Jaisalmer, und es gehen jährlich 20 000 bis 25 000 Zentner Opium durch das Land nach Sind*... Schwefel, Reis und Tabak sind dagegen die Waren, die aus Sind durchgehen. Von Malwa erhält man Indigo und Tücher, von Jodhpur und Delhi Zucker... Die Stadt selbst ist schön, ihre Häuser sind hoch und geräumig... und ganz aus einem harten gelben Marmor erbaut, der manchmal zierlich ausgehauen ist... Das Castell, das auf einem Felsrücken am süd-westlichen Ende der Stadt liegt, hat ein äußerst großartiges Aussehen..."

Aus meinem Reisetagebuch: „Wir waren lange durch die Wüste gefahren, als vor uns ein Burgberg wie eine Fata Morgana auftauchte, eine hochgetürmte Stadt, die nur aus Palästen und Tempeln zu bestehen schien.

* Sind: Historische Region in der südlichen Indusebene; heute eine Provinz in Pakistan, westlich der indischen Bundesstaaten Rajasthan und Gujarat gelegen.

Goldgelb und glänzend hebt sich der Sandstein der Festungsmauern aus der staubigen Einöde der Wüste Thar ab. Noch immer wird Jaisalmer die Goldene Stadt genannt. Beim Näherkommen sehen wir Militär, das in Zeltstädten unterhalb des Burgbergs lagert; die unruhige Grenze zu Pakistan ist nur wenige Kilometer entfernt. Der Rauch von Lagerfeuern liegt über dem Camp, und Dromedare schreiten mit arrogantem Blick zwischen den Soldaten umher. In der Altstadt, am selben Abend noch, verlaufe ich mich, vor lauter Schauen, vor lauter Staunen: Häuser aus feingeschnitztem Marmor, steinernes Filigran, wundersame Arabesken einer versunkenen Zeit. An einer Ecke streunen Hunde durch den verlassenen Palast eines Kaufmanns von damals, aber in der nächsten Gasse hocken die Händler wie eh und je auf ihren Säcken, stolz und mürrisch, wie es ihrem Stand und ihrer Vergangenheit entspricht. So muß es gewesen sein, vor Hunderten von Jahren, als Jaisalmer ein Knotenpunkt war auf dem Wege der Karawanen von Zentralasien nach Persien und vom Zweistromland in das Land der fünf Flüsse..."

Ludwig Halla, 1914: „... ein Reitelefant des Maharaja mit roter Schabracke und lustigen Quasten steht bereit, uns zum Felsenschlosse zu tragen; es ist eine mächtige, aber sehr sanfte Elefantendame im kanonischen Alter von 60 Jahren. Auf Zuruf des vorne sitzenden Mahaut, der mit seinen eigentümlichen kurzen Widerhaken das Tier antreiben kann, kniet es langsam auf die Hinterbeine nieder und streckt halb die kräftigen Säulen seiner Vorfüße, dann wird eine kleine Leiter gebracht, auf der man zu dem schlechtgepolsterten Brette auf den Rücken des Riesen steigt ... ruckweise erhebt sich der Elefant auf Befehl, dann stampft er in langsamem Paßgang schaukelartig wankend weiter.
Auf der Höhe der steilen Rampe wartet ein überraschender Anblick: über einem Tal zwischen Felsbergen mit etwas Buschwald thront, weißschimmernd im Morgenscheine, vor uns auf der Höhe die Burg von Amber mit bekuppelten Türmen wie ein Zauberschloß aus Tausendundeiner Nacht; darüber noch, in zwei Staffeln, zwei trutzige alte Vesten mit mächtigen Mauern und Zinnenkranz. Auch auf den anderen Hängen, die diese einsame Welt umschließen, steigen zackige Befestigungen zu Gipfel und Kamm empor. Ringsum starrt steiniges Land mit stachligen Hecken, nur vereinzelte Gruppen saftiger Bäume nehmen der Landschaft etwas von ihrer Wüstenart."
Aus meinem Reisetagebuch: „Der Morgen ist frisch, als wir auf den Elefan-

Folgende Doppelseite: Der Kamelmarkt in Pushkar, zu dem sich jedes Jahr zum Vollmond Anfang November Hunderttausende von Bauern und Viehhändlern treffen, gehört zu den farbenprächtigsten Jahrmärkten Asiens.

ten steigen, wie es hier auf dem Wege nach Amber touristische Sitte seit über hundert Jahren ist. Ein Inder, der neben mir auf dem schaukelnden Sitz Platz genommen hat, erzählt, daß die Rajputenfürsten früherer Zeiten auf diese Weise bis ins ferne Kaschmir geritten seien ...
Der Palast von Amber wirkt um diese frühe Stunde wie verzaubert. Zartgrün und Rosa und ein leichtes, verwaschenes Gelb sind die Farben, die im Palast vorherrschen. Ungestört laufen wir, fünf frühe Besucher, durch die Räume; ein alter Mann läßt mit einer Kerze das Spiegelglas im einstigen Schlafzimmer des Herrschers aufleuchten. Er nennt es ‚die Sterne funkeln lassen'. Wir schauen uns glitzernde Paneele aus Alabaster an und Bäder aus cremefarbenem Marmor, auf dem Blumen blühen wie auf persischen Miniaturen. In verwunschenen Gärten wachsen Granatäpfel, Mangos und Oleander ... Als wir zum Elefantenbahnhof zurückkehren, bricht die Stimmung ab. Eine russische Gruppe schaukelt uns auf fünfzehn geschmückten Dickhäutern entgegen, Kinder rufen: ‚Pen, Mister, one Rupie, Chocolate ...', und erst nachdem ich einen Satz Postkarten gekauft habe, kann ich meinen Rückweg antreten..."

Pierre Loti, 1922: „Eine große rosafarbene Stadt zu besitzen, vollständig gleichfarbig rosa und mit dem gleichen weißen Blumenmuster die Häuser, die Wälle, die Paläste, die Tempel, die Türme und Erker geschmückt, welch eigentümliche Laune eines Herrschers! Man könnte meinen, alle Mauern seien mit dem gleichen geblümten Kattun überzogen worden, fast glaubt man, eines jener einfarbigen Gemälde aus dem achtzehnten Jahrhundert vor sich zu haben. Nein, dieses Bild ist mit nichts zu vergleichen, was ich je vorher gesehen habe ...
Straßen von ein Kilometer Länge, in gerader Linie, wie mit einer Schnur gezogen, zweimal so breit wie die Pariser Boulevards und an beiden Seiten von hohen Palästen begrenzt, deren Fassaden die Phantasie der Orientalen bis zur Unkenntlichkeit variiert hat. Nirgends gibt es eine unglaublichere Aufeinandertürmung von Kolonnaden, verzierten Bogen, Türmen, Balkonen und Erkern, alles vom gleichen Rosa, alles mit den gleichen Blumenmustern bedruckt ...
Längs dieser Straßen bewegt sich eine Menge in unvergleichlicher ... Farbenpracht. Tausende von Kaufleuten, die ihre Auslagen von Stoffen, von Kupfer und Waffen auf dem Boden umherliegen haben, versperren zu beiden Seiten die Trottoirs, während die Frauen mit den bun-

ten ... Schleiern und den bloßen, mit kostbaren Ringen geschmückten Armen sich zwischen ihnen hindurchwinden."

Aus meinem Reisetagebuch: „Viel weniger Autos als in Delhi oder Bombay drängen sich auf den breiten Straßen von Jaipur. Motorroller machen einen Bogen um Karren, die von Kamelen oder Eseln gezogen werden. Sie weichen auch Pulks von Radfahrern aus, Lastenträgern oder Tongas, den kleinen Pferdedroschken, die schon im britischen Indien das Straßenbild bestimmten.

Fahrradrikschas transportieren Kanister und Kleinmöbel, verschleierte Frauen und dickzopfige Mädchen in Schuluniformen. Plötzlich taucht aus der Menge ein Reiter auf einem weißen Pferd auf. Der Schimmel ist mit einer goldbestickten Satteldecke geschmückt; vielleicht gehört dieser Reiter, dem die dreirädrigen Minitaxis wie selbstverständlich ausweichen, zur Palastwache des Maharajas? Die Passanten nehmen ihn kaum wahr; sie sind auch nicht überrascht, als kurz nach dem Reiter ein alter englischer Sportwagen, gelenkt von einem dunkelhäutigen Gentleman im hellen Blazer, die Straße entlangröhrt, als komme er direkt aus dem Reich der Sahibs in die indische Gegenwart gefahren.

Es ist dunkel geworden, als ich noch einmal zum ‚Palast der Winde', zum *Hava Mahal*, gehe. Dieses fünfstöckige Kunstwerk aus Erkern, vergitterten Fenstern und kleinen Balkonen ist wohl die raffinierteste Zuschauer-Galerie des Morgenlandes. Denn das Gebäude, bekannteste Sehenswürdigkeit von Jaipur, wurde vor gut 200 Jahren nur zu einem Zweck errichtet: Die Damen des königlichen Harems sollten alle Aufmärsche und den Straßenalltag anschauen können, ohne selbst gesehen zu werden. Nichts als schöne Fassade also, dieser Palast, durch den jetzt der Wind pfeift, schön anzusehen auch von der Rückfront, die das Geheimnis von einst jedem Besucher offenbart. Noch immer, auch jetzt im Mondlicht, schimmert die Stadt, die so provinziell wirkt und doch weit über eine Million Einwohner hat, in weichem Rosa."

Kalkutta: Der Alptraum und die Hoffnung

Sudder Street, mitten im alten Kalkutta. Lastenträger und Verkäufer drängen sich durch Scharen von Bettlern, Kindern, Großfamilien. Rikscha-Wallas, Männer, die das zweirädrige Gefährt ziehen und denen dabei die Rippen aus dem Brustkorb heraustreten, klingeln sich durch das Chaos. Schwarzgelbe Taxis versuchen an Lastwagen und Dreiradautos vorbeizukommen. Wer stärker ist, setzt sich durch. Der erste Eindruck: Menschen und Menschen und Menschen, so viele, so elend wie wohl nirgendwo sonst auf diesem Planeten. Dabei liegt die Sudder Street in einem der feinsten Viertel der Stadt, einer Stadt, die in aller Welt für unbeschreibliche Lebensumstände steht, für Hunger und Lepra, für Armut und Hoffnungslosigkeit. Jawaharlal Nehru, der erste Premier, ein Schöngeist aus der Brahmanenkaste, dem die hitzköpfigen Bengalen stets fremdgeblieben waren, nannte die ungeliebte Metropole am Ganges schon vor vierzig Jahren eine „Stadt der Alpträume und Prozessionen".
Sudder Street, Park Street, Chowringhee: Hier standen einmal Villen und Lagerhäuser, hier liegen die Wurzeln Britisch-Indiens, und wohl auch die Wurzeln allen Übels. Und in dieser stinkenden Hölle steht ein gepflegtes Herrenhaus, fast so alt wie Kalkutta, das bis 1912 die glanzvolle Hauptstadt der Kolonie und des nachmaligen Kaiserreichs Indien war. Das Gebäude, das Hotel „Fairlawn", und besonders der säulengeschmückte Innenhof, wirken wie die Kulisse zu einem Stück, das eigentlich seit 1947 abgesetzt ist, aber dennoch jeden Tag aufgeführt wird. Hauptdarsteller sind die Kellner, Herren, die ihren Turban mit herausfordernder Würde tragen und den Tee mit herablassender Nonchalance servieren. Und natürlich Engländer auf der Suche nach der verlorenen Zeit, Globetrotter alten Stils, mit dem geradezu selbstverständlichen Hang zur Nostalgie. Die Atmosphäre ist so anglo-indisch wie eh und je, und die Herrschaften werden zum Essen gebeten, als seien nicht Jahrzehnte ins Land gegangen: „Sahib, Memsahib, dinner is ready ..."
Zehn, zwölf Schritte von dieser Idylle entfernt – man darf, denke ich, solche Relikte aus der Kolonialzeit gern haben, ohne deshalb diese Epoche der Unterdrückung zu verklären –, draußen vor dem Zaun, rutschen Bettler auf Beinstümpfen hinter Passanten her, andere klammern sich mit verkrüppelten Armen an alle, von denen sie sich ein Almosen erhoffen. Frauen, ausgemergelt und mit stumpfen Augen, strecken ihre Babies dem Fremden entgegen. Der flüchtet, vor allem in den ersten

„Calcutta – wer dich gesehen hat, bleibt verletzt, irritiert, sieht sein Leben anders, stellt andere Fragen ..."

Ingeborg Drewitz (1923–1986)

Gegenüberliegende Seite:
Auch einfache Landfrauen tragen in Rajasthan, Gujarat und anderen Provinzen des Nordens und Westens schweren Silberschmuck an fast allen Teilen des Körpers – er bedeutet ihnen Selbstbewußtsein, Schönheitsideal und eine Art Lebensversicherung.

Kalkutta: Der Alptraum und die Hoffnung

Gegenüberliegende Seite: Kalkutta ist die einzige Großstadt, wo noch Rikscha-Wallahs, sogenannte „Pferdemenschen", Menschen und andere schwere Lasten durch das Verkehrschaos ziehen.

Tagen seines Aufenthalts, immer wieder auf solche Inseln, in Gärten und Hotels, um den obszönen Alptraum zu verdrängen, der Kalkutta heißt – und der doch nur *eines* von vielen Bildern dieser Stadt widerspiegelt, wie wir später sehen werden.

Langsam gehe ich mit einigen Freunden die Sudder Street in Richtung Chowringhee, auf jene Hauptstraße zu, die einmal der Prachtboulevard der Metropole war. Nebeneinander können wir nicht gehen, weil wir sonst auf die Schlafenden treten würden und auf jene, die sich gerade das erbärmliche Lager richten, das ihr Zuhause ist. Rechts und links an den Häuserzeilen sind Reste von Alt-England zu entdecken, Londoner Gotik, viktorianische Klassik. Aber man darf nicht zu lange nach oben auf die verfallenen Fassaden schauen. Die zerlumpten Jungen mit dem Schuhputzkasten unterm Arm lauern auf solche Momente der Unachtsamkeit. Schnell schmieren sie Creme, manchmal auch frische Kuhscheiße, auf die Schuhe, selbst wenn es Sandalen mit nur einem Riemchen sind. Danach, was sonst, muß natürlich geputzt werden.

Magere Rinder laufen zwischen griechischen Götterfiguren herum, Statuen in überwucherten Vorgärten, die einmal zu hochherrschaftlichen Häusern gehört haben. Ratten wieseln über Abfallberge, in denen Kinder und Greise wühlen. Hier im Hotelviertel finden sich oft eßbare Reste oder nützlicher Kleinkram, den man einige Meter weiter in der Gosse anbieten oder tauschen kann.

Die Menschen, über die man so leicht stolpert, die in ihren weißen Laken schwer von den Toten zu unterscheiden sind, die in manchen Hauseingängen liegen, diese Menschen werden „Pavement dwellers" genannt, Pflasterbewohner. Es mögen 300 000 sein, wie es in einer älteren deutschen Zeitschrift heißt, oder auch „nur" hunderttausend, wie eine neuere indische Quelle behauptet. Das Elend läßt sich kaum präzise nachzählen. Eine andere Zahl, immerhin, soll verläßlich sein. Mr. Banerjee, ein Kommunalbeamter, der im alten „Writer's Building" mithilft, das Elend zu verwalten, nennt sie mir, und er schüttelt dabei resignierend mit dem Kopf: Tausend Menschen ziehen jeden Tag vom Land in die Stadt, tausend Menschen zusätzlich, die etwas zu essen suchen, Arbeit, eine Unterkunft – und das in Kalkutta, wo Hunderttausende schon jetzt nicht einmal ein Wellblechdach über dem Kopf haben.

Mr. Banerjee, der von den tausend Hoffnungssuchenden pro Tag erzählt, trägt über seinem weißen Hemd einen Pullunder und darüber, auch in der Gluthitze des bengalischen Sommers, eine abgewetzte Jacke.

Er verdient, wie seine Kollegen, die fast alle so gekleidet sind, etwa siebzig bis achtzig Mark im Monat, und wie sie läßt er sich vielmals am Tag den Tee von einem der Sekretäre bringen. Die Schreiber schauen auf die Sekretäre herab, und die Sekretäre – es gibt kaum Sekretärinnen – auf die Boten, die ihnen den Tee bringen. Vor den Türen warten Bittsteller, und in den Amtsstuben, in denen die pullunder-tragenden Männer ihre Haare einölen, Milchtee trinken und miteinander schwatzen, schimmeln Aktenberge vor sich hin, Papierbündel, vor Jahrzehnten zusammengebunden, kreuz und quer gestapelt, seit Jahren nicht mehr benutzt.

*

Amser Ali gehört nicht zu der privilegierten „Teetrinker-Kaste". Der Bauernsohn aus der benachbarten Provinz Bihar, ein Analphabet wie achtzig Prozent aller Einwohner Kalkuttas, ist mit seinen Eltern und Geschwistern in die Metropole am Ganges gekommen, weil sein Vater nach mehreren Mißernten die Pacht nicht mehr zahlen konnte. Als Rikschafahrer verdient Amser höchstens zwei Mark am Tag. Zwei seiner vier Kinder arbeiten in Fabriken. Das sind düstere Werkstätten, in denen Sieben- und Zehnjährige feilen, Kunststoffteile in giftige Säurebäder tauchen, irgendwelche Hebel bedienen, tausendmal in der Stunde, mindestens sechs Stunden am Tag.
Eine große Familie, zwölf Menschen, mehrere von ihnen schwer tuberkulös, lebt vom Lohn für solche Kinderarbeit und von Amsers unregelmäßigem Einkommen. Wenn ihn selbst der Husten schüttelt oder wenn ein Taxifahrer ihn mal wieder gegen einen Bus gedrängt und dabei sein Bein oder auch nur die hölzerne Rikscha zerquetscht hat, für die er Miete zahlen muß, verdient er wochenlang keine Rupie. Keine Versicherung, keine Krankenkasse hilft dann dem Rikscha-Walla Amser Ali und seiner Familie.
Die zwölf Alis wohnen in einem dunklen, verräucherten Raum, einem Verschlag von etwas mehr als zehn Quadratmetern. Die Hütte, während vieler Monsunstürme beschädigt und immer wieder notdürftig hergerichtet, steht, neben hundert ähnlichen Verschlägen, in einer Gasse des Bustees Shibpur. Bustee (Basti) heißen überall in indischen Millionenstädten die Slumviertel. Dort leben kleine Handwerker, Rikschamänner wie Amser Ali, Bürodiener, Tagelöhner, auch viele Händler des unglaublichen Krimskrams, der am Straßenrand angeboten wird.
Anders als in Bombay oder Madras gehören die meisten Bustees ausge-

rechnet im kommunistisch regierten Kalkutta privaten Landlords. Diese „Tika Tenants", Großgrundbesitzer seit alters her, politisch nach allen Seiten abgesichert, machen sich die Hände nicht schmutzig. Sie verpachten den Grund, und ihre Pächter bauen Hütten darauf, so armselige wie die der Familie Ali.

Dreitausend Elendsquartiere soll es in Kalkutta geben, kleine mit ein paar tausend Einwohnern, große wie Shibpur, wo sich dreißigtausend Menschen auf höchstens einem Quadratkilometer drängen, fast alles Moslems. Sie müssen ihr Wasser aus den wenigen Brunnen holen, vor denen sich die Frauen am frühen Morgen einfinden, bevor der Muezzin zum ersten Gebet ruft.

Nicht einmal fünf Millionen, weit weniger als die Hälfte aller Einwohner, sind ans städtische Wassernetz angeschlossen. Kanalisation gibt es sowieso nur im Zentrum. Die Rohre wurden vor hundert Jahren gelegt und seither niemals erneuert. Kalkuttas Infrastruktur, lange vor dem Ersten Weltkrieg auf höchstens eine Million Einwohner angelegt, muß jetzt elf oder zwölf Millionen Menschen versorgen, die genaue Zahl kennt keiner. Jeden Tag bricht das Stromnetz mindestens dreimal zusammen, und wenn der große Regen kommt, stehen die meisten Bustees unter Wasser, von Fäkalien umspült.

*

Es ist stickig-heiß in der Wohnung der Alis. Der Ventilator an der Decke, vielfach geflickt und für fünfzig Pfennig im Monat gemietet, verrührt die dicke Luft nur mäßig. Sie riecht nach Armut und Krankheit. Amsers Frau, scheu wie alle indischen Ehefrauen, wenn ein Fremder in der Nähe ist, hat Tee gekocht. Sie ist in der rußgeschwärzten Küche kaum zu erkennen. Eine alte Frau, Nachbarin oder Verwandte der Alis, fegt den harten Lehmboden vor der Tür wohl schon zum zehnten Male an diesem Tag. In der Hütte stehen die Töpfe geordnet auf einem Regal, Hemden und Hosen hängen gefaltet über einem Draht. Zwei Kinder servieren die dampfenden Becher, eine Geste der Gastfreundschaft, die rührend wirkt in dieser Umgebung. Aber sie ist selbstverständlich in Bengalen, auch hier, in diesem Bustee, durch das die Abwässer fließen, und in dem Myriaden von Fliegen Exkremente und Rattenkadaver genauso besetzt halten wie die Fleischbrocken in den elenden Auslagen der Schlachter.

Gegen sechs Uhr abends legt sich blauschwarze Dunkelheit über Kalkutta, so rasch wie überall in den Tropen. Schon vier Stunden später fällt die Stadt in einen lähmenden Schlaf, aus dem sie aber bald wieder erwacht, taumelnd, noch vor der kurzen Dämmerung, vor dem hemmungslosen Gekreische der Aaskrähen. Nur für kurze Zeit lastet also dumpfe Stille über dem Viertel, das Shibpur heißt, das aber ebensogut Anand Nagar sein könnte, die „Stadt der Freude". So hat der Schriftsteller Dominique Lapierre seinen erschütternden Erlebnisbericht über ein Slumgebiet in Kalkutta überschrieben, ein Moslemquartier wie Shibpur. Auch Anand Nagar liegt, wie Amser Alis Viertel, jenseits des Ganges, in der wuchernden Vorstadt Howrah. Lapierres Bestseller, der Hoffnung gewidmet, machte den Kampf eines französischen Arbeiterpriesters gegen Hunger und Krankheit bekannt in aller Welt. In seinem geduldig recherchierten Buch nennt ihn der Autor Paul Lambert „Großer Bruder Paul". In Wirklichkeit heißt er François Laborde, aber alle sagen „Father Laborde" zu ihm.

Seit zwanzig Jahren lebt und arbeitet der Pater in Kalkutta. Mit inzwischen fast 200 Mitarbeitern hat Father Laborde ein Netzwerk der Nächstenliebe über die am dichtesten bevölkerten Elendsviertel der Erde geknüpft. Es wird von Spenden aus aller Welt finanziert, auch von Tantiemen des Erfolgsautors Dominique Lapierre, der im übrigen, zusammen mit Larry Collins, das spannendste Buch über den indischen Weg zur Unabhängigkeit geschrieben hat („Um Mitternacht die Freiheit"). Über sich mag Father Laborde nicht gern reden: „Lassen Sie uns lieber über Mutter Teresa sprechen", sagt er, wenn er nach seiner Arbeit gefragt wird, „oder noch besser: Schauen Sie sich an, was sie bewirkt hat, zum Beispiel im sogenannten Sterbehaus …"

*

Der Weg auf die andere Seite des Ganges, der hier Hooghly heißt, aber auch „Ganga" genannt wird – Heilige Mutter Ganga –, ist mühsam. Auf der Howrah-Brücke geht nichts mehr. Unser Taxi ist eingekeilt zwischen Ochsengespannen und Trambahnwagen, die viel älter sind als diese Brücke, die 1943 von den Briten gebaut wurde. Die Straßenbahnen stammen größtenteils noch aus der Zeit des Ersten Weltkriegs. Weil der Strom ausgefallen ist, stehen sie mal wieder still. Und weil drüben, auf der City-Seite, Hitzköpfe mit Transparenten die Auffahrt zur gewaltigen Brückenkonstruktion versperren, sieht es so aus, als würde heute noch die ganze Stadt am Verkehr ersticken. Diesmal, so erzählt der Fahrer, demonstrieren da vorne einige tausend Menschen für einen eigenen Bundesstaat, zusammengepuzzelt aus Teilen West-Bengalens (wozu

Kalkutta: Der Alptraum und die Hoffnung

Kalkutta gehört) und Teilen Bihars. Morgen mögen es Bewohner eines wild aufgebauten Bustees sein, die gegen ihre Räumung, gegen Bulldozer, gegen Polizei, gegen die Macht anbrüllen, der sie doch so ohnmächtig ausgeliefert sind. Demonstrationen, Prozessionen, Chaos ... diesen Alptraum muß Nehru gemeint haben.

Flußabwärts, ein paar hundert Meter weiter südlich, ragen Betonpfeiler aus dem Wasser, Stümpfe, die daran erinnern, daß eigentlich seit zwanzig Jahren an einer zweiten Brücke gebaut wird – oder nicht gebaut wird, oder bald wieder gebaut wird ... der Taxifahrer weiß nichts Genaues, der Bürgermeister wohl auch nicht.

*

Beißender Dunst aus ungebremsten Industrieabgasen und hunderttausend Kanisteröfen hat die Sonne verschluckt. An jedem Morgen und an jedem Nachmittag reißt der Gestank verbrannten Kots, des Brennstoffs der Massen, die am Straßenrand kochen, die Schleimhäute auf. Der heiße Staub dringt rasch in die Nebenhöhlen und irgendwann, bald, in den Brustkorb, in die Lunge. Gestern stand im „Statesman", der Lokalzeitung, die auch über das Gangesdelta hinaus Ansehen genießt, daß Kalkuttas Luft inzwischen mit weit über 600 Mikrogramm Staub pro Kubikmeter verseucht ist – 150 gelten international als oberste Grenze. Die Hälfte der Bevölkerung, fast alle Kinder, die meisten Riksha-Wallas und Lastenträger, leiden unter Bronchitis, Lungenentzündung, offener Tuberkulose, anderen schweren Atemwegserkrankungen.

*

Am Maidan, dem parkähnlichen Freigelände im Herzen der Stadt, drei mal fünf Kilometer groß, lassen Kinder Luftballons und Drachen steigen. Und vor dem Indischen Museum, das wie kein anderes Gebäude den morbiden Charme einer untergegangenen Epoche ausstrahlt, drängen sich herausgeputzte Familien des Mittelstands vor den Eintrittsschaltern. Hier, und auch am monströs-eindrucksvollen Denkmal der Queen Victoria, das die Geschichte Britisch-Indiens erzählt, wirkt Kalkutta auf einmal heiter, bunt und blühend. Victoria Memorial: eine gleißende Marmortorte, ein Mausoleum kolonialen Größenwahns, Spiegelbild britischen Selbstverständnisses zu Beginn des 20. Jahrhunderts. Kleine Inder in pinkfarbenen Kleidchen oder weißen Shorts, weißen Hemden und blauen Mini-Krawatten toben zwischen Kanonen umher, die von den Nabobs und Nizams, von Maharajas und Maharanas gestiftet wurden, so wie das ganze Denkmal von einheimischen Potentaten finanziert wurde. Jeder Reisende, jeder Kalkutta-Besucher sollte sich die Bilder- und Waffensammlungen ansehen, sollte die Atmosphäre eines indischen Sonntags miterleben, wenn das Memorial – ebenso wie das nicht minder besuchenswerte Museum – zum Ausflugsziel für Familien wird: Spurensuche.

*

Kalkutta ist etwas über dreihundert Jahre alt. 150 Jahre lang spielte es die führende Rolle in Britisch-Indien. Job Charnock, ein Händler der East India Company, schug 1690 als erster Engländer seine Zelte in den Fiebersümpfen des Gangesdeltas auf. Und noch ein Name ragt aus der Stadtgeschichte, die ja die Geschichte der letzten drei Jahrhunderte auf diesem Subkontinent ist: Robert Clive. Er gewann Bengalen für die Briten, im Kampf gegen die Franzosen und die mit ihnen verbündeten einheimischen Fürsten. Dabei bereicherte er sich zwar kräftig, aber wohl gefühlt hat er sich nicht am Hooghly. Für ihn blieb Kalkutta „der schlimmste Ort des Universums".

Seit 1773 regierte hier ein englischer Generalgouverneur. Die Handelsniederlassung wuchs zu einer großen Kolonie aus, schließlich zum Kaiserreich, zum Juwel in Viktorias Krone. Seit Clives Zeiten war Kalkutta die Metropole dieses gewaltigen Reichs. Erst 1911, als die Verlegung der Hauptstadt nach Neu Delhi proklamiert wurde, endeten der Glanz und die Glorie Kalkuttas. Noch viel folgenschwerer traf die Stadt am Ganges die Teilung nach der Unabhängigkeit: Das Hinterland fiel an Ost-Pakistan (heute Bangladesh); Millionen von Hindu-Flüchtlingen strömten nach 1947 in die Stadt. Davon hat sie sich nie wieder erholt.

*

Das Haus der Barmherzigkeit, das alle „Sterbehaus" nennen, ist eigentlich eine Station für Schwerkranke, von der Friedensnobelpreisträgerin Mutter Teresa gegründet. Menschen werden hier gepflegt, gebadet, ihre Schmerzen gelindert, Menschen, die sonst auf der Straße vor sich hin gestorben wären, wimmernde Bündel, wie ich sie in allen Vierteln gesehen habe, wie jeder Besucher dieser Stadt sie sieht. Niemand kann in Kalkutta dem Elend ausweichen. Die Menschen, die im Sterbehaus liegen, Kinder mit Greisenköpfen, Männer und Frauen, bis zum Skelett abgemagert, andere mit eiternden Wunden, aus denen gestern noch die Madenwürmer gekrochen sind, diese Menschen hatten das Glück, von den „Missionarinnen der Nächstenliebe", so heißt der Orden der Mutter Teresa, und ihren Helfern aufgelesen zu werden. Jetzt können sie in

Kalkutta: Der Alptraum und die Hoffnung

Würde sterben – oder aber, was gar nicht so selten geschieht, das Haus verlassen, vielleicht nicht geheilt, aber doch gebessert. Der Lebenswille ist stark in dieser Wahnsinnsstadt.

*

Direkt neben dem Sterbehaus steht der Tempel der Göttin Kali. Sie hat der Stadt den Namen gegeben. Die Stufen des Tempels, die Ghats, gehen auf einen kanalisierten Seitenarm des Tempels hinunter. Aus dem *Kali Ghat,* einem Ort höchster Verehrung für eine alles verschlingende, uralte Muttergottheit machten die Engländer Calcutta (Kalkutta). Heute ist Sonnabend, ein glücksbringender Tag für alle Tempelbesucher, genau wie der Dienstag. Aber es stinkt im Allerheiligsten wie in einer Kloake. Auf dem Boden, zwischen Urinlachen und Blutseen, hocken Brahmanen, zelebrieren und kassieren. Ziegen stoßen Todesschreie aus. Sie werden auf einer hölzernen Guillotine geköpft, auf der früher auch junge Männer ihr Leben für Kali ließen, bis die Engländer solche Menschenopfer verboten. Nur mit Blut, so glauben viele Hindus, läßt sich Kali immer wieder aufs Neue besänftigen. An manchen Feiertagen, behaupten bengalische Freunde und es schaudert sie nicht dabei, waten die Pilger hier bis zu den Knöcheln im Blut.

Die Herrin über Leben und Tod erscheint den Gläubigen auf unzähligen Bildern; schreckenerregend, mit vier Armen, einer Zunge, die aus blutigem Mund zwischen spitzen Zähnen heraushängt. Den Leib schmückt ein Rock aus Menschenarmen, den Hals eine Kette aus Schädeln, die sie Dämonen abgeschlagen hat. Sogar ihren Göttergatten, den großen Shiva, wollte sie umbringen, auch ihm den Kopf vom Rumpfe trennen. Dabei, so berichtet die Sage aus der indischen Götterwelt, schoß ihr die Zunge aus dem Rachen – vor Scham. Seither tanzt sie auf den Totenäckern, nackt, ungehemmt, die prallen Brüste voller Milch, den geschmeidigen Leib mit Widerwärtigkeiten behängt. Und doch ist auch diese grauenhafte Göttin nur eine Manifestation der Shakti, der weiblichen Energie Shivas, die in so vielen Erscheinungen auftritt.

In Kalkutta, auch in Delhi, wird häufiger von Durga, der „schwer Zugänglichen" gesprochen; dies ein anderer Name für Kali, die auch „die Schwarze" genannt wird. Sie ist wiederum dieselbe, die anderenorts als Parvati verehrt wir, als liebende Gattin Shivas, als wohltätige, mütterliche und schöne Göttin. Und doch bleibt Kali das Symbol Kalkuttas, denn Kali heißt auch „Zeit" – die Zeit, die alles verschlingt, aber gleichzeitig immer wieder Neues hervorbringt.

Kalkutta: Der Alptraum und die Hoffnung

Ohne Tod gibt es kein neues Leben. Viele Pujas, heilige Handlungen, gelten darum auch den Toten, die ein paar Schritte weiter verbrannt werden. Fünf Tage lang pendeln die Verstorbenen zwischen Himmel und Hölle, wie mir ein Priester erzählt. Es ist leicht, an solchen Orten mit Brahmanen ins Gespräch zu kommen, wenn diese etwas englisch sprechen. Die Hindus haben hier, wie an den meisten heiligen Plätzen, nichts dagegen, wenn Fremde ihre Handlungen und Huldigungen beobachten. Aber die Toleranz darf nicht mißverstanden werden. Wer Tieropfer fotografiert, wer Elend und Chaos als pittoreske Kulisse ansieht, wer heilige Zeremonien – und mögen sie uns noch so abstoßend erscheinen – für schaurig-schöne Schnappschüsse nutzt, kann rasch Ärger bekommen.

Der Tempel nimmt viel Geld ein, Durgas Dienern geht es gut. Nur ein kleiner Teil der Opfergelder geht an die Ärmsten. Sie werden im Innenhof verpflegt. Eine lange Schlange elender Gestalten schiebt sich großen, dampfenden Kesseln entgegen. Wer an der Reihe ist, bekommt eine Portion Reis und etwas Gemüse auf einem Bananenblatt serviert. Andere, denen es besser geht, Busfahrer, Taxichauffeure, kaufen sich Kalis Beistand. Sie bremsen ihre altersschwachen Fahrzeuge vor dem häßlichen Kuppelbau ab, der erst seit hundert Jahren Kalis Wohnstatt ist (vorher stand hier ein anderer Tempel). Gegen ein paar Paisas erwerben sie Blütenketten, lassen sie von Priestern mit heiligem Wasser besprenkeln und dann über Kühlerfiguren oder Innenspiegel hängen. Dreimal umrunden die Chauffeure dann im Strom der Pilger die schreckliche Göttin, verneigen sich, sprechen Mantras - und stürzen sich, erfrischt und voller Hoffnung, mit ihren Fahrzeugen zurück in den alltäglichen Horror.

*

In einer deutschen Zeitung lese ich einen Bericht über Kalkutta, der den Titel „Die Totgeburt" trägt. Mehrfach ist darin von der „sterbenden Stadt" die Rede. So hatte sie vor einigen Jahren auch Rajiv Gandhi genannt, Nehrus Enkel. Mit dieser Bemerkung zog er sich prompt den Zorn der heißblütigen Bengalen zu. Nein, solche Klischees werden der Stadt nicht gerecht. Denn die pausenlose Katastrophe hat ihre wunderbaren Seiten. Kalkutta, der Alptraum, bebt zugleich vor Lebenslust, fiebert vor kultureller Kraft, giert geradezu nach Poesie und Schönheit. Nirgendwo in Indien werden mehr ambitionierte Filme gedreht; nirgendwo gibt es soviele Hochschulen – angeblich über tausend; nirgendwo spielen soviele Theater – 1200 sollen es sein; nirgendwo sonst hängen an den Kiosken soviele Literaturzeitschriften – 700, so lese ich, erscheinen in dieser Kultur- und Kunstmetropole des Subkontinents. Denn auch das ist Kalkutta: die Stadt des bengalischen Dichterfürsten Rabindranath Tagore, der Indiens erster Nobelpreisträger war, die Stadt der Philosophen Ramakrishna, Vivekananda, Aurobindo, die Hochburg der indischen Revolutionäre und Intellektuellen.

Eine von ihnen ist Bachi Karkari, eine Journalistin, die lange für den „Statesman" geschrieben hat. Von ihr stammt die, wie ich meine, hoffnungsvollste Einschätzung der Lage. Ich verdanke das Zitat Gabriele Venzky, einer deutschen Zeitungskorrespondentin, die lange in Indien gelebt hat und dieses Land mit der gleichen kritischen Zuneigung beobachtet und beschreibt wie ihre Kollegin Bachi Karkari: „Wenn demnächst das letzte Stückchen Lebensqualität verschwindet, dann ist das für die Leute von Kalkutta noch immer nicht das Ende der Welt. Denn ihre Welt orientiert sich nicht an Zügen, die auf die Minute fahren oder an Städten, die wie ein Uhrwerk funktionieren. Die Menschen hier haben ihre eigenen Sicherheitsventile, Alternativen, die ihnen mehr bedeuten – ihre Tagore-Lieder, ihre Religion, ihren Traum von der Revolution. Kalkutta ist darum noch weit entfernt vom ewigen Schlaf."

Kaschmir: Traumschiff auf dem Dal-See

„Wenn es ein Paradies auf Erden gibt, dann ist es hier, dann ist es hier …"

Jahangir, Großmogul von 1605 bis 1627, beim Anblick des Kaschmir-Tals

Ein starker Typ, dieser weißbärtige Kugelkopf, der da vor uns auf einem Seidenteppich hockt. Eben noch hat er beschwörend die Arme zu Allah gestreckt und mit seinen listigen Augen gerollt. Im nächsten Moment verneigt er sich in einer Gebärde der Demut, und jetzt kreuzt er die Hände vor der Brust, horcht in sich hinein und genießt seinen Auftritt.

Der Kugelkopf, den das weiße Strickkäppi der gläubigen Moslems ziert, spielt mal den abgeklärten Weisen mal den gütignaiven Alten, wenn es sein muß auch den jugendlichen Liebhaber. Aber der jüngste ist er wirklich nicht mehr, „irgendwo zwischen 68 und 86 …". Mister Butt, so heißt dieser Held des orientalischen Verkaufs-Theaters, ist Teppichhändler, ein königlicher Kaufmann unter den Kaschmiris, ein Buddenbrook des Basars.

„Was für ein herrlicher Morgen", so hat er uns vorhin begrüßt: „Die Sonne scheint, eine leichte Brise weht von den Bergen herunter, und um das Glück vollkommen zu machen, schauen Sie sich bei mir die schönsten Teppiche Indiens an, vielleicht die schönsten der Welt …"

Immerhin, so ruft uns Mister Butt in Erinnerung, und seine Stimme vibriert dabei, immerhin haben Familien jahrelang an manchem Stück gearbeitet und dabei sogar ihre Seelen in die Seidenknoten geknüpft …

Dieser Morgen in Srinagar ist wirklich schön, daran gibt es keine Zweifel. Die weißen Gipfel am Horizont, Ausläufer des Himalayas, leuchten frisch, und aus den Obstgärten duftet es intensiv, die Stimmung ist verführerisch. Und dennoch, Mister Butt ist ganz erstaunt, kauft an diesem Tag keiner von uns einen Teppich. Nicht einmal das Knüpfwerkzeug, das uns an den Webstühlen angeboten wird, wenn der Kugelkopf nicht daneben steht, findet einen Abnehmer in unserer kleinen Reisegruppe. Noch können wir widerstehen.

*

Srinagar, die Hauptstadt von „Jammu und Kaschmir", dem nördlichsten Bundesstaat Indiens, dem einzigen mit einer Moslem-Mehrheit, gehört nicht zu den magischen Städten Asiens. Auf den ersten Blick sieht sie eher schäbig aus. Nirgendwo glitzern goldene Kuppeln, der Lack an den Holzhäusern, die einmal vornehm gewesen sein mögen, ist abgeblättert. Aber schon nach zwei, drei Stunden, die wir allein oder zu zweit durch die Gassen streifen, hat die Halbmillionenstadt ein anderes Gesicht bekommen, spannender als zunächst vermutet.

Händler hocken auf Reissäcken und ziehen an ihren Wasserpfeifen. Am Ufer des stinkenden Jhelum-Flusses schleudern Angehörige der Wäscherkaste die ihnen anvertrauten Stoffe auf die Steinstufen. Verkäufer wiegen ihre Waren, Berge von Chili, Curry und Hundert andere Gewürze, mit großen gußeisernen Waagen und Gewichten, die schon früheren Generationen dienten. Lastenträger suchen sich ihren Weg durchs Gewühl, Pferdekutschen weichen klapprigen Taxis aus, auf den Dächern morscher Wohnboote trocknet Futter für Rinder, die sich nebenan im seichten schlammigen Wasser wälzen. Zimt- und Kardamom-Düfte wehen aus den Teestuben, und eine Ecke weiter riecht es streng nach Abfall und Verwesung.

Srinagar auf den zweiten Blick: Die Moscheen fallen ins Auge, aber sie sehen so ganz anders aus als im übrigen Orient. Ihre Pagodentürme, vor allem die der herausragenden Shah Hamadan, erinnern an den angrenzenden buddhistischen Kulturkreis. Hinter den hohen Bergen, die dieses Tal einrahmen, beginnt nach Norden zu Zentralasien Ladakh, auch Klein-Tibet genannt. Es ist noch Teil dieser indischen Region, Teil des Unionsstaates Jammu und Kaschmir. Das eigentliche Tibet liegt auf der anderen Seite der Eisgipfel.

Shah Hamadan, ein Heiliger der Moslems: vor einem halben Jahrtausend soll er, so heißt es unter den frommen Anhängern des Propheten, hier Millionen von Hindus ganz ohne Gewalt zu Allah bekehrt haben. So heilig ist das Gotteshaus, das seinen Namen trägt, das ein Ungläubiger es heute noch nicht betreten darf. Immerhin: Durch die geöffnete Tür dürfen auch wir einen Blick auf Decken und Wände werfen, die aus Pappmaché gearbeitet sind, eine kunsthandwerkliche Spezialität im Glücklichen Tal. Auch die zweite Moschee von Berühmtheit, die große Freitagsmoschee, Jama Masjid, fällt auf, kein Holzbau wie die des Shah Hamadan, sondern aus Ziegeln gefertigt. Aber sie ruht auf 300 Säulen aus Zedernholz. Auch die Kolonnaden, die um den viereckigen Bau laufen, sind aus diesem Holz geschnitzt.

Unzählige Kanäle, Flüsse und Bäche zweigen vom Jhelum ab, der sich träge durch Srinagar schiebt. Er kommt als Gebirgsstrom aus dem Karakorum, wo er in der Eisregion des Nanga Parbat entspringt. Dieser Teil des Dachs der Welt gehört zu Pakistan, kaum 150 Kilometer entfernt von unserem grünen Tal. Einige Wasserläufe, die das Gassengewirr im alten Viertel Srinagars durchschneiden, münden vor den Toren der Stadt in den Dal-See. Dort, und auf dem stilleren Nagin-See, einige

Kilometer weiter, liegen rund tausend Hausboote fest vertäut, einfache, komfortable und luxuriöse. Sie sind für die meisten Besucher das Ziel, Kaschmirs unverwechselbare Attraktion.

Mit einer Shikara, einem gondelähnlichen Wassertaxi, lassen wir uns gemächlich über den See rudern, vorbei an kleinen und großen Hausbooten, deren Namen auf die Pracht ihres Innenlebens hinweisen sollen: „Hollywood" und „Himmelskönigin" heißen sie, aber auch „Kuß der Seele", „Held des Tages" und – warum nicht auch in Kaschmir? – „Traumschiff".

*

Geschickt und lautlos taucht unser Rudersmann, der am Heck der Shikara kniet, das herzförmige Paddel ins Wasser. Sanft legt er am Steg unseres Hausbootes an. „Athena Palace" heißt es, ein großes Boot der Luxusklasse, fast vierzig Meter lang. Eine Treppe führt auf die Veranda, die mit Clubsesseln und dicken Polstern behaglich eingerichtet ist. An die Veranda schließt sich der Salon an, plüschig möbliert, eine Mischung aus orientalischen und kolonial-britischen Elementen.

Die Engländer waren es auch, die schon vor der Jahrhundertwende vor der Hitze und dem Monsun in dieses gesegnete Tal flüchteten. Weil ihnen der damalige Maharaja von Kaschmir Grunderwerb verbot, kamen sie auf die Idee, ihren Sommersitz aufs Wasser zu verlegen. Sie ließen aus Zedern- und Pinienholz immer mehr Boote bauen, die Kunsthandwerker des Tales zimmerten Möbel aus Walnußholz, schnitzten Ornamente in die Fensterrahmen und schmückten die Wandpaneele mit Blumenmustern, wie sie auch die Teppiche dieser Gegend zieren. Und in die Salons stellten die Briten gemütliche Sessel, viktorianische Vitrinen und Bücherschränke, damit es wie daheim im Club aussah.

An diesem Stil hat sich wenig verändert. Nur liegen heute öfter zerlesene deutsche Illustrierten auf den Beistelltischchen, seltener die „Times" aus London. Salon, Eßzimmer, eine Pantry mit Samowar für den „early morning-" und den Nachmittags-Tee. Ein langer Korridor, von dem die geräumigen und blitzsauberen Schlafzimmer abgehen, fünf auf der „Athena Palace", zwei oder drei auf den etwas kleineren Hausbooten – so ungefähr sieht der Grundriß aus.

Künstliche Inseln gliedern den See, schwimmende Gärten aus Schilf- und Wurzelgeflecht, Schlammbeete für alle Arten von Gemüse, daneben Wohnhäuser und Werkstätten auf Stelzen, ganze „Straßen" lang, eine Stadt mitten im See. Rosafarbener Lotos und weiße Wasserlilien

Kaschmir: Traumschiff auf dem Dal-See

blühen in einer glitzernden Wiese aus Entengrütze. Die Schönheit trügt. Der See, schon jetzt arg veralgt, stirbt an sich selbst, wenn weiterhin alle Hausboote ihre Abfälle ungeklärt in das Wasser geben.

Im Mittelalter glänzte Srinagar als Metropole mächtiger Hindu-Königreiche. Später waren es immer wieder Moslems, die das grüne Tal eroberten, das nur 150 Kilometer lang und knapp 50 Kilometer breit ist. So streckten neben anderen Eindringlingen die Mogulkaiser ihre Hand nach Kaschmir aus, die Sikhs und die Afghanen. Die Engländer, lange Zeit die Kolonialherren in Indien, verkauften die Himalaya-Oase 1846 für eine Menge Geld – und für jährlich zwölf Ziegen, ein Pferd und sechs jener feinen Schals, die den Weltruhm der Kaschmirwolle begründeten. Partner dieses merkwürdigen Handels war ein Maharaja, ein Hindu-Fürst.

Hundert Jahre später, als der Subkontinent nach dem Abzug der Briten in das Hindu-Land Indien und den islamischen Staat Pakistan zerfiel, war es für die meisten Einwohner Kaschmirs selbstverständlich, daß ihre Gebirgsprovinz der neuen Republik ihrer Glaubensbrüder angegliedert würde. Weil aber der Maharaja noch immer ein Hindu war, der gar nicht daran dachte, sein Land mit Pakistan zu vereinigen, und weil „Pandit" Nehru, Indiens erst Premierminister, dessen Familie ursprünglich aus Kaschmir stammte, dieses strategisch wichtige Bergland unbedingt behalten wollte, gab es Krieg, schon mehrfach in den letzten Jahrzehnten. Die Folge: Teile der Provinz sind heute von Pakistanern besetzt; eine kleine Ecke im Nordosten, in der Eis- und Schneeregion der Achttausender, hält China unter Kontrolle.

Allein sitze ich auf der Veranda und schaue über den See. Wenn ich will, kann ich jetzt eine Lotosblüte kaufen oder einen Kodakfilm, ich kann mich massieren oder rasieren lassen und eine zehntägige Trekkingtour ins buddhistische Ladakh buchen. Die Welt steht mir offen, und ihre Waren liegen mir zu Füßen, weil alle Augenblicke eine Shikara vor dem Palast der „Athena" haltmacht und Händler oder Handwerker ihre diversen Dienste anbieten, lächelnd, liebenswürdig, listig.

*

Abdul, unser Koch, freut sich. Wir mögen die Spezialitäten seiner Heimat. Also gibt es, nach jeweiliger Absprache am Vortag, mal Curry-Hühnchen mit Blumenkohl, mal Hammel in Milch und Mandeln gekocht. Die Zutaten werden morgens auf dem schwimmenden Markt gekauft, ein lohnendes Ziel für einen frühen Ausflug.

Folgende Doppelseite: Im einstmals „Glücklichen Tal" von Kaschmir: Hausboote vor der Kulisse der Himalaya-Vorberge.

Nebel liegt noch über dem See, als wir vor Sonnenaufgang in die Shikara steigen. Immer mehr Gondeln treffen sich am Rande des Gemüsepontons, reiben sich aneinander, schieben sich zusammen wie die Stäbe eines großen Mikado-Spiels. Berge von Kürbis drücken einige der schmalen Boote tief ins Wasser, andere sind mit Tomaten, Gurken, Kohlrabi oder mit Touristen beladen. Eine halbe Stunde später löst sich der Handel auf, die Sonne steigt gerade über die Berge. Das bunte Gefieder eines Eisvogels glitzert in ihren Strahlen, am Ufer leuchten Pappeln safranglühend auf und Chinabäume, die Platanen Nordindiens, glänzen scharlachfarben.

Pappeln sind die charakteristischen Bäume der Hochebene von Kaschmir. Sie säumen auch die Landstraße in Richtung Jammu, der Winterresidenz der Landesregierung. Wir benutzen diese vielbefahrene Verkehrsader bei einem Taxi-Ausflug, zunächst bis zu den Ruinen von Avantiswami. Tausend Jahre und länger lagen hier verfallene Hindu-Tempel im Abseits, bis sie 1920 entekct wurden. Ein paar Kilometer weiter, bei Anantnag, biegen wir nach Norden ab, in die Berge. Almwiesen wechseln mit Safranfeldern, Krokusse wachsen darauf bis zum Horizont. 150 000 dieser Blumen liefern ein Kilo des begehrten Würzstoffes, der zu jedem gutem Curry gehört. Dieses Verhältnis mag den hohen Preis für echten Safran in unseren Geschäften erklären. Die Straße folgt dem Liddar-Fluß, einem schäumenden Wildwasser. Pinien lösen die Pappeln ab, Walnuß- und Ahornbäume bestimmen das Landschaftsbild. Unser Ausflugsziel heißt Pahalgam, ein Bergdorf. Indische Touristen kommen im Sommer zum Reiten und Fischen, im Winter zum Skilaufen. Einige Reiter auf der Dorfstraße haben Breeches und britische Sakkos an, andere sind in Ziegenfelle gehüllt und tragen Turbane auf dem Kopf und Dolche an ihren Gürteln. Manche dieser wilden Männer, die an die Nähe der zentralasiatischen Karawanenwege erinnern, treiben kleine Herden mit Ziegen vorbei. Diese liefern nur einen geringen Teil der weltberühmten Kaschmirwolle, die später in England und anderswo verarbeitet wird – die meisten „Kaschmirziegen", acht Millionen, grasen in der Mongolei.

Türkisblau fließt der Liddar parallel zur Hauptstraße von Pahalgam. In den Hotels und Pensionen mietet sich indischer Mittelstand ein, aber auch alte Briten kommen, und die Stimmung dürfte kaum anders gewesen sein, als die Kolonialherren ihre Frauen und Kinder hierher zur Erholung schickten und auch selbst gern für ein paar kühle Tage zum Rei-

Kaschmir: Traumschiff auf dem Dal-See

ten oder Kricket spielen kamen. Nur manchmal, wenn heilige Männer die Straße entlangziehen, Hindu-Sadhus auf dem Weg zur Armanath-Höhle, vier Tagesmärsche von hier in der Eisregion auf knapp 4000 Metern gelegen, setzt sich der asiatische Charakter des Städtchens durch. Und auch die Wanderer, die harten Trekker, die von Pahalgam nach Ladakh laufen, zwei Wochen lang, sie passieren den hinduistisch-islamischen Kulturkreis und nähern sich Schritt für Schritt der fernen Welt des „Diamantenen Fahrzeugs", dem Buddhismus der tibetischen Prägung.

Pahalgam ist ein gutes Ziel für einen Tagestrip, Gulmarg, mit dem höchstgelegenen Golfplatz der Erde, ein anderes. Auch dies ein bevorzugter Ort der sportiven Anglo-Inder; british, very british, geht es zu in diesen eisblauen und frischen Höhen: „Tea or coffee, Sir?" Tee natürlich, etwas anderes zu bestellen gehört sich nicht in dieser Umgebung. Die feinen Herrschaften kommen zum Angeln, zum Golfen, of course, und im Winter zum Skilaufen. Schon jetzt surren fünf oder sechs kleine und mittlere Lifts an den Pisten entlang. Aber die Kaschmiri und die Touristikmanager in der Zentrale in Delhi haben leider mal wieder Größeres im Sinn. Eine Gondelbahn soll her! Bäume müssen gefällt, ganze Schneisen in den sowieso schon arg dezimierten Bergwald geschlagen werden. Wer fragt schon, ob die Berge das vertragen, ob die Natur sich möglicherweise wehren könnte ...

Wer so hoch nicht hinaus will, sollte am Rande Srinagars, in Sichtweite der Hausboote, wenigstens die Lustgärten der Großmogule besuchen. Quellwasser springt dort seit 300 Jahren in Kaskaden zum Dal-See hinab, es duftet nach Rosen, Astern und Jasmin. Seinerzeit hatte Kaiser Jahangir von diesem Ort, ja, vom ganzen Kaschmirtal behauptet: „Wenn es ein Paradies auf Erden gibt, dann ist es hier, dann ist es hier ..." Heute machen in dieser Umgebung Schulmädchen und Großfamilien Picknick. Beide Gruppen lassen sich mit Wonne fotografieren.

*

Noch einmal ein Spaziergang durch Srinagar. Immer tiefer gerate ich ins Labyrinth der Gassen. Der Geruch, dieser indisch-asiatische Geruch, wird intensiver, der Staub nimmt zu, der scharfe Rauch aus Wasserpfeifen der alten Männer weht wie ein Schleier durch die engen Straßen. Aus einem Gebäude dringen Kinderstimmen. Ein Mann bittet mich in das Haus, es ist die Schule dieses armen Viertels. Die Kinder freuen sich über die Abwechslung, singen und sind dizipliniert-fröhlich.

Folgende Doppelseite: Blumenverkäufer mit Wasserpfeife – einer von vielen „schwimmenden" Händlern auf dem Dal-See in Srinagar.

Im Zimmer des Direktors, „principal" steht an seiner Tür geschrieben, hängt ein Spruchschild: „The roots of education are bitter, but the fruit is sweet."

Eine kleine Moschee im Gassengewirr, ein Grab daneben, ein Mausoleum. Hier liegt, so sagt man mir mit wichtigtuerischen Gebärden, Yus Asaf begraben, kein Geringerer als Jesus ... Uralte Schriften sollen es belegen, und immer wieder, alle fünfzig Jahre, findet sich ein Gelehrter mit einem neuen Beweis. So ein Beleg liegt zum Beispiel in einem buddhistischen Heiligtum versteckt, oben in den Bergen von Ladakh ... Legenden, blumenreich. Sie passen zu dieser Umgebung. Der Ort ist still, geradezu verdächtig still. Nicht einmal Schilder für Touristen führen zum Mausoleum.

Geradezu heiter und hell kommt mir anschließend die Stimmung auf einem ausgedehnten Friedhofsfeld am Stadtrand vor. Eine *Tonga*, ein Pferdewägelchen, parkt unter einem Baum. Schwarzverschleierte Frauen steigen aus, gehen durch den Sand, an den umgestürzten alten Grabsteinen entlang und verlieren sich bald im flirrenden Licht des späten Vormittags. Das Kastell im Hintergrund, die Festung Hari Parbhat, scheint über der Szene zu schweben, wie ein zur Hälfte hochgezogenes Bühnenbild.

Am Jhelum entlang, hier draußen ist er nicht mehr so schlammig, wandere ich den Hausbooten entgegen. Früher, so hat man mir erzählt, gab es hier viele Werften; aber als die Holzpreise ins Unermeßliche gestiegen waren und überdies die Regierung die Verankerung weiterer Hausboote erschwert oder gar verboten hat, verloren die Werften ihren Sinn. Es ist angenehm warm, und auf dem Weg zu meiner palasteigenen Shikara bietet man mir Zuckerwerk und Blumen zum Kauf an, Ledergürtel, Geldbörsen, Postkarten, Filme und, geradezu veschwörerisch, einen besonders billigen Flug nach Khajuraho, zu den Tempeln der Liebe.

Am letzten Abend rahmen Girlanden aus Blüten unsere Gedecke ein. Abdul hat ein *Wawzan*, ein Festmahl, vorbereitet. Bei kaschmirischen Dorfhochzeiten gehören dazu 35 Gänge, 26 davon mit Lamm oder Hammel als Grundlage. Uns reichen die zehn Speisefolgen, die Abdul heute nacheinander aufträgt: Hammel in saurer Sahne, Hammel am Spieß, Hammel als Hamburger, mit Zimt und Ingwer abgeschmeckt, mit Spinat und Zwiebeln geschmort, mit Paprika und Reis gekocht, mit Curries aller Schärfegrade gewürzt, von süßem Kuchen und türkischem Honig gekrönt. Und dann, Abschluß eines jeden Hausboot-Dinners, beginnt die Show der Händler im Salon. Dort wartet, neben anderen Verkaufsgenies, „Krokodil", ein Mann, der nur Lacoste-Hemden trägt, auf sein „Opfer". Das ist heute abend eine Frau aus unserer Reisegruppe, die einen Fellmantel anprobieren möchte, nur so aus Spaß; kaufen, das betont sie immer wieder, will sie den Mantel natürlich nicht. Danach betritt ein Händler die Bühne, der tibetische Rollbilder anbietet, antike und sehr wertvolle, versteht sich: „Good evening, Your Lordship, I'm the Thangka-man ..." Und schließlich, letzter Akt, hat „Pokerface", der Mann mit den Buddha-Figuren, seinen Auftritt. Er packt sie aus, streichelt sie, hält sie mir entgegen, wie an den Abenden zuvor. Aber heute mache ich einen Fehler, den entscheidenden: Ich frage nach dem Preis einer bestimmten Bronzestatue. Der Buddha-Mann holt rasch eine andere Figur herbei, sie soll etwa 50 Mark kosten. Dann gleiten seine Hände zärtlich über Buddha, der mein Interesse gefunden hat: „Look at this face, Sir", sagt er laut, dann leise: „700 Mark, Sir", und nach einer Pause, verächtlich auf den anderen, den 50-Mark-Buddha deutend: „And now look at this face ..."

Der Vorhang ist gefallen. Wir alle packen unsere Souvenirs ein, den Mantel, das Rollbild, die Bronzefigur. Ich wollte sie nicht kaufen, wirklich nicht, bis zuletzt habe ich dem Pokergesicht widerstanden, fast bis zuletzt. Dann aber hat mich das Lächeln des Buddhas umgeworfen. Es war ganz einfach unwiderstehlich.

*

Die Erlebnisse und Bilder, die hier wiedergegeben sind, stammen aus einer Zeit relativer Ruhe; sie hielt im einstmals „Glücklichen Tal" bis zum Sommer 1989 an. Danach wurden aus gelegentlichen Meldungen über kleinere Scharmützel zwischen unruhigen Moslems und den indischen Ordnungskräften bedrohliche Schlagzeilen. Im Sommer 1990 beschuldigten sich Pakistan und Indien gegenseitig immer heftiger, mit der Unterstützung der Hindus beziehungsweise der großen, nach Pakistan orientierten Moslem-Mehrheit, die Vorbereitungen zu einem Krieg zu schüren. Als die Arbeit an diesem Buch abgeschlossen wurde, sah es so aus, als ob ein Reisebericht über Kaschmir für längere Zeit nur wehmütige Erinnerung bleiben würde, nicht aber als stimulierende Geschichte zum Nachreisen tauge. Kaschmir, so scheint es, muß auch in die immer länger werdende Liste der verlorenen Paradiese eingeordnet werden.

Varanasi: Licht von jenseits des Ganges

„Benares (Varanasi) ist älter als die Geschichte, älter als die Tradition, älter sogar als die Legende, und es sieht doppelt so alt aus wie alle drei zusammen."

Mark Twain (1835–1910)

Eben werden an Bord der Boeing, die ich in Delhi bestiegen habe, würzig-heiße Hackbällchen und kalter Limonadensaft serviert, als etwa achttausend Meter unter uns der Ganges aus der grüngelben Ebene leuchtet. Breit und schlammig wirkt er selbst aus dieser Höhe mächtig, ja, erhaben. Er ist die Mutter aller 27 heiligen Ströme Indiens, gespeist aus den Gletscherwassern des Himalaya, aus den Bergen, in denen die Götter wohnen. Aus den *Puranas*, den Götterlegenden aus uralter Zeit, weiß ich, daß die Mutter Ganga einst im Himmel einem Zeh Vishnus entsprang. Später, als die Macht der Gebete eines Heiligen den Fluß auf die Erde holte, fing Shiva seine Kraft auf und lenkte den Strom durch seine Locken ... Ganga Dhara wird seither der Herr der Schöpfung und der Zeugung genannt, das heißt: den Ganges haltend. Und dort, wo der Varuna und der Asi mit dem Ganges zusammentreffen und einen Dreizack bilden, das glitzernde Symbol Shivas, dort entstand Varanasi, die heiligste Stadt Indiens, die älteste der Welt, wie die frommen Hindus sagen, die dieses Varanasi – eine Zusammensetzung aus Varuna und Asi – auch Kashi nennen, Stadt des Lichts ...

Die Maschine verliert an Höhe, nähert sich braunem, verbranntem Ackerland, landet auf einer staubigen Piste und rollt aus. „Varanasi" steht da am kleinen Terminal; keiner sagt mehr Benares. Das war der Name, den die Engländer, die Kolonialherren, aus dem heiligen Varanasi verballhornt hatten. Heute zählt die Stadt, die noch immer dem Shiva geweiht ist, etwa 700 000 Einwohner.

Ganz bewußt habe ich mich auf die Spur der frühen Reisenden begeben und mich im *Cantonment* einquartiert. Das ist das Viertel jenseits der Bahnlinie, wo früher die Briten ihre Clubs und ihre Bungalows hatten. Alleen mit großen Bäumen und viele Rasenflächen, gelbgebrannt von der Sonne, erinnern an diese Zeit. Dieser Stadtteil kommt in zahlreichen Büchern der alten Indienfahrer vor und auch „Clark's Hotel", inzwischen aufs feinste renoviert, spielt da stets eine herausragende Rolle. Neben Touristengruppen wohnen hier auch individuell Reisende: der pensionierte britische Oberst zum Beispiel, Globetrotter einer vergangenen Epoche auf der Suche nach einem verklärten Indienbild; aber auch die einheimische Familie des gehobenen Mittelstands, die neuerdings in allen Hotels, auf allen Flughäfen zu sehen ist: er im gutgeschneiderten westlichen Anzug, sie im bestickten Seidensari.

Varanasi: Licht von jenseits des Ganges

Das Hotel ist mit Girlanden geschmückt, und im Garten leuchten Fackeln, denn *Divali* steht bevor, das beliebteste Fest in ganz Indien, die Feier des Lichts. Vier Tage beschenkt man sich wie bei uns zu Weihnachten, vier Tage im November trifft man sich, zündet Öllämpchen, Laternen und vor allem bunte Lichterketten an: *Dipavali,* das Sanskrit-Wort, meint Lichterkette. Das ärmste wie das reichste Haus wird zu Ehren von Lakshmi erleuchtet. Bunte Glühbirnen in den Häusern der Wohlhabenden, Flämmchen aus Butterfett in den Hütten der Habenichtse zaubern Strahlen der Hoffnung auf das Bild dieser Göttin, die den Wohlstand und das Glück beeinflußt. Vor dem Hotel warten Fahrrad- und Motor-Rikschas auf Kunden. Ich vertraue mich einem Scooter an, einem Dreirad mit stinkendem und qualmendem Motor, wie es sie in allen indischen Städten zu Hunderten und Tausenden gibt. Im blauvioletten Dunst des späten Nachmittags fahren wir in die Altstadt, zum Ganges hinunter. Irgendwo im Gewirr der Gassen und Buden stoppt Prakash, so heißt der Fahrer, sein Vehikel. Jetzt geht er voraus, weicht Kühen aus und Radfahrern, Ochsenkarren und einem Autobus, der schon nicht mehr neu gewesen sein dürfte, als Lord Mountbatten das Land in die Unabhängigkeit entließ. Und Menschen sind um uns herum, Menschen wie ich sie in so bunter Vielfalt und Gegensätzlichkeit noch nie erlebt habe, nicht einmal in den großen Städten, die doch eigentlich das Synonym sind für die Masse Mensch in diesem Staat der 800 Millionen: Männer im *Longhy,* dem Lendentuch, wie es Gandhi trug; Männer mit Turbanen, andere: halbnackt, mit Asche bemalt, im Katzenfell oder in der Haut eines Affen, tanzend wie Derwische; noch andere: Zwei Schritte tun sie, dann werfen sie sich in den Staub, wieder zwei Schritte, und wieder lassen sie sich in den Schmutz der Straße fallen. Prakash erzählt, daß die Pilger so Tausende von Kilometern zurücklegen; über Jahre sind sie unterwegs ... Sünder, Büßer, Heilige? Prakashs Ziel ist das *Manikarnika Ghat,* einer von mehreren Verbrennungsplätzen am heiligen Fluß. Eine Leiche, eine in weißes Tuch gehüllte Gestalt, ist auf einem Holzstoß zu erkennen, der lichterloh brennt. Junge Leute sitzen in der Hocke um den Scheiterhaufen, reden gedämpft, aber keineswegs mit dem Zeichen der Ehrfurcht, wie sie uns, im Westen, erfüllen würde, angesichts einer brennenden Leiche. Eine weibliche Tote, erkennbar am grellgoldenen Tuch, in das sie gewickelt ist, wird auf Bambusstangen herangetragen, von Stricken gelöst und neben einen zweiten Holzstoß gelegt.

Gegenüberliegende Seite: Palahari Baba gehört zu den Heiligen von Varanasi. Jeden Tag taucht er sein meterlanges Haar in den Ganges – eine Handlung, die ihm Kraft und Weisheit verleiht, wie er sagt.

Holz ist kostbar, so teuer, daß nur die Bessergestellten ihre Toten restlos verbrennen können. Andere müssen die sterblichen Reste ihrer glücklich am Ganges gestorbenen Angehörigen dem Fluß so übergeben, wie es ihnen möglich ist, und das heißt oft genug: halb verkohlt, kaum zu Asche verbrannt. Und die Mutter Ganga nimmt sie alle auf, die Leichen der Kleinkinder, die sowieso auf keinen Scheiterhaufen gelegt werden dürfen, die hochangesehenen Männer, Brahmanen, deren leblose Körper auf Tragestühlen an die *Ghats*, die Treppen zum Fluß, geschleppt werden, weil auch sie unversehrt dem Wasser übergeben werden müssen.

Vor dem Verbrennungsplatz liegen sieben oder acht Schiffe, behäbige Kähne mit ausgeblichenen, schlaffen Segeln. Sie sind tief mit Sand beladen, ordinärem Sand, der vermutlich zum Bauen gebraucht wird. Frauen, Männer und Kinder, die jüngsten vielleicht fünf Jahre alt, laden den Sand körbeweise aus. Sie arbeiten seit den frühen Morgenstunden, ohne Pause. Es sind Hinduflüchtlinge aus dem Moslemland Bangladesh, Tagelöhner, die pro Korb etwa fünf Pfennig bekommen, aber nur in Form kleiner Holzmarken. Die Menschen wohnen bei dem Besitzer der Boote, auf seinem Grund und Boden, wo ein Kramladen steht, der natürlich auch Eigentum des Landlords ist. Dort – und nur dort – können sie die Marken eintauschen, die sie bei jeder Korbabgabe erhalten.

Abends im Hotelgarten funkelt und flackert ein Feuerwerk in den Himmel, Knallfrösche vertreiben unsichtbare Dämonen. Die Gäste, Inder wie Westler, wünschen sich „Happy Divali", alle lachen, und buntkostümierte Diener reichen salziges und süßes Gebäck herum. Es ist einer dieser samtweichen Abende in der Nachmonsunzeit, die schönste Saison im Norden Indiens.

*

Jeden Morgen fährt ein Touristenbus, klapprig, mit offenen Fenstern, die Bungalows der Rucksackreisenden im Cantonment und auch das „Clark-Hotel" an. Er sammelt alle ein, die vor dem Sonnenaufgang am Fluß sein wollen. Die Fahrt zum Ganges kostet knapp drei Mark, und dabei ist sogar noch eine Bootsfahrt auf dem Strom inbegriffen. An den folgenden Tagen benutze ich oft diese angenehme Busverbindung, um an die Ghats zu gelangen. Nicht immer fahre ich anschließend auch mit dem Boot. Manchmal setze ich mich – der Himmel im Osten färbt sich dann bereits rötlich – auf eine der Stufen oder auf einen Steinplatz hoch über den Ghats und schaue mir in aller Ruhe an, was um mich herum

vorgeht, wenn gegen sechs Uhr der weißrot-glühende Ball auf der anderen Seite des Ganges aufgeht, wenn der erste breite Sonnenstrahl sich im Fluß spiegelt, wenn Bewegung in die Menschen kommt: Inbrünstig beginnen sie zu beten, nehmen ihre Waschrituale vor, tauchen dreimal in die braunen Fluten, zünden Öl in Terrakotta-Schälchen an, verneigen sich immer wieder zur Sonne hin, zum Licht, zum Leben. Aber sie putzen sich auch die Zähne auf den untersten, vom Wasser umspülten Stufen, seifen sich ihre Körper, ihre Haare ein.

Es ist für einen Hindu das Erhabenste, im Angesicht der aufgehenden Sonne, hier, am heiligen Ganges, zu sterben. Denn Shiva hat versprochen, daß dies ein möglicher Weg ist, den Kreislauf häßlicher Wiedergeburten zu durchbrechen. Nicht wenige Männer, hochbetagt, hocken deshalb in Gruppen zusammen, schweigend, fastend, tagelang auf den erlösenden Tod wartend.

Gesungen wird an den Ghats, gebetet, gegessen, meditiert, in sich hineingehorcht, auf Stunden, Tage und Monate; und gestorben wird an den Ghats, auf ganz und gar untragische Weise; alles unmittelbar nebeneinander.

*

Zwei-, dreimal gehe ich auf das Angebot eines Bootsbesitzers ein und lasse mich langsam an den Tempeln und Ghats vorbeitreiben. Einige Gebäude hängen schräg im Wasser, in unzähligen Hochwasserjahren unterspült, niedergedrückt vom eigenen Gewicht. Zum Teil sind es Paläste, Residenzen der Rajas aus Jaipur, aus Udaipur, aus Amber oder Nagpur, oder der Ranas aus Nepal, der Fürsten aus Zentral- und Ostindien. Hier wollten sie sich verewigen, hier wollten sie die Steine für sich sprechen lassen, an diesem Platz, wo sich Himmel und Erde berühren, dem Mittelpunkt des Universums für fast eine Milliarde Menschen.

Später, wenn eine grelle Sonne die Pilger unter große, löchrige Schirme treibt, schlendere ich durch die Gassen, bleibe hier vor einem Schrein, dort vor einem Altar stehen. Nur wenige alte Bauten haben die Zerstörungswut überstanden, mit denen Moslemherrscher, allen voran der Mogulkaiser Aurangzeb, immer wieder die Stadt überzogen. Erst als diese Zeit der grausamen Islamfanatiker abgelaufen war und, 1738, der Maharaja Safdarjung die jahrtausendealten Traditionen der Hindus wiederbelebte, entstanden neue Tempel, neue Schulen heiliger Gelehrsamkeit: der Goldene Tempel, Shiva gewidmet, in dessen Rolle als Vishvanath, Herr des Universums; der Durga-Tempel, Wohnstätte einer

Varanasi: Licht von jenseits des Ganges

bösen Inkarnation der Shiva-Gattin Parvati – Nicht-Hindus so wenig zugänglich wie viele andere heilige Plätze in dieser Stadt. Aber auch an die großen Zeiten der Moslemherrscher erinnern herausragende Minarette, prächtige Moscheen, oft genug aus den Steinen zerstörter und geplünderter Tempel hochgezogen.

Vor den meisten Andachtsstätten – tausend sollen es sein, vielleicht auch zweitausend, sagen andere Quellen – hocken in langen Reihen verkrüppelte, ausgemergelte Bettler; und dicht daneben wird gehandelt, was der Mensch, der aus dem Westen kommt, für schier unmöglich hält: schmutziger Krimskrams, blutige Fleischfetzen, grellbunte Devotionalien, rostige Nägel ... Da sind die Kühe, die ungestört im Dreck nach eßbaren Abfällen wühlen und ebenso ungehindert auch das Obst und Gemüse von den armseligen Ständen der ambulanten Händler plündern. Einmal schnappt mir so eine heilige Kuh eine halbe Banane aus der Hand und frißt sie seelenruhig auf.

*

An meinem letzten Tag in Varanasi, Divali ist längst vorbei, die Lichterketten im Hotelfoyer abgehängt, fährt der klapprige Touristenbus ohne mich vom Cantonment zu den Ghats. Mich zieht es heute an einen ganz anderen Ort, einen, der auch einmal heilig war – und buddhistischen Mönchen und Pilgern noch immer heilig ist: nach Sarnath, in den sogenannten Gazellenhain. Dort hat Buddha, der nordindische Prinz Siddharta Gautama, seine erste Predigt gehalten. Das war sieben Wochen nach seiner Erleuchtung unter dem Feigenbaum von Bodh Gaya, der seither Bodhi-Baum heißt, „ficus religiosa". In Sarnath setzte der historische Buddha, Shakyamuni, das Rad der Lehre in Bewegung: „Höret, ihr Mönche, der Weg ist gefunden ...", der Weg der vier edlen Wahrheiten (siehe dazu auch das Kapitel „Religion: Die Seele und das Ganze", Seite 10 ff.). Hier in Sarnath, wo der Erleuchtete seinen Jüngern erstmals vom Leid, von der Überwindung des Leids, vom Weg ins Nirwana erzählte, hier errichtete der buddhistische Herrscher Ashoka eine heilige Stadt (mehr über diesen Kaiser, der sich von einem grausamen Kriegsherrn zu einem sanften Regenten wandelte, im Kapitel „Orissa: Wo der Herr des Weltalls wohnt", Seite 197 ff.). Heute spielt der Buddhismus in dem Land, aus dem er stammt, kaum noch eine Rolle; Ashok(a) ist immerhin noch als Name einer Lastwagenfirma ein Begriff, und auch eine Hotelkette nennt sich nach diesem Herrscher. Die moslemischen Eindringlinge, die im Mittelalter den Norden Indiens brutal

Folgende Doppelseite: Varanasi, heilige Hochburg der Hindus am Ganges: Pilger strömen an die Steinstufen (Ghats), die zum Ganges führen. Sie waschen sich mit dem Wasser des Stromes, der ihnen als Mutter aller Flüsse so heilig ist wie kein anderer.

Varanasi: Licht von jenseits des Ganges

Brahmane am Ganges, im Angesicht der aufgehenden Sonne.

islamisierten, zerstörten auch in Sarnath alles, was den Buddhisten heilig war. Seither ist Sarnath ein Ruinenfeld, aber auch ein Ort der Harmonie, der Stille und des Friedens, der Glaubenswelt der Buddhisten angemessen, die soviel sanfter erscheint als die der Hindus.

*

Eine Fahrrad-Rikscha bringt mich über staubige Landstraßen und durch vier oder fünf Dörfer zurück nach Varanasi. Noch einmal, am Nachmittag, laufe ich hinunter ans *Dasashvamedh Ghat,* das heiligste der Treppenufer. Und noch einmal lasse ich die Szenerie der Betenden und Badenden auf mich wirken, die auch um diese Stunde zu Hunderten, mit gebeugten Knien und zusammengelegten Händen, dem heiligsten aller Flüsse huldigen. Die Dunkelheit löst eine kurze Dämmerung ab, und dumpfer Trommelklang dröhnt aus dem benachbarten Tempel der Göttin der schwarzen Pocken, der Shitala Devi. Fackeln lassen die Gesichter der Gläubigen wie Fratzen aussehen. Höchstens zehn Kilometer – und zugleich Welten – liegen zwischen diesem Ort und den stillen Ruinen des Buddha, draußen in Sarnath.

Orissa: Wo der Herr des Weltalls wohnt

Sehe ich richtig, oder träume ich: Der Fluß da vorne schwebt doch über der Sandbank ... ? Ich kneife die Augen zusammen, aber das Wasser flimmert weiter über dem weißen Kies. Natürlich ist es die Hitze, die ein Trugbild an den Horizont malt. Ölig verschmilzt er an diesem grellen Mittag mit der näheren Umgebung. Frauen im roten Sari laufen über den Sand, Körbe auf dem Kopf; Männer, die ein weißes Hüfttuch tragen, treiben Ziegen dem Wasser entgegen. Je weiter sie sich entfernen, desto weicher werden ihre Konturen.

Ein Tagtraum, eine Illusion und doch eine Realität, eine sehr indische Wirklichkeit. Von irgendwo dringen Trommelschläge an mein Ohr, dann sanfte Sitarklänge, die aber bald im Dunst verwehen. Plötzlich flattern Krähen vor diese Kulisse. Laut und aufgeregt besetzen sie die Sandbank und verdrängen die bleierne Stille.

Ich stapfe zum Fluß hinunter, wo drei oder vier Mitglieder unserer Reisegruppe mit einem Fährmann verhandeln. Wir wollen ans andere Ufer, um von dort *Ratnagiri* zu besuchen, einen Felsen, der einmal ein buddhistisches Heiligtum war. Die Einheimischen, soviel haben wir mitbekommen, zahlen den Gegenwert von knapp zwei Pfennigen für die Überfahrt. Geduldig warten sie mit ihrem Vieh und ihren Fahrrädern, bis auch wir in den schmalen Einbaum gestiegen sind, zum zehnfachen des üblichen Fahrpreises. In diesen Teil Indiens, in den östlichen Bundesstaat Orissa, kommen nicht viele Touristen. Und wenn sie schon von der Route der Hauptsehenswürdigkeiten abweichen, wenn sie sich schon über Flüsse wie diesen quälen wollen, dann, so mag sich der Junge am Ruder gedacht haben, dann darf es auch ein paar Rupien mehr kosten.

*

Orissa? Dieses Land südlich von Kalkutta ist immerhin fast halb so groß wie Deutschland. Das Dreieck seiner wichtigsten Tempelstädte Bhubaneshwar, Puri und Konarak zieht weit mehr Pilger aus dem eigenen Land an als Reisende aus dem Westen. Ruinen zwischen Reisfeldern und Dschungeln erinnern an eine Vergangenheit, die in Legenden und Tänzen verklärt wird, aber noch kaum erforscht ist. Palmenstrände, unberührt über viele Kilometer, säumen den Bundesstaat am Golf von Bengalen. Tropisch-fruchtbare Ebenen gehen in dichtbewaldete Hügel über und schließlich in das graue Hochland von Dekhan, aus dem die Herrscher von einst ihre Edelsteine holen ließen. Orissa ist das alte In-

„Orissa ... ist dem gläubigen Anhänger der Brahmanen, was dem Christen Palästina, dem Moslem Arabien: das heilige Land, welches die Sünden hinwegnimmt, der Wohnsitz der Götter, während sie Mensch wurden und als Erlöser der Gläubigen sich erbarmten."

Emil Schlagintweit (1835–1904)

dien der unzähligen Dörfer, das keine Grenzen zwischen Augenblick und Ewigkeit zu kennen scheint.

Bonipur am trägen Birupa-Fluß, den wir eben überquert haben, ist so ein Dorf. Für kurze Zeit halten die Frauen inne beim Stampfen der Hirse, beim Wasserholen, beim Fegen des lehmigen Bodens vor den Hütten. Sie schauen lächelnd, ein wenig scheu, zu uns herüber. Malereien aus Reispuder an den Hauswänden erinnern an Ernteopfer, an Hochzeiten, an den Tod. In diesem Teil des Ortes leben Bauern und die Händler. Die Häuser der Brahmanen, jener Angehörigen der höchsten Kaste, die um alle Geheimnisse des Hinduglaubens weiß, stehen abseits unter Bäumen, die viel Schatten geben. Und noch weiter entfernt, in armseligen Hütten, durch Felder vom übrigen Dorf getrennt, wohnen die Shudras, die Angehörigen der untersten Kasten.

Wir machen uns mit Fahrradrikschas auf den Weg zum Berg Ratnagiri. Dort oben lächelt Buddha hundertfach. In Statuen und auf Reliefs ist er in dieser ehemaligen Andachtsstätte, die jetzt nur noch ein Ruinenfeld ist, verewigt. Jahrhunderte vor Beginn unserer Zeitrechnung war Ratnagiri eine buddhistische Universität. Anderthalb Jahrtausende und länger haben später die Statuen und Steine auf diesem stillen Hügel vor sich hin gedämmert, dem Monsun und der Sonne Ostindiens überlassen. Vor rund hundert Jahren zerschlugen die Engländer, damals die Kolonialherren, viele Figuren, luden die Teile auf Ochsenkarren, schickten sie hinauf nach Kalkutta und von dort mit Segelschiffen und Dampfern zu den Museen Großbritanniens.

Ratnagiri: Buddha-Kopf aus der Zeit des Kaisers Ashoka (ca. 268–233 v. Chr.).

*

Der Buddhismus, dessen Wurzeln im Norden Indiens liegen und der heute kaum noch eine Rolle spielt, hatte zu Zeiten des legendären Kaisers Ashoka in dieser Region eines seiner Zentren. Ashoka, am Beginn seiner Karriere ein blutrünstiger Machtmensch, danach, angeblich erschrocken über die vielen Toten, die seine Eroberungskriege immer wieder forderten, zu einem Apostel des friedliebenden Buddhismus gewandelt, herrschte etwa von 268 bis 233 vor unserer Zeitrechnung über eines der ausgedehntesten Großreiche des indischen Altertums. Viele Weisheiten, auf Buddhas Lehre basierend, ließ der Kaiser in Stein meißeln. Unter seiner Ägide verbreitete sich die Philosophie des Siddharta Gautama Buddha über weite Teile Südasiens. Nach Askokas Tod ging die Bedeutung dieser Religion, die eher eine Weltanschauung ist, in Indien zurück; sein Reich zerbröckelte in Kleinstaaten. Das Land der Oriyas

wurde wieder das selbständige Reich Kalinga, das es gewesen war, bevor Ashoka es seinem Imperium angegliedert hatte.
Große Geschichte, nachzulesen in dicken, oft kontrovers geschriebenen Büchern. Vieles bleibt noch einzuordnen; die Inschriften, die der große Kaiser hinterließ, wurden vor 150 Jahren entdeckt und bald darauf entziffert. Bis heute haben Historiker und Indologen ausreichend Arbeit mit der Analyse, mit der Trennung von Legende und historischer Wahrheit. Hier, in Ratnagiri, im Angesicht der sanften Buddha-Bildnisse, läßt sich Geschichte immerhin erahnen, nicht in Jahreszahlen, nicht in den Namen der Dynastien, wohl aber in Stimmungen.
Im rötlichen Licht der Nachmittagssonne radeln wir ins Dorf zurück, vorbei an Kolonnen heimkehrender Bauern. Es war heiß auf dem Felsen und die Zunge klebt pelzig am Gaumen. Die Dorfleute bieten uns grüne Kokosnüsse an, deren Saft die gereizten Magenwände beruhigt. Eine Weile schauen wir noch zu, wie mit einer knarrenden Motormühle Reis gemahlen wird. Dann bringt uns der junge Fährmann, behutsam stakend, an das Ufer, an dem unser Kleinbus wartet. Wie Spiegel leuchten die Reisfelder, an denen wir vorbeifahren, zurück nach Bhubaneshwar, Orissas Hauptstadt.

*

Während der Kolonialherrschaft war das nahe Cuttack Sitz der Verwaltung von Orissa. Die Briten gestanden dieser geschichtsträchtigen Region, deren Bewohner mehrheitlich die Sprache Oriya sprechen, erst 1936 den Status einer eigenständigen Provinz zu. Bis dahin hatte das Land zu Bengalen gehört, einem Land mit ganz anderer Sprache und Kultur.
Über viele Jahre des indischen Mittelalters stand Bhubaneshwar im Zentrum der Shiva-Verehrung. Noch immer sind die schönsten Tempel dieser Stadt, drei oder vier, die alle Zeiten überdauert haben, dem Zerstörer geweiht, der zugleich der Schöpfergott ist. Siebentausend Tempel soll es in Bhubaneshwar einst gegeben haben, einige hundert sind übriggeblieben, die meisten davon nur als Relikte. In den letzten Jahren wurde die Stadt großzügig in die Breite gebaut und mit einem modernen Flughafen ans Verkehrsnetz unserer Zeit angeschlossen. Von hier aus lassen sich alle wesentlichen Ziele einer Orissa-Reise bequem erreichen. Tempeltürme, Tempelhöfe, Tempelhallen – geheimnisvoll, düster, facettenreich die einen; sanft, still, geradezu heiter die anderen. *Mukteswara* aus dem neunten Jahrhundert, einer von unzähligen in der alten Stadt

Folgende Doppelseite: Konarak: Eines von 24 Rädern, jeweils drei Meter hoch, die zum Sonnentempel gehören.

der Tempel, ist vielleicht der schänste in Bhubaneshwar: Über dem Eingang spannt sich ein Tor *(torana)* wie ein Triumphbogen – ganz ungewöhnlich in der Hindu-Architektur. Die Gesichter der Gottheiten, soweit sie im dunkelroten Lateritstein noch zu erkennen sind, wirken gelöst, so friedlich wie in buddhistischen Darstellungen. Viele Figuren und Antlitze wurden von moslemischen Fanatikern zerstört, die während ihrer Eroberungszüge in ganz Indien als Bilderstürmer wüteten.

Der Turm des Lingaraj-Tempels, fast 50 Meter hoch, prägt die Kulisse der Altstadt. Aber das Heiligtum selbst, das größte in der Metropole des Landes Orissa, bleibt Nichthindus verschlossen. Nur von einer Plattform kann man einen kleinen Blick in das Innere der Tempelstadt werfen. Der Lingam (Phallus) und damit Schöpfungssymbol Shivas – soll, so wird gern erklärt, gewaltige Dimensionen haben, Ausmaße, die eines Königs würdig sind; das ist die Bedeutung des Tempelnamens Lingaraj.

Zum Sonnenuntergang klettern wir über zahlreiche Stufen auf den Hügel *Kandagiri,* vorbei an den Höhlen, in denen bärtige Männer hocken, die der Erlösung, der endgültigen Befreiung schon sehr nahe scheinen, vorbei an Bettlern, die uns ihre Armstümpfe entgegenhalten, vorbei an rotznäsigen Kindern, die krank aussehen, hungrig und fehlernährt, vorbei an wilden Feigenbäumen, um deren Stämme sich Luftwurzeln wie Schlangen winden. Ausgewaschene Felsen, Steine, die wie Sessel geformt sind. Das Bild in der weiten Ebene flimmert: Reisfelder, diesiges Grün, rotbrauner Sand, ganz in der Ferne, wie ein Gürtel um die moderne Gartenstadt Bhubaneshwar, Neubausiedlungen, uniform, häßlich – aus unserer Sicht. Aber sie bieten Tausenden Wohnraum, die noch vor kurzem gar kein Dach über dem Kopf hatten. Auch Bankangestellte und öffentlich Bedienstete wohnen dort, soziale Aufsteiger in Trabantenstädten, die nur mit unseren Maßstäben und unseren undifferenzierten Begriffen schnell als Ghettos bezeichnet werden. Und dann schauen wir auf die Frangipani*, deren üppige Blüten wie Lampions im Abendwind schaukeln, auf Palmen, deren grüne Wedel in den letzten Strahlen der Sonne wie Feuerwedel leuchten. Affen turnen um uns herum, und ein kleine Mädchen schenkt mir einen winzigen Blütenkranz, den ich in eine der geheiligten Nischen dieses merkwürdigen Hügels legen soll, ein Geschenk für die Götter.

Der Sonnentempel von Konarak, gut siebzig Kilometer südöstlich von Bhubaneshwar entfernt, gehört zu den Wundern dieses Subkontinents, so eindrucksvoll wie das Taj Mahal, so großartig wie die bunten Tempel-

---

* Ziersträucher mit großen, dicken Blättern und stark duftenden Blüten, die heute in den gesamten Tropen kultiviert werden, in Asien häufig bei Tempeln und auf Friedhöfen.

türme im Süden des Landes. Mangoalleen führen auf die steinerne Triumphkutsche des Sonnengottes Surya zu, die wie eine Pyramide aus der Dünenlandschaft am Indischen Ozean ragt. Gewaltige Rosse, aus rotem Sandstein gehauen, ziehen die drei Meter hohen Räder, 24 insgesamt. Diese kolossale Kutsche soll einmal siebzig Meter hoch gewesen sein. Irgendwann ist die Shikara, der Turm über dem symbolischen Wagen, in sich zusammengefallen, vielleicht an seiner Größe erstickt. Aber noch immer machen Ausmaße und Details staunen. Schulkinder und andere Besucher klettern über vierzig Meter zu den aus Stein gemeißelten Tempeltänzerinnen hoch. Von unten wirken diese Relieffiguren ganz zierlich; aus der Nähe betrachtet haben sie Lebensgröße.

Im 13. Jahrhundert ließ ein König namens Narasimha Deva den Sonnentempel von Konarak bauen, eine fromme Stiftung, die heute zu den ganz großen, den weltberühmten Werken indischer Baukunst zählt. Fabeltiere, Liebespaare und Mädchen, deren Liebreiz auch nach Jahrhunderten noch die Besucher in eine beruhigende Stimmung versetzt, verzieren Reliefs, Pilaster und vor allem Speichen und Naben der Räder. Steinerne Elefanten, detailfreudig in den Sockel geschnitzt, tragen die Last dieses in seinen Proportionen so harmonischen Tempels. Viele Experten halten ihn für den gelungensten, viele Kunstliebhaber für den ästhetischsten Sakralbau ganz Indiens.

*

Ein Priester drängt mir eine Hibiskusblüte auf, gegen eine „Spende", versteht sich. Er weicht nicht von meiner Seite, will mir unbedingt die liebevollsten Steinmetzarbeiten Asiens zeigen, aufregender als die noch berühmteren Skulpturen von Khajuraho (siehe auch Seite 259 f.). Steinerne Akrobaten der hohen erotischen Schule zieren die Friese, ein ebenso sinnenfroher wie spektakulärer Comic aus dem Kama Sutra, dem heiligen Lehrbuch der Liebe. (Abends im Hotel hören wir, daß eine russische Touristin bei dem Versuch, mit ihrem Partner einige der aberwitzigen Stellungen nachzuvollziehen, böse auf den Hinterkopf gefallen sei.)

Was aber sollen diese Figuren den Gläubigen sagen? Was war ihr Zweck? Viele Wissenschaftler haben versucht, Antworten auf solche Fragen zu geben; wirklich geklärt ist der Sinn der deftigen Darstellungen keineswegs: Wollte man anleiten oder abschrecken, wollte man einfach nur dokumentieren, was zum tantrischen Kult früherer Jahrhunderte gehört hatte? Die Phantasie der Steinmetze ging dabei oft weit über die anatomischen Gesetze hinaus. Wie Schlangen winden sich da die Körper, wie Gummi biegen sich die Gliedmaßen. Der Pfad der Lust – die sexuelle Komponente auf dem Weg zur endgültigen Befreiung?

Für die Seefahrer der alten Tage war der Sonnentempel eine weithin sichtbare Landmarke. Sie nannten ihn die Schwarze Pagode, im Gegensatz zur Weißen Pagode von Puri. Das ist dreißig Kilometer weiter südlich die alte, europäische Bezeichnung für den heute ganz sicher bedeutendsten Orissa-Tempel, den „Wohnsitz" des Gottes Jagannath. Vielleicht ist Jagannath identisch mit Krishna, dem gefeiertsten Helden der indischen Mythologie, achte Inkarnation des Weltenretters Vishnu. Vielleicht ist der „Herr des Universums", das ist die wörtliche Bedeutung von Jagannath, aber auch nur ein anderer Name für Vishnu ... nichts ist gewiß, nur die Legenden stiften wieder einmal genügend Erklärungen.

Krishna, so geht eine solche Sage aus den frühen Tagen, wurde von einem Jäger versehentlich getötet. Sein Leichnam verweste unter einem Baum. Vishnu bat daraufhin den Architekten der Götter, Vishvakarma, eine Statue anzufertigen, die den Gebeinen des Krishna ein würdiges Behältnis seien. Vishvakarma sagte zu, bat sich aber aus, bei seiner Arbeit nicht gestört zu werden. Der König, dem Vishnu seinen Wunsch zur Weitergabe an den göttlichen Bau übermittelt hatte, wurde aber schon nach zwei Wochen ungeduldig. Er steckte Vishnu mit seiner Hektik an. Dieser befahl, die Tür zu Vishvakarmas Werkstatt aufzubrechen – die Statue aus schwarzem Holz war fast fertig, nur die Arme fehlten noch. In seinem Zorn über die Störung ließ Vishvakarma sein Werk unvollendet. Und deshalb steht Jagannath, der Herr des Weltalls, noch heute so im Tempel zu Puri: hölzern, tiefschwarz und ohne Arme. Geschwister leisten ihm Gesellschaft, im Tempel und bei den Prozessionen, die mehrmals im Jahr Hunderttausende, zuweilen Millionen anlocken. Balabadhra, auch Lakshman genannt, ist Jagannaths Bruder und von weißer Gesichtsfarbe. Die Schwester hingegen, ihr Name ist Subadhra, trägt gelbe Züge – symbolische Hinweise auf die verschiedenen Menschenrassen ...? Hinduisierte Stammesgötter einer uralten Epoche ...? Täglich ziehen zehntausend Gläubige die breite Grand Road auf den Tempel zu, eine dunkel wirkende, gewaltige Anlage, die von einem fast sechzig Meter hohen Turm gekrönt wird. Die meisten Pilger essen vegetarisch in der größten Volksküche Indiens. Nur einheimisches Gemüse wird dort zubereitet, keine Kartoffeln, keine Tomaten, nichts, was erst die Engländer ins Land gebracht haben. Zwanzigtausend Menschen leben in und von der Tempelstadt, die nur Hindus betreten dürfen. Uns ist lediglich der Blick von einem der gegenüberliegenden Hausdächer vergönnt, und wir schauen auf die heiligen Mauern, auf Hunderte von Buden und kleinen Läden an der Hauptstraße, auf die Kette der Gläubigen, die sich unablässig dem Tempel entgegenwälzt. Aber wirklich atemberaubend geht es erst wieder im Sommer zu, wenn sich – jeweils Ende Juni, Anfang Juli zum *Rath-Yathra-Fest* – fast eine Million Pilger für zwei Tage in dieser kleinen Stadt treffen. Inbrünstig werden sie sich um die haushohen Tempelwagen drängen, die an armdicken Seilen von Hunderten starker Männer durch den Ort gezogen werden.

Noch im letzten Jahrhundert, so wird berichtet, haben sich einige der Frömmsten absichtlich unter ein Wagenrad geworfen. Genüßlich wiederholen fast alle Reiseführer diese Behauptung, die allerdings umstritten ist. Gewiß ist dagegen der Reichtum des Tempels, der schon die frühen Reisenden zu staunenden Bemerkungen in ihren Berichten und Büchern veranlaßte. So erzählt Ernst von Hesse-Wartegg um die Jahrhundertwende von jährlichen Tempeleinnahmen von zwei Millionen Mark. Märchenhafter noch: „Als die mohammedanischen Großmogulen auf dem Pfauenthron zu Delhi saßen, trieben sie von den Hindupilgern an Steuern allein jährlich über drei Millionen Mark ein..." Und noch eine legendäre Episode verdanke ich dem Reisebericht des adligen Herrn aus dem deutschen Kaiserreich: „Der berühmte Maharaja von Lahore opferte dem Jagannath den größten Diamanten der Erde, den Kohinoor; er wurde aber auf dem Wege nach Puri von den Engländern abgefangen. Prinzen, Nabobs und andere Größen des Hindureichs verleihen dem Holzklotz ... (gemeint ist die Holzstatue des Jagannath) ... Paläste, Häuser und ausgedehnte Ländereien ..."

Ein paar Straßenzüge nur trennen die Tempelstadt vom weißen Sandstrand. Vor allem indische Pilger baden hier. Das heißt: Sie waten angekleidet im Sari, mit aufgekrempelten Hosen oder hochgeschürztem Longhy drei, vier Meter weit ins Meer hinaus. Fischer übernehmen gegen eine Gebühr den Wachdienst bei den zurückgelassenen Kleidern. Zuweilen bieten sie sich auch als „Lebensretter" für ein Bad in der Brandung an – indische Reise-Handbücher schätzen beide Dienste nicht so.

*

Auf dem Wege von Puri zurück nach Bhubaneshwar überqueren wir den Fluß Daya. Sein Wasser soll sich rot gefärbt haben, als Kaiser Ashoka gegen die Kalinga-Könige kämpfte. Ganz in der Nähe, auf dem

Dhauli-Hügel, lassen sich auch nach zweitausend Jahren die Edikte nachlesen, die Ashoka in Stein meißeln ließ, als er des Tötens und militärischen Eroberns müde geworden war: dreizehn Inschriften, die vom Sieg des Geistes über den Ungeist des Kampfes künden. Japanische Buddhisten haben 1972 an dieser Stelle eine „Friedenspagode" errichtet, einen monströsen Bau, der wie eine mißglückt-moderne Version der Pariser Kirche Sacre Cœur das flache Schwemmland überragt.

Tage später, in einem Bungalow-Hotel in den Dünen zwischen Konarak und Puri, haben wir Zeit, die Eindrücke zu sortieren, die phantastischen Bilder dieser Glaubenswelt zu ordnen. Da kommen dann auch die alltäglichen Impressionen wieder in Erinnerung, die spontanen Erlebnisse, die für Indien so typisch sind und für uns so aufschlußreich.

*

Es war auf einer der langen Busfahrten über Land, die auch zu einer solchen Studienreise gehören. Der Ort, wo wir uns einen Augenblick die Beine vertreten wollten, hieß Chhaitana, irgendwo im Distrikt Puri. Die Machtstrukturen der größten Kasten waren hier, wie in fast jedem Dorf, klar zu erkennen: zum einen die Backsteinhäuser der Privilegierten, zum anderen die Lehmhütten der Ohnmächtigen. Töpfe und Oferschalen wurden hier noch mit der Hand geformt; vielerorts hat die Plastikkultur das Töpferhandwerk brotlos gemacht. Wir schauten, staunten und waren beschämt, als uns plötzlich der Brahmane namens des Dorfes zu einem Tanzfest auf den Abend einlud.

Am späten Nachmittag begrüßte uns Trommelwirbel. Über Pferdestatuen am Tempel des tanzenden Shivas hingen Blumengirlanden. Hunderte von Kindern eskortierten uns zu Stühlen, die unter gewaltigen Feigenbäumen für uns aufgestellt waren, direkt gegenüber dem Tempel. Schließlich traten die Dämonen auf, Helfer eines Bösen, der eine schöne Frau auf die Insel Lanka verschleppte. Die uralte Geschichte von Rama lief vor uns im Staub der Dorfstraße ab, jenes gewaltige Epos, das neben dem Mahabharata wichtigstes Stoffreservoir indischen Kunstschaffens bis auf den heutigen Tag ist: „Wer das heilige, lebendspendende *Ramayana* liest und wiederholt, wird von allen Sünden befreit ...", heißt es in einem einleitenden Vers. Plastisch und drastisch stellten die Bauern den Hergang des Dramas dar. Einige Kinder, die die Ehre hatten, mit simplen Affenmasken, etwas zu groß für ihre kleinen Gesichter, die Helfer des guten Gottes Hanuman zu mimen, tanzten spielend und zugleich mit rührender Aufmerksamkeit.

Orissa: Wo der Herr des Weltalls wohnt

Alle im Dorf kannten die Handlung, alle wußten, wie es ausging, aber keinem wurde die stundenlange Ausbreitung ehrenvollen Heldentums und weiblicher Treue langweilig. Unsere Anwesenheit erhöhte den Spaß am Spektakel. Tief in der Nacht, als der Busfahrer schon zweimal gehupt hatte, hingen die Kinder noch immer wie Kletten an uns, lachten, hatten für Stunden ihren Alltag, vielleicht sogar ihre Götter vergessen. Der Duft der Blütenkränze, die der alte Brahmane uns zu Beginn der Veranstaltung umgehängt hatte, hing noch zwei, drei Tage lang im Bus.

Folgende Doppelseite: Noch gehören weite Strandabschnitte in Goa den einheimischen Fischern.

Goa: Das Paradies vor dem Ausverkauf

„Bleibt zu Hause. Wir wollen eure D-Mark nicht."

Plakattext der „Goa Vigilantes" bei der Ankunft eines deutschen Charterflugzeugs im Oktober 1987

Jeden Abend, kurz nach sechs, wird dasselbe schöne Schauspiel aufgeführt: Die Sonne geht nicht einfach unter, sie setzt den Himmel in Brand und das Meer in Flammen. Alle halten für eine Viertelstunde inne: Der Masseur, der tagsüber ein Dutzend rotgesichtiger und schwitzender Urlauber aus dem Westen müde geknetet hat, lehnt sich an die nächste Palme und schaut zu, wie die „Blutorange" langsam im Arabischen Meer versinkt; die Strandverkäufer haben ihre Waren – Saris und Perlen, Kokosnüsse und Limonade, antiker Schnickschnack aus vielen Teilen des Subkontinents und kleine Leckereien – lange schon in Körbe und Koffer verstaut, und jetzt, so wirkt es, warten sie, ob es zischt und sprudelt, wenn die Sonne gleich die Wasserlinie erreicht hat. Und auf den Liegestühlen und den Balkonen und Terrassen der Hotels hocken die Touristen, schlürfen ihre Drinks und sind – völlig zu Recht – hingerissen von diesem alltäglichen Naturschauspiel, das ihnen die Tropenbühne bietet. Einen Vorhang gibt es nicht und auch keine Zugabe. Es dauert stets so lange, wie die Eiswürfel in den Gläsern zum Schmelzen brauchen ... Sonnenuntergang im Paradies.

Ist dies das Paradies?

Es sieht so aus: weißer, breiter Sandstrand, an vielen Stellen kilometerlang, an anderen zur intimen Sichelbucht geformt, gesäumt von abertausenden Kokospalmen, deren träge grüne Wedel in den ersten Strahlen der Morgensonne aufblitzen, die in der Mittagshitze matt vor sich hin dümpeln und in die jetzt ein milder warmer Wind Bewegung bringt, ein Wind, der die Haut und die Sinne streichelt. So ist es tagelang, wochenlang, monatelang zwischen Mitte November und Ende März.

Goa: Ein Punkt nur auf der indischen Landkarte, kaum groß genug, um darauf die drei Buchstaben unterzubingen. Aber mehr als vier Jahrhunderte war dieser Punkt Zentrum des portugiesischen Kolonialreiches, das von Mosambik in Afrika bis Macao in Fernost reichte. „Herrin des ganzen Orients" wurde die erste Hauptstadt genannt, auch „Goa dourada", goldenes Goa. Damals hieß es: „Wer Goa gesehen hat, kann Lissabon vergessen."

Goa war die erste und blieb die letzte Bastion der Europäer auf indischem Boden. Als Nehrus Truppen im Dezember 1961 einmarschierten, um das koloniale Relikt der jungen Nation einzugliedern, gab es kaum Widerstand. Damals bekannten sich noch zwei Drittel aller Goa-

Goa: Das Paradies vor dem Ausverkauf

ner zum christlich-katholischen Glauben; heute sind es nur noch etwas über dreißig Prozent. Aber nach wie vor leuchten die Kirchen aus dem Grün der tropischen Umgebung, nach wie vor bestimmen die Fernandes, de Souzas und Oliveiras Handel und Wandel, dringen lusitanische Gitarrenklänge aus den Altstadt-Villen von Panjim, der Hauptstadt, die viel eher südeuropäisch wirkt als indisch. Auch im Stadthotel „Mandovi" sind die Toiletten gekennzeichnet wie früher: an der Tür der Herren steht „Cavalheiros" und an der Damentoilette selbstverständlich „Senhoras".

Sind die Spuren 450jähriger Portugiesenherrschaft hartnäckiger als die Bemühungen, die katholische Kolonie von einst in den indischen Hauptstrom einmünden zu lassen? Außerhalb Goas wird das zuweilen behauptet. Aber der goldene Schimmer von einst ist stumpf geworden, Goa ist längst keine Insel der Seligen mehr.

In den sechziger und frühen siebziger Jahren machte die Provinz weltweit Schlagzeilen als Hochburg der Hippies, als Fluchtziel der Blumenkinder und Aussteiger. 1974, im gleichen Jahr, in dem die Hindus die Mehrheit und damit die kulturelle Hoheit in dem kleinen Land übernahmen, beklagten Minister und Medien „die schmutzigen Aktivitäten der Hippies". Schnorrer, Dealer und Drogensüchtige fielen immer häufiger dem Staat zur Last. Seit damals hält sich der schlechte Ruf der Ausgeflippten, seit damals gilt Hippie als Synonym für alle Westler, die den Indern so vorkommen, als würden sie ohne Geld reisen und deshalb Probleme machen.

Mit dem Niedergang dieser verachteten Randgruppe ging der Aufstieg des Pauschaltourismus einher. Kein Wunder, denn die Küsten zieren viele Kataloge, die Landschaft darf lieblich genannt werden, und niemand muß sich auf einen Kulturschock vorbereiten: keine heiligen Kühe, keine wimmelnden Menschenmassen, kein Elend, kein Schmutz. So ein Paradies verkauft sich gut, besonders wenn nebenan, in Sri Lanka, „die Hölle los ist". Charterketten wurden aufgelegt, große Pläne werden verkündet: Zu den fünf Luxushotels die es Mitte 1990 gab, sollen 19 neue gebaut werden, möglichst bald mindestens 1,3 Millionen Touristen jährlich kommen, doppelt so viele wie heute, genausoviel wie Goa Einwohner hat.

Wieviel Belastung verträgt ein Paradies? In Goa wird über diese Frage diskutiert, seit einige streitbare Aktivisten deutsche Pauschaltouristen im Winter 1987 mit Kuhmist begrüßten und ihnen Transparente entgegen-

Folgende Doppelseite: Katholische Kirchen wie „Maria Empfängnis" in Goas Hauptstadt Panjim erinnern an die vierhundertjährige Kolonialzeit der Portugiesen, die in diesem Teil Indiens erst 1961 zu Ende war.

streckten, auf denen geschrieben stand: „Wir wollen euch nicht, euch nicht und eure D-Mark nicht." Die Touristen waren verwirrt, die Hoteldirektoren böse: Als Spinner wurden die Bürgerrechtler unter Führung des Philosophie-Professors Sergio Carvalho bezeichnet, als Radikalinskis. Kuhfladen fliegen nicht mehr, wenn die Chartermaschinen auf dem Flughafen von Goa-Dabolim landen, aber die kritische Diskussion hält an.

*

Cocktail-Party in einem Luxushotel in Flughafennähe. Der Manager, auf die Tourismusgegner angesprochen, lächelt milde und sagt: „Ob der Philosophie-Professor wohl auch daran gedacht hat, daß allein von diesem, von meinem Hotel, gut fünftausend Leute leben ... die Angestellten und ihre Familien, die Taxifahrer, die Ladeninhaber, die Strandverkäufer, Masseure, Fahrrad- und Autovermieter, die Fischer, die uns beliefern, alle, alle, und ihre Angehörigen..." Aber dann wird auch dieser Manager nachdenklich: noch ein Dutzend Luxushotels, oder gar 19 weitere ... das wäre wohl zuviel des Guten. Der Charme der stillen Strände, die Unversehrtheit weiter Küstenabschnitte wäre dann wohl dahin.
Die Goaner haben andere Sorgen: „Ein Fünf-Sterne-Hotel verbraucht soviel Wasser wie fünf Dörfer", rechnet Paul Gonsalves verbittert vor. Er ist der Sprecher von „Equations", einer weiteren Protestgruppe. Für die Einheimischen ist das Wasser häufig auf höchstens zwei Stunden Verbrauch pro Tag rationiert; die Hotels dürfen dagegen ihre großzügig angelegten Rasenflächen, ihre jungen Palmen und Blumenrabatten nahezu pausenlos sprengen. Als 1990 immer mehr aufklärende Berichte in großen deutschen Zeitungen über dieses Mißverhältnis erschienen, als Vertreter der Protestgruppen aus Goa in Europa vielbeachtete Vorträge über ihre Beweggründe hielten und schließlich radikale Gruppen zu „Aktionen gegen einzelne Objekte aufriefen", zeigte der Protest Wirkung: Die Buchungszahlen für das Paradies am Indischen Ozean gingen zurück. Mit schlechtem Gewissen mochten sich die Touristen aus dem Westen nun auch nicht an den Stränden und Pools des kleinen Landes sonnen, das die indische Regierung gern für genausoviele Urlauber aufrüsten würde, wie Anfang der neunziger Jahre ganz Indien besucht haben. Goa, kleinster Bundesstaat auf dem Subkontinent, weist aber gerade ein Viertel der Fläche Schleswig-Holsteins auf; die Massen, die Delhi dort unterbringen möchte, würden sich fast ausschließlich auf einen schmalen Küstenstreifen konzentrieren.

Goa: Das Paradies vor dem Ausverkauf

Nicht nur der drohende Ausverkauf ihrer Natur bringt viele Goaner „auf die Palme". Orthodoxe Hindus sorgen sich gemeinsam mit der katholischen Geistlichkeit um die Moral im Lande. Denn seit den Hippie-Zeiten kommen indische Touristen in großer Zahl, Wochenend-Ausflügler aus Bombay oder aus dem Nachbarstaat Karnataka. Ihr Ziel ist zwar der Strand, aber baden wollen sie keineswegs. Es ist ihre Lust, im heißen Sand auf und ab zu flanieren, im besten Anzug und mit umgehängter Kamera. Zwar gilt längst ein strenges Nacktbade-Verbot, an allen Stränden warnen Schilder davor, die Hüllen fallen zu lassen, und deutsche wie englische Reiseleiter schärfen ihren Gästen gleich nach der Ankunft ein, nur ja nicht zu freizügig baden zu gehen. Den indischen Voyeur-Touristen, ausschließlich Männer, würdig und höflich im Auftritt, reicht freilich der Blick auf Tangas und Bikinis, wo doch die indischen Frauen höchstens bis zum Knie ins Wasser gehen, den Sari fest gerafft. Goa, ein Kuriosum; hier geht es mal umgekehrt: Die Touristen sind das Objekt der Neugierde, eine Neugierde, die viele Besucher doch sonst in die Hütten der Bereisten tragen, viel ungenierter oftmals als die Herren aus Bombay, die da gemessen und in kleinen Gruppen über den Strand bummeln.

*

Goa ist nicht so schockierend, nicht so aufregend, nicht so anstrengend – und nicht so reizvoll wie andere Teile Indiens. Was gibt es schon zu sehen: Alt-Goa, die vom Urwald bedrängte ehemalige Hauptstadt, einst das Rom Asiens, viele Kirchen, wenige Tempel ... und in Panjim, dem adretten Hauptstädtchen von heute: pastellfarbene Häuser der Aristokraten von früher, schmiedeeiserne Balkone wie im alten Portugal, kleine Bars, auf melancholische Weise schäbig, in denen die Halbblut-Typen aus den Büchern Somerset Maughams herumhängen ... jenseits von Indien.

Wer genauer hinschaut, sieht mehr, viel mehr: zum Beispiel die alten Herren im öffentlichen Lesesaal der Kleinstadt Margao. Täglich treffen sie sich dort, sitzen unter den sich mühselig drehenden Ventilatoren und blättern in der Times of India, und einige halten auch portugiesische Blätter aus dem Vorjahr in der Hand. Und auf dem Rückweg ins Strandhotel versperrt ein Elefant die Straße. Zu dem buntbemalten Tier gehören Sadhus, selbsternannte Hindu-Heilige aus Maharashtra. Auf dem Freitagsmarkt zu Mapusa hocken die dicken Rajputen-Frauen mit ihren pfundschweren Arm- und Beinreifen aus massivem Silber, und

Gegenüberliegende Seite:
Diese Schneiderei in einem Dorf in Goa ist typisch für die unzähligen kleinen Handwerkerläden, die noch überall im Lande auf traditionelle Weise betrieben werden.

Goa: Das Paradies vor dem Ausverkauf

abends, wenn der Duft des Kardamoms sich mit dem Staub der lehmigen Dörfer mischt, wenn die Öllämpchen vor den winzigen Ganesha- oder Shiva-Schreinen blaken, dann ist dies eben doch Indien.

*

Mittwochnachmittag, ein stiller Tag im Februar. Die Hitze brütet über der Provinz, die erst seit Mai 1987 ein Bundesstaat mit den Rechten und Pflichten aller indischer Staaten ist (bis dahin hatte Goa, das mit den beiden anderen ehemaligen portugiesischen Besitzungen Diu und Daman, nördlich von Bombay gelegen, verwaltet wird, den Status eines Unions-Territoriums). Auf der Fähre über den breiten Strom bei Panjim – die Brücke ist Mitte der sechziger Jahre eingestürzt, und nur die Götter oder die Heiligen der Katholischen Kirche mögen wissen, wann sie wieder hergerichtet wird – drängen sich schwere Motorräder und verwegen aussehende Typen. Es sind die Hippies der letzten Tage, die Spätbewegten, die Übriggebliebenen. Ihr Ziel ist der Flohmarkt von Anjuna. Monatelang war dieser Treffpunkt der Nostalgie verboten, nachdem bei einer Razzia Haschisch und Kokain in größeren Mengen gefunden worden waren. Bei der Jagd nach den Drogenhändlern, zu Fuß quer durchs angrenzende Reisfeld, sollen sogar Schüsse gefallen sein: Pulverdampf im Paradies.

Die Obrigkeit hat auch jetzt, wo wieder Pumpernickel unter Palmen verkauft werden darf, ein wachsames Auge auf den Platz, den sie für lasterhaft hält. Solange nur gehäkelte Strickwesten im Kathmandustil angeboten werden und Müsli im Vollwert-Imbiß, mag dieser bunte Markt am Leben bleiben, der mindestens so viele Pauschaltouristen anzieht wie jene, die sich zu den Freaks zählen. Gedealt wird allenfalls noch in Erinnerungen. Denn diese Ware, der Rückblick, die Verklärung, sie geht am besten in Anjuna und in Calangute, in Colva und in Panjim, überall in Goa, wo sich die Veteranen treffen: „Weißt du noch, damals, als wir nach langen Irrfahrten durch Afghanistan und Nepal endlich hier im Paradies angekommen waren ..."

Ach ja, und neben dem Luxushotel bei Dabolim, wo es seinerzeit, als es noch gemütlich war, nur eine Seafood-Bude gab, bieten heute gleich zehn Stände ihre gutgewürzten Jumbo-Prawns und ihre Lobster vom Grill an, immer noch für nur ein paar Mark. Und die Urlauber strecken die Füße in den warmen Sand, schauen in den unvergleichlich gesprenkelten Sternenhimmel der Tropen und freuen sich, daß sie hier kaum ein Zehntel dessen zahlen, was die gleichen Köstlichkeiten im Luxusschup-

pen kosten, in dem sie wohnen. Über ihren Köpfen donnert eine Chartermaschine aus Birmingham heran, setzt zur Landung an. Das Flugzeug bringt neue Gäste für dieses Hotel und andere Herbergen. Die Aktivisten werden sie nicht mit Kuhfladen begrüßen. Sie werden den Neuankömmlingen Flugblätter in die Hand drücken, in denen sie zum Nachdenken auffordern – über den Tourismus und seine Folgen.

Reiseführer

Karte

Indien

Karte

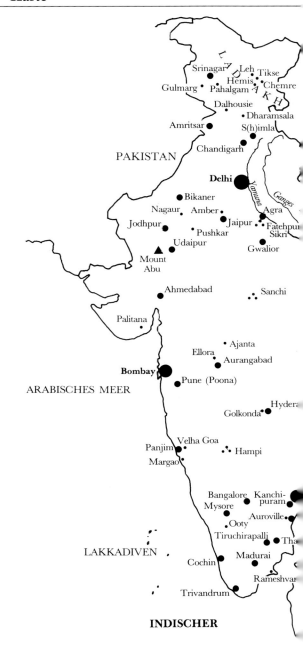

Indien

Jammu und Kaschmir (mit Ladakh)

Dieser nördlichste Teil der Indischen Union, Bundesstaat seit 1957, wurde bis zum Ausbruch schwerer Unruhen im Frühjahr 1990 von aktiven Natur-Liebhabern (Trekking-Touren) und von Erholungs-Urlaubern besucht – entspannende Tage auf einem Hausboot (siehe auch Seite 176 ff.) bieten sich nach strapaziösen Rundreisen durch Nordindien oder in Verbindung mit der Himalaya-Provinz Ladakh an. Diese von der tibetischen Kultur geprägte Hochgebirgsregion wird von Jammu und Kaschmir mitverwaltet. Das Hochtal von Kaschmir ist zwischen Pakistan und Indien umstritten; die häufigen Auseinandersetzungen und Truppenbewegungen beeinträchtigen den Tourismus in diesem landschaftlich großartigen Gebiet.

Srinagar

Sommerhauptstadt des Unionsstaates (im Winter zieht die Verwaltung in das tiefer gelegene, touristisch reizlose Jammu); etwa 800 000 Einwohner; vom Jhelum-Fluß durchzogen und an den Ufern des Dal-Sees gelegen. Die Stadtgründung durch Kaiser Ashoka (im dritten vorchristlichen Jahrhundert) gilt nicht als gesichert. Seit 600 Jahren sind Atmosphäre und Stadtbild islamisch geprägt. Die Mogulkaiser legten traumhaft schöne Gärten an, die noch immer zu den großen Sehenswürdigkeiten in der Umgebung von Srinagar gehören (am schönsten: Nishat Bag und Shalimar). Moscheen, die den Besuch lohnen: Shah Hamadan (für Nicht-Moslems nur von außen zu besichtigen) – von einem Pagodentürmchen gekrönt, das an die Nähe des tibetischen Kulturkreises erinnert. Die Ursprünge der fast ganz aus Holz gebauten Moschee stammen vom Ende des 14. Jahrhunderts, seither mehrmals abgebrannt und wiederaufgebaut. – Das gilt auch für die größte Moschee der Stadt, die Jama Masjid (Freitagsmoschee); auch hier erinnern die Minarette an tibetisch-buddhistische Tempel. –

Wer's glauben mag: dicht bei der Hamadan-Moschee wird in einem Mausoleum das Grab von Yus Asaf (Jesus) gezeigt. Es heißt, daß er die Kreuzigung überlebt haben und dann nach Kaschmir gezogen sein soll. Dort soll er im Alter von 138 Jahren gestorben und eben hier in Srinagar begraben worden sein …

Wer Zeit hat, sollte sich beim Tourist Office eine Genehmigung zum Besuch der Festung Hari Parbat besorgen; sie liegt hoch über der Stadt, etwas außerhalb, eine Gründung des Mogulkaisers Akhbar. Auch außerhalb – ebenfalls vor allem wegen der Aussicht lohnend: der Shankaracharya-Tempel, wo die Hindus dieses Tals Shiva verehren. –

Für kunsthistorisch Interessierte: an der Straße nach Pahalgam, etwa 25 Kilometer von Srinagar entfernt, wurden 1920 die Ruinen eines Vishnu-Heiligtums ausgegraben: Avantiswamin. Der Tempel wurde 855–883 von König Avantivarman im Panchayatama-Stil erbaut, d.h. ein Haupttempel und vier Nebenschreine (Panch = fünf).

Pahalgam
Hübscher Gebirgsort mit anglo-indischem Charakter; guter Tagesausflug von Srinagar aus; hier und in der Umgebung leben viele Hirten, die mit ihren derben Trachten und ihren Pferden und Ziegenherden das Straßenbild bestimmen. Das Städtchen auf 2 130 Metern Höhe ist idealer Ausgangspunkt für Trekking-Touren und Bergwanderungen, z.B. zur Höhle Armanath, einem Shiva-Heiligtum, zu dem im Sommer (Vollmond Juli/August) viele Hindu-Pilger strömen – der Weg dorthin (auf 4 000 Metern Höhe gelegen) ist beschwerlich; er dauert ungefähr vier Tage.

Gulmarg
Der Ortsname bedeutet Blumenwiese – und das kennzeichnet schon den Kurort, der 2 730 Meter hoch liegt. Auf dem dortigen Golfplatz, Indiens höchstem und ältestem, spielen indische und ausländische Urlauber. Im Winter Skizentrum (für Europäer eher enttäuschend). Die Atmosphäre dieses Wintersportortes hat M.M. Kaye, die große Erzählerin und Chronistin der britisch-indischen Vergangenheit, in ihrem Kriminalroman „Vollmond über Kaschmir" amüsant beschrieben. – Wer Glück hat, kann bei guter Sicht von Gulmarg aus den „Schicksalsberg der Deutschen", den Nanga Parbat (8 126 Meter) im pakistanischen Teil des Himalaya-Gebirges sehen.

Ladakh
Dieser Landesteil wird oft „Klein-Tibet" genannt, ein Hinweis darauf, daß sich in den Klöstern Ladakhs und Zanskars die tibetisch-buddhistische Religion studieren läßt – vielleicht besser als in Tibet selbst, wo während der Kulturrevolution und auch später, bei anhaltender chinesischer Pression, viele Klöster nicht mehr bewohnt, teilweise geplündert oder zerstört wurden. Ladakh ist nicht leicht zu erreichen. Am bequemsten ist der Flug nach Leh, am abenteuerlichsten der Weg über die Paßstraße zwischen Srinagar via Kargil nach Leh – nur zwischen Juni und Ende September möglich. Das Nadelöhr auf diesem Weg ist der Zojila-Paß, gut 3 530 Meter hoch und immerhin 100 Kilometer lang. Auf sechs Meter Breite rangieren dort Lastwagen und Busse – direkt neben einem Abgrund, der 600 Meter in die Tiefe geht...

Leh
Hauptstadt von Ladakh, knapp 10 000 Einwohner; Garnisonsstadt mit malerischen alten Gassen; Ausgangspunkt für (anstrengende) Trecks zu den Klöstern der Umgebung. Sehenswert ist der Palast über der Stadt, der an den Potala in Tibets Hauptstadt Lhasa erinnert.

Klöster
Unter den vielen Lama-Klöstern Ladakhs sind diese drei vielleicht die eindrucksvollsten: Tikse im Industal, ein Kloster der Gelbmützensekte; Chemre, in einem Seitental des jungen Indus, von Rotmützen geführt; Hemis: besonders schön, aber auch am meisten besucht. Höhepunkt ist hier das Hemis-Fest (im Juni), ein zweitägiges Maskenfest von außerordentlicher Farbigkeit und Fremdheit, eine der bedeutendsten religiösen Feierlichkeiten Asiens.

Himachal Pradesh

Dieser in Europa wenig bekannte Gebirgsstaat im Vorfeld des Himalaya war in der Zeit des Raj das Fluchtziel der Sahibs und Memsahibs vor der grausamen Sommerhitze in der Tiefebene. In Simla (heute meist Shimla geschrieben, immer aber Schimla gesprochen) hatte der Vizekönig seine Sommerresidenz. Rudyard Kipling und andere Barden des Imperiums haben die Atmosphäre jener Zeit beschrieben – und noch immer ist in den grünen Hügeln und in manchen Hotellobbies einiges davon zu spüren. Der landschaftlich besonders reizvolle Staat – so groß wie Nordrhein-Westfalen und Rheinland-Pfalz zusammen – wird fast nur von Hindus bewohnt (Ausnahme: die drei großen Gemeinden tibetischer Flüchtlinge). Die meisten Bewohner leben von der Landwirtschaft, Großstädte gibt es nicht.

Simla

Der Ort, einst die berühmteste Hill Station Britisch-Indiens, liegt malerisch auf vielen Hügeln. Kulisse für die Stadt, die heute knapp 80 000 Einwohner zählt, sind die schneebedeckten Gipfel des hohen Himalaya. Ein besonderes Erlebnis ist die Fahrt mit der Eisenbahn bis zur Endstation auf über 2 000 Metern Höhe. Die legendäre Kalka-Shimla-Railway, eine knapp 100 Kilometer lange Schmalspurstrecke von atemberaubender Schönheit, wird von Triebwagen aus dem Jahre 1927 bedient, die 1982 modernisiert wurden. – Am reinsten hat sich die Kolonialatmosphäre im alten Clarke's Hotel erhalten. Das Haus trägt heute den Namen der Hotel-Tycoons Oberoi. Der Gründer dieser weit über Indien hinaus renommierten Kette, Mohan Singh Oberoi, startete in Simla, im alten Cecil-Hotel, seine Karriere. Später kaufte er – als Grundstein für sein Beherbergungs-Imperium – das Clarke's. – Zu sehen gibt es viel in Simla, zu besichtigen wenig – vielleicht den Affentempel in Jakho. Die Affen, die dort verehrt und verwöhnt werden, machen oft und gern Ausflüge in die Stadt und gehören auf der alten Hauptstraße Mall zum Straßenbild.

Dalhousie

Auch eine ehemalige Hill Station, an der Grenze zum Staat Jammu und Kaschmir gelegen; knapp 10 000 Einwohner; freundliche, etwas verschlafene Atmosphäre. Einst der Lieblingskurort Nehrus.

Dharamsala

Etwa 15 000 Einwohner; zwischen 1 250 und 2 000 Metern Höhe landschaftlich herrlich gelegen, knapp unterhalb der Schneegrenze. Der Ort wurde weltberühmt, als hier der Dalai Lama 1960 im Ortsteil McLeod Ganj seinen Exilwohnsitz nahm. Wer an tibetischer Kultur interessiert ist, hat hier gute Möglichkeiten zum ersten Einblick und auch zu einer Vertiefung.

Delhi

Eines von sieben Unions-Territorien und (in Neu Delhi) Sitz der indischen Zentralregierung. Die Metropole am Yamuna-Fluß, heute mit über sechs Millionen Einwohnern nach Kalkutta und Bombay die drittgrößte indische Stadt – ist seit frühgeschichtlicher Zeit besiedelt. Immer wieder wurde sie von Eroberern zerstört, um sie bald darauf in neuer Größe wieder aufzubauen. Keine andere indische Metropole hat eine derart wechselvolle Geschichte hinter sich. Die beiden heutigen Teile sind sehr unterschiedlich geprägt: Alt Delhi, früher Shahjahanabad, eine Gründung des Mogulkaisers Shah Jahan, ist nach wie vor weitgehend von islamischer Atmosphäre bestimmt. Neu Delhi, die Gründung der Briten, Ende 1911 beschlossen, aber erst Anfang der dreißiger Jahre fertiggestellt, als der Raj seinen Zenit schon überschritten hatte, ist eine Verwaltungsstadt mit breiten Boulevards, vielen Parks und pompösen Prachtbauten aus der britischen Zeit. Im feinen Viertel Chanakyapuri, auf halbem Wege vom modernisierten Flughafen in die Innenstadt (Connaught Place), residieren die meisten Botschaften; hier stehen auch sehr gute Hotels.

Alt Delhi

Das sind die musts: Rotes Fort, im 17. Jahrhundert unter Shah Jahan erbaut; die Freitagsmoschee (Jama Masjid); der ehemalige Silberbasar Chandni Chowk, ein Wahnsinns-Labyrinth mit einer Atmosphäre, wie sie indisch-orientalischer kaum sein kann. – Den vielen, zum Teil etwas versteckt liegenden Tempeln, Moscheen oder Ruinen aus großer Zeit sollte man sich mit Hilfe eines guten Führers zu nähern versuchen. Sie können hier unmöglich alle aufgezählt werden.

Neu Delhi

Das muß man gesehen haben: Rajpath (gewaltige Verbindungsachse in Ost-West-Richtung); am Ostende: India Gate (Triumphsäule für indische Soldaten, die im Ersten Weltkrieg für England ihr Leben lassen mußten); Regierungspalast Rashtrapati Bhavan und Parlament (Sansad Bhavan). Zentrum großstädtischen Lebens ist der Straßenring Connaught Place bzw. Connaught Circus – dort haben die Fluggesellschaften ihren Sitz, dort kauft man, unter anderem in den staatlichen Emporien, recht günstig ein. Wer etwas mehr Zeit mitbringt, sollte das National-Museum und das Nehru-Museum besuchen. Eisenbahnfreunde kommen im Rail Transport Museum (im Botschaftsviertel, nicht weit vom Hotel Ashoka) auf ihre Kosten. Unbedingt ins Programm gehören Besuche bei den eindrucksvollsten Gedenkstätten am Yamuna-Fluß (für Mahatma Gandhi und Indira Gandhi; zwischen Neu- und Alt-Delhi dicht nebeneinander gelegen) sowie, außerhalb, Humayuns Mausoleum (1565) und Qutb Minar, die Siegessäule des Islam (begonnen um 1200).

Rajasthan

Kein anderer Teil Indiens wird so oft als märchenhaft bezeichnet, keine andere Region entspricht so sehr westlichen Vorstellungen vom ebenso prächtigen wie geheimnisvollen Indien. Die Wüstenprovinz, nach Madya Pradesh zweitgrößter Unionsstaat (342 274 qkm), gehört zu den Lieblingszielen der meisten Indien-Reisenden. Das 700 Kilometer lange Aravelli-Gebirge teilt den Staat landschaftlich in die Wüste Thar – die sich im Westen in Pakistan fortsetzt – sowie in eine östliche, fruchtbarere Ebene.

Jaipur

Die rosafarbene Hauptstadt von Rajasthan, 1728 vom Maharaja Jai Singh II. erbaut, ist neben Agra wohl die meistbesuchte Stadt Indiens. Rings um die Altstadt zieht sich noch immer eine zinnenbewehrte Mauer. Die pinkfarbenen Gebäude, die Beleuchtung am Abend, die farbenfrohe Kleidung der Bewohner und der lebhafte orientalische Charakter verleihen der Millionenstadt trotz ihrer Größe und des touristischen Ansturms eine geradezu magische Atmosphäre. – Populärste Sehenswürdigkeit ist ohne Zweifel der Hava Mahal, besser bekannt unter dem Etikett „Palast der Winde". Hinter dieser Fassade schönen Scheins verbirgt sich – nichts ... fast nichts. Auf fünf Etagen nur Galerien und Treppen, von denen die Damen des Herrscherhauses Prozessionen und den Basar-Alltag beobachten konnten, ohne selbst gesehen zu werden (Baubeginn 1799).
Den Besuch lohnen unbedingt auch der Stadtpalast mit Museum (in einem Teil dieses Palastes lebt noch immer die Familie des Maharajas von Jaipur) sowie, gleich gegenüber, Jantar Mantar, das Observatorium von Jai Singh II., dem Stadtgründer. Auf einen Drink am Nachmittag sollte man sich den Luxus des Maharaja-Hotels „Rambagh Palace" gönnen, einst die Jagdhütte der Herrscherfamilie, gegen Ende des 19. Jahrhunderts zum Palast um- und ausgebaut. Zur Dämmerstunde wartet der hauseigene Wahrsager am Froschteich auf abergläubische Kunden ...
Außerhalb Jaipurs wird man die Festung Amber besuchen; es gehört seit hundert Jahren zum guten Brauch, den Weg auf dem Rücken geschmückter Elefanten zurückzulegen. Amber, um 1600 erbaut, war bis zur Gründung von Jaipur eine der wichtigsten Befehlszentralen des alten Rajputenreiches.

Udaipur

Die heutige Halbmillionenstadt, in der zweiten Hälfte des 16. Jahrhunderts von dem Mewar-Herrscher Udai Singh erbaut, ist für mich die schönste Stadt Rajasthans. Das Museum im Stadtpalast zeigt alles, was zum dekadenten Ruf der Maharaja-Ära beigetragen hat. Das Luxushotel „Lake Palace" im Pichola-See baut diesen Mythos auch nicht gerade ab, und die Altstadt könnte Kulisse zu einem Film des Genres „Tiger von Eschnapur" sein ... Kein anderer Fürst im alten Rajputana war mächtiger als der Maharana von Mewar, der in Udaipur residierte. Ihm standen als einzigem Rajputen-Herrscher im britischen Weltreich 19 Salutschüsse zu – zwei mehr als den Potentaten von Jaipur oder Jodhpur.

Jodhpur

Die Meherangarh-Festung, ein auf den ersten Blick düster wirkendes Bauwerk, thront hoch über der Stadt, deren Gassengewirr von oben weißblau wie eine griechische Inselsiedlung wirkt. Der Besuch dieses Rajputen-Kastells, dessen Ursprünge aus dem 15. Jahrhundert stammen, lohnt unbedingt; ich kenne kein anderes Museum, das den Lebensstil der Maharajas, aber auch Kunst und Kultur der alten Rajputen-Geschlechter, so spannend widerspiegelt wie hier in diesem Palast. Dagegen ist „Umaid Bhavan", heute ein Luxushotel, eher ein abschreckendes Beispiel für den Geschmacksverfall indischer Fürsten in diesem Jahrhundert. Einen Teil des Protzpalastes bewohnt noch immer die Familie des Rathors (so der Fürstentitel) von Jodhpur.

Bikaner

Wüstenstadt im Norden der Provinz; knapp 400 000 Einwohner. Auch hier lohnt wieder eine Festung (Fort Junagarh aus dem 16. Jahrhundert) die Besichtigung. Und wie in vielen anderen Städten Rajasthans läßt sich auch in Bikaner in einem Maharaja-Palast Quartier machen („Lalgarh Palace", zu einem Teil noch immer von der Fürstenfamilie bewohnt). Der oft angebotene Besuch einer Kamelfarm am Rande der Wüste ist eine eher langweilige Veranstaltung. Die Zeit verbringt man besser im Garten des Maharaja-Hotels, wo die Stimmung nostalgisch-still ist.

Nagaur

Wüstennest in der Wüste Thar; elfeinhalb Monate lang ohne jede Bedeutung, aber zweimal im Jahr strömen Hunderttausende in den Ort, um Viehmärkte abzuhalten, die zu den farbenprächtigsten der Welt gehören. Aus klimatischen Gründen ist der Markt im August für Reisende weniger empfehlenswert; der andere dagegen, Anfang Februar, könnte allein Motivation genug für eine Reise nach Indien sein (genaue Termine stehen etwa vier Monate vorher fest; beim Indischen Verkehrsamt in Frankfurt erfragen). – Die Landschaft ist – wie alle Wüsteneien dieser Erde – erst auf den zweiten Blick äußerst reizvoll; Jeep- und Kamel-Safaris, die angeboten werden, lohnen die Teilnahme für sportlich orientierte Erlebnisreisende.

Pushkar

Ein Ort, an dem man gut zur Besinnung kommen kann – mit Ausnahme der Tage im November, wenn der große Viehmarkt und das Pilgerfest (Kartik Poornima) fast eine halbe Million Besucher an den heiligen See locken (die Legende, die sich um dieses Gewässer und den Brahma-Tempel an seinen Ufern rankt, habe ich im Kapitel „Rajasthan: Ein Turban voller Legenden", Seite 152 ff., ausführlich beschrieben). Wie für Nagaur gilt auch für Pushkar: Den genauen Termin des Festivals erfährt man ein gutes Vierteljahr im voraus über die indischen Verkehrsämter (siehe „Ratgeber", S. 264). – Ajmer, nur ein paar Kilometer entfernt, ist ein bedeutendes Moslem-Heiligtum. Das Wallfahrtszentrum Dargah lohnt dort den Besuch.

Mount Abu

Lieblingsziel indischer Flitterwöchner; landschaftlich herrlich auf 1200 Metern

Höhe gelegen. Über 200 steile Stufen erreicht der Besucher einen Durga-Tempel (Adhar Devi). Vor allem aber sind einige Jain-Tempel auf dem Abu-Berg sehenswert. Der Reiz des Besuches liegt in der schönen Natur und in der besonderen Stimmung, die durch den fast ausschließlich indisch geprägten Tourismus wirkt; nirgendwo lassen sich Religion und Kunst der Jains besser und in größerer Ruhe studieren als hier.

Punjab, manchmal auch (eingedeutscht) „Pandschab" geschrieben, heißt Fünfstromland. Mit diesem Begriff ist erstens die historische Großlandschaft gemeint, die heute teilweise zu Indien, aber vor allem zu Pakistan gehört; alte Hautstadt des Punjab war Lahore, einst eine der bedeutendsten Städte Britisch-Indiens, heute Metropole des pakistanischen Punjab. Zweitens meint man damit den indischen Bundesstaat Punjab; er wird mehrheitlich von Sikhs bewohnt. Im Staat Haryana, früher auch ein Teil des Punjab, sind Hindus in der Überzahl. Diese religiösen Gegensätze hatten 1966 zur Spaltung geführt. Gemeinsam ist beiden Unionsstaaten die Hauptstadt Chandigarh.

Das Punjab ist eine reiche Provinz; der Wohlstand gründet sich einzig und allein auf den Fleiß der Sikhs, denn Bodenschätze gibt es nicht. Während der Punjab eine Kornkammer Indiens ist, gilt Haryana, das intensive Rinderzucht pflegt, als „Milchquelle".

Obwohl die Region zu den Kernländern indischer Kultur gehört, werden beide Staaten von Touristen wenig besucht. Hauptgrund ist der seit Jahren schwelende Unruheherd, ausgelöst

durch militante Sikhs, die ihr Territorium aus der Indischen Union lösen möchten (ihr Ziel ist ein eigenes Land „Khalistan").
Zweiter Grund: Es gibt nicht viel zu sehen. Bis auf Amritsar – das religiöse Zentrum der Sikhs – sind beide Staaten landschaftlich wie kulturell nicht besonders reizvoll für Besucher aus dem Ausland. Ohnehin ist das Punjab seit Jahren mehr oder minder gesperrt und – wenn überhaupt – nur mit Sondergenehmigung zu bereisen.

Amritsar
Bis zum Ausbruch der Unruhen Anfang der achtziger Jahre gehörte der Goldene Tempel – das fast vierhundert Jahre alte Hauptheiligtum der Sikhs – zu den Standardzielen fast aller Indien-Rundreisen. Nach dem Sturm dieses Tempels durch die indische Armee im Sommer 1984 – die Antwort auf grausamen Terror fanatischer Sikhs – müssen die Stadt und das Heiligtum aus den Programmen ausgeklammert werden. Falls aber die Sicherheitslage den Besuch erlauben sollte, ist der Abstecher unbedingt lohnend. Allein die Atmosphäre im großen Tempelbezirk beeindruckt stark; ständige Rezitationen aus dem Granth Sahib, dem heiligen Buch der Sikhs, und sehr poetische Klänge werden den ganzen Tag über Lautsprecher gesendet. Beides klingt überraschend sanft an diesem Ort, von dem soviel Gewalt ausging.

Chandigarh
Halbmillionenstadt; erst nach der Unabhängigkeit geplant und in den fünfziger Jahren nach umstrittenen Vorlagen (47 Planquadrate) von dem legendären französischen Architekten Le Corbusier gebaut: eine sterile, „autogerechte" Stadt ohne besondere Sehenswürdigkeiten. Interessant sind allenfalls die Regierungsgebäude, der Rock Garden (Beton und Felsen; eine etwas skurrile Anlage) sowie der Rosengarten, in dem es – so heißt es vor Ort – mehr als tausend Rosenarten zu bewundern gibt.
Die vielen tausend Studenten der renommierten Universität geben der Metropole einen jugendlichen Anstrich. Touristen besuchen Chandigarh häufig als Etappenstation auf dem Weg nach Simla oder in den Norden (Dalhousie, Jammu und Srinagar).

Folgende Doppelseite: Heute wie vor tausend Jahren: Zigeuner ziehen mit Pferd und Wagen durch Nordindien, rasten am Rande der Städte oder machen für ein paar Tage Halt auf einem Viehmarkt. Bei ihnen ist es nicht ungewöhnlich, daß auch Frauen die Wasserpfeife rauchen.

Gujarat

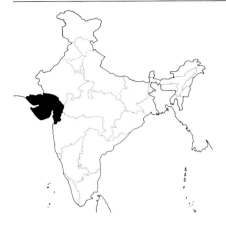

Der am weitesten westlich gelegene Unionsstaat ist touristisch noch nahezu unentdeckt. Drei unterschiedliche Landschaftszonen prägen die Provinz, die auf eine sehr lange Geschichte zurückblickt. Der Unionsstaat dieses Namens entstand allerdings erst 1960, als der ehemalige Bombay-Staat in Maharasthra und Gujarat geteilt wurde; ein Sprachenstreit war dafür die Ursache. Dieses sind die drei Großlandschaften: Steppenwüste im Landesteil Kutch, der an Pakistan grenzt; die große Halbinsel Kathiawar, ein eher karges, hügeliges Bauernland, das auch Saurashtra genannt wird; und schließlich Anarthalat, das Festland im Osten, wo viel Baumwolle angebaut wird. Zwar ist die Industrie an einigen Stellen stark ausgebaut worden, so am Golf von Kutch; dennoch haben sich gerade in diesem Staat viele ländliche Traditionen des alten Indien besonders rein erhalten.

Ahmedabad

Alte Hauptstadt der Gujaratis (seit 1970 ist Gandhinagar, 25 Kilometer entfernt, die neue offizielle Kapitale); mit 2,6 Millionen Einwohnern und bedeutender Textilproduktion eine der wichtigsten indischen Großstädte; Verkehrsknotenpunkt. Im Sommer heiß und staubig. Die vielen Moscheen, Tempel und die unverfälschte Atmosphäre einer typisch westindischen Großstadt (mit hohem Moslem-Anteil) machen einen Besuch empfehlenswert. Neben den zahlreichen Sakralbauten zählt auch der Gandhi-Ashram, das schlicht und eindrucksvoll ausgestattete einstige Hauptquartier des Mahatma im Freiheitskampf gegen die Briten, zu den herausragenden Sehenswürdigkeiten.

Besonders lebhaftes und malerisches Basarviertel (Manek Chowk). Wie üblich heißt auch hier die wichtigste Moschee Jami Masjid, Freitagsmoschee. Sie wurde vom Stadtgründer (und Namensgeber) Ahmed Shah im 15. Jahrhundert erbaut; sein Mausoleum grenzt an diese Moschee, die zu den größten im indisch-islamischen Kulturbereich gehört.

Palitana

Auf dem Shatrunjaya (Hügel des Sieges) sind genau 863 Jain-Tempel – alle aus der Zeit nach 1500 – das Ziel zahlreicher Pilger dieser Religionsgemeinschaft. Wer sich frühmorgens auf den knapp zweistündigen Weg über viele Stufen macht, kann gegen 10 Uhr miterleben, wie die Jains ihre Propheten-Statuen waschen, kleiden und anbeten. Das Städtchen Palitana und das etwas außerhalb liegende Jain-Heiligum sind ein spannendes Ziel für Individual-Reisende, die ein angenehmes Quartier im staatlichen Hotel Sumeru finden; Reservierungen sind über die Tourism Corporation of Gujarat in Ahmedabad möglich.

Uttar Pradesh

Kein anderer Bundesstaat hat mehr Einwohner (mit über 120 Millionen Menschen ist U.P., wie die Inder diese Provinz abkürzen, bevölkerungsreicher als Japan); kein anderer Unionsstaat weist gleichzeitig so viele bedeutsame Heiligtümer, sehenswerte Orte und großartige Landschaften auf. U.P. reicht von den Himalaya-Riesen, unter denen der Nanda Devi mit gut 7820 Metern herausragt (vor der Angliederung Sikkims war dies Indiens höchster Berg) bis zur Ganges-Tiefebene. An den Ufern dieses heiligsten aller indischen Ströme liegen so berühmte Pilgerorte wie Rishikesh und vor allem Varanasi (Benares). U.P. ist altes Hindu-Kernland – und doch liegen in diesem Staat gleich zwei Sehenswürdigkeiten von Weltruf, die sich mit anderen großen Religionen verbinden: an erster Stelle das Taj Mahal in Agra, legendäres Denkmal der Liebe eines Moslemfürsten; aber auch der Gazellenhain zu Sarnath, wo Buddha zum erstenmal predigte.

Lucknow

Die Millionenstadt, Verwaltungsmetropole von U.P. und eine der wichtigsten Städte in der Geschichte Britisch-Indiens, wird von Reisenden nicht so oft besucht. Ihre Sehenswürdigkeiten – Prunkbauten einstiger Moslemherrscher – stehen hinter den Monumenten von Agra und Delhi (und auch Lahore im heutigen Pakistan) zurück. Wer die Stadt auf seinem Reiseprogramm hat, sollte nicht nur die Mausoleen (Großes und Kleines Imambara aus dem 18. und 19. Jahrhundert), die Moscheen und Türme anschauen, sondern auch die Reste der einstigen Residenz der Briten. Lucknow war ein heißumkämpftes Zentrum im Sepoy-Aufstand von 1857.

Rishikesh

Neben Hard(i)war der bedeutendste Hindu-Pilgerort am Austritt des Ganges aus den Felsenschluchten des Himalaya in die Tiefebene. Nirgendwo werden mehr Meditations- und Yoga-Kurse angeboten als in den Ashrams am „Ort der heiligen Männer", das ist die Bedeutung des Namens Rishikesh. Die Landschaft ist atemberaubend schön, die Atmosphäre von einer Frömmigkeit geprägt, die nicht ganz frei von Geschäftstüchtigkeit ist – wie an allen großen Wallfahrtsorten auf der Welt.

Hardwar

Auch Hardiwar geschrieben; mit fast 300 000 Einwohnern zehnmal so groß wie das hübschere Rishikesh. Alle zwölf Jahre ist dieser Pilgerort, 25 Kilometer südlich von Rishikesh, Schauplatz eines der spektakulärsten religiösen Feste Indiens: Mehrere Millionen Menschen treffen sich dann zur „Maha Kumbh Mela", das nächste Mal 1998. Kumbh (oder Kumbha) heißt Gefäß – und dieser Begriff steht für eine Legende: Noch bevor die Welt erschaffen war, stritten sich Götter und Dämonen um ein Gefäß, das Nektar enthielt. Dabei fielen einige Tropfen auf die Orte, die heute alle Ziel frommer Wallfahrer sind: Prayag, Nasik, Ujjain und, besonders heilig, Hardwar.

Agra
Die Fast-Millionenstadt beherbergt mit dem Taj Mahal nicht nur das wohl meistfotografierte Bauwerk der Welt, sondern auch das Symbol Indiens. Achtes Weltwunder wird dieses Mausoleum Mumtaz Mahals genannt, der Gemahlin des Großmoguls Shah Jahan. Sie starb mit 38 Jahren bei der Geburt ihres 14. Kindes.
Das Taj Mahal ist wirklich so überwältigend, wie immer wieder behauptet wird. Keine Postkarte, kein Foto kann die Harmonie der Proportionen so eindrucksvoll wiedergeben, wie sie sich dem Betrachter darstellt. Und auch dies gehört zum Wunder: obwohl zu jeder Zeit Scharen von Besuchern auf das Denkmal zugehen, obwohl also niemand in der Lage sein wird, das Taj Mahal ganz für sich allein zu genießen, strahlt die ganze Anlage Ruhe und Frieden aus (völlig anders zum Beispiel als die Pyramiden in Ägypten). Wer es einrichten kann, sollte Agra auch nicht nur auf einem Tagesausflug von Delhi aus besuchen, sondern hier übernachten; das bietet die Gelegenheit, das schönste Marmorgebäude der Welt zu verschiedenen Tageszeiten und damit in unterschiedlichem Licht zu bewundern. Um 1650 wurde das Denkmal fertiggestellt – nach einer Bauzeit, über die sich die Kunsthistoriker nicht einig sind (zwischen 18 und 22 Jahren, so schwanken die Angaben darüber). – Außer dem Taj lohnt auch das große Rote Fort den Besuch von mindestens einem Vor- oder Nachmittag. Es ist die imposanteste Festungsanlage aus der Mogulzeit und spiegelt diese für die indische Kulturgeschichte so wichtige Periode eindrucksvoll wider. Die vier bedeutendsten Mogulkaiser haben ihren Anteil an dieser Festung: Sie wurde von Akhbar dem Großen 1565 begonnen, von Jahangir fortgesetzt, von Shah Jahan vollendet und von Aurangzeb ergänzt.

Fatehpur Sikri
Die von Akhbar dem Großen errichtete und schon bald nach der Fertigstellung in der zweiten Hälfte des 16. Jahrhunderts verlassene Palaststadt gehört zu den ganz großen Sehenswürdigkeiten Nordindiens. Fatehpur Sikri, knapp 40 Kilometer südwestlich von Agra gelegen, soll in der kurzen Zeit seiner Blüte größer als London gewesen sein; das jedenfalls berichtete der zeitgenössische britische Reisende Ralph Finch. Er erzählte einem staunenden Publikum von hundert Hofelefanten, 30 000 Pferden und einem Harem, in dem 800 Frauen gelebt haben. Für die Besichtigung der Paläste und Moscheen, die sich über einen großen Komplex erstrecken, sollte man einen ganzen Tag einkalkulieren.

Varanasi
Seit über tausend Jahren gilt die Stadt am Ganges, die von den Briten Benares genannt wurde, als heiligster Ort ganz Indiens. (Die Atmosphäre dieser Stadt wird ausführlich ab Seite 188 ff. geschildert.) Dieses sind die wichtigsten Sehenswürdigkeiten: Der Vishvanath-Tempel ist einer Inkarnation Shivas geweiht; der ursprüngliche Tempel, neben dem heutigen, wurde vom Mogulkaiser Aurangzeb zerstört und 1776 in seiner jetzigen Größe und Schönheit wieder aufgebaut. Eine Spende des Maharajas von Lahore ermöglichte die Vergoldung des glockenförmigen Kuppelturms (in

Form eines Lingams). Zu den vielen Tempeln, die Atmosphäre und Stadtbild prägen, gehören Schreine, die der fürchterlichen Göttin Durga geweiht sind, ein Hanuman (Affengott)-Tempel und der Annapurna-Tempel. Die schönste Moschee heißt Gyanvapi, sie wurde aus dem Material des zerstörten Vishvanath-Tempels an der Stelle erbaut, wo der erste Tempel stand. Die Minaretts dieses islamischen Gotteshauses, das auch Aurangzeb-Moschee genannt wird, sind 70 Meter hoch.
Die wichtigsten Ghats (Badestufen am Ganges) heißen Dasasvamedh (Platz von Brahmas Zehnpferde-Opfer); Mandi Ghat (wo der Raja von Jaipur eines seiner vier Observatorien erbaute) und – besonders heilig und besonders hübsch gelegen – das Manikarnika-Ghat, wo Shivas Anhänger voller Inbrunst beten, ihre Pujas verrichten und auf den Stufen in stunden-, oft tagelanger Meditation verharren. – Obwohl Varanasi fast eine Million Einwohner zählt, hat sich die Stimmung einer heiligen Pilgerstadt mit ihrer sehr fremden Atmosphäre nahezu unverfälscht erhalten. Wer auf eigene Faust in Varanasi unterwegs ist, tut gut daran, vor Sonnenaufgang an den Fluß zu gehen und sich dort ein Boot zu mieten. Von der Wasserseite aus ist das Leben und Treiben auf den Ghats und an den Tempeln am besten zu beobachten.

Sarnath
Ein paar Kilomter vom heiligsten Ort der Hindus entfernt, bezaubert einer der heiligsten Plätze der Buddhisten den Besucher. Von hier aus hat Buddha mit seiner ersten Predigt das Rad der Lehre in Bewegung gesetzt. An den buddhistischen Kaiser Ashoka, der hier im dritten vorchristlichen Jahrhundert viele Tempel und Klöster stiftete, erinnert im Archäologischen Museum die Ashoka-Säule. Das Löwenkapitell dieser Säule ist seit der Unabhängigkeit offizielles Staatssymbol des modernen Indien.

Karnataka

Der Unionsstaat, nahezu identisch mit dem einstigen Mysore-Staat, gehört zu den interessantesten Reiseregionen Indiens – kulturell und landschaftlich. Ein fruchtbarer Küstenstreifen geht ins wildreiche Gebiet der Westlichen Ghats über, das noch immer von Resten dichter Regenwälder bedeckt ist. Daran schließt sich die sogenannte Dekhan-Scholle an, ein felsiges, nicht sehr vegetationsreiches Hochland. Die abwechslungsreiche Geschichte hat großartige Zeugnisse hinterlassen, zum Beispiel die Tempel von Halebid und Belur aus dem 12. Jahrhundert und die Ruinen von Vijayanagar, das einmal die Hauptstadt eines großen Hindureiches war.

Bangalore

Eine sehr grüne, recht saubere und gleichwohl sehr indische Stadt von immerhin fast vier Millionen Einwohnern. Heute ist sie ein Zentrum moderner Technologien. Märkte und die Altstadtviertel werden für ausländische Besucher vielleicht am anziehendsten sein; die Briten schätzen Bangalore, auf fast tausend Metern Höhe gelegen, wegen des gut verträglichen Klimas. Die dynamische Hauptstadt von Karnataka gilt als „Stadt der Zukunft"; im Süden ist man davon überzeugt, daß sie noch in diesem Jahrzehnt Madras den Rang als wichtigste Stadt Südindiens ablaufen wird.

Hampi (Vijayanagar)

Vijayanagar, Stadt des Sieges: im späten indischen Mittelalter Metropole eines ausgedehnten Hindureiches, heute eine Ruinenstadt, Ziel frommer Pilger, Schatzkammer für Archäologen. Eine halbe Million Menschen soll hier im 15. und 16. Jahrhundert gelebt haben, geschützt von einer Million Soldaten. Die weiträumigen Tempelanlagen bei Hampi künden vom Wohlstand und Kunstsinn einer Epoche, die ihr jähes Ende 1565 fand, als Moslem-Eroberer das Hindureich zerschlugen. Einmal im Jahr, jeweils zum ersten Wintervollmond, kehrt Leben in die Ruinen zurück. Dann feiern Zigtausende Shivas „Verlobung" mit Pampa, einer göttlichen Geliebten von regionaler Bedeutung.

Mysore

Vieles, was Indien legendär gemacht hat, stammt aus dieser alten Maharaja-Residenz oder wurde hier zu kunstvoller Blüte gebracht: Jasmin, Seide, Sandelholz und Paläste wie aus den Märchen aus Tausendundeiner Nacht. Keine andere Stadt riecht so intensiv indisch wie diese Halbmillionenstadt, die ihre Weihrauch-Stäbchen, handgeschnitzt aus Bambus, in alle Welt exportiert. Neben den angenehmen Düften trägt auch die gelassene Atmosphäre dazu bei, daß die Stadt eines der Lieblingsziele Individualreisender ist. Zu den Sehenswürdigkeiten gehören der Maharaja-Palast sowie der Tempel auf dem Chamundi-Hügel, wo Indiens größte Nandi (Stier)-Statue die Hauptattraktion ist.

Der Stier auf dem Chamundi-Hügel ist Indiens größte Nandi-Figur. Nandi ist das Reittier des Gottes Shiva.

Andhra Pradesh

Dieser große Unionsstaat im zentralen Süden entstand Mitte der fünfziger Jahre aus Teilen des alten Maharaja-Staates Hyderabad und des ehemaligen Madras-Staates. Wie in Karnataka finden sich auch in dieser Region viele bei uns nicht so bekannte Zeugnisse untergegangener Reiche; neben Pilgerzentren der Hindus wie Tirupati oder Visakapatnam (meistens nur Visak genannt) legen auch Stupa-Ruinen Zeugnis von buddhistischen Blütezeiten ab (zum Beispiel in Amaravati, westlich von Hyderabad gelegen).

Hyderabad

Dreimillionenstadt mit stark islamischer Prägung. Die wichtigsten Sehenswürdigkeiten erinnern an die Macht moslemischer Herrscher: Herausragende Attraktion und Wahrzeichen ist der Char Minar, eine Mischung aus Triumphbogen, Moschee und Palast. Sehr viele Inder kennen die markante Silhouette dieses Bauwerks aus dem Ende des 16. Jahrhunderts, denn es ziert die Packung einer bekannten Zigarettenmarke. Neben dem Char Minar steht die Mekka-Moschee, die zu den imposantesten Sakralbauten Moslem-Indiens zählt. – Wer Tiere gern aus der Nähe beobachtet: der Nehru-Zoo ist einer der schönsten, vielleicht der schönste in ganz Indien.

Golkonda

Die Zitadelle, heute ein Vorort der Hauptstadt, hat so große Ausmaße, daß zu ihrer ausführlichen Besichtigung mindestens ein halber Tag notwendig wäre. Sie stammt aus der Zeit der Qutb-Shahi-Herrscher, einer moslemischen Dynastie des 16. und 17. Jahrhunderts. Wen die Ruinen, Bastionen und Wälle erdrücken, findet einen Kilometer entfernt Erholung in einem hübschen Garten; dort sind die Grabstellen von 22 Qutb-Königen. (Wie an vielen Orten, die von Touristen gern besucht werden, muß auch hier eine kleine Extra-Gebühr für Foto-Apparate bezahlt werden. Ärgern Sie sich nicht darüber: erstens sind es umgerechnet nur Pfennige, und zweitens trägt der kleine Betrag zum Auskommen der Wärter und Kassierer bei.)

Tamil Nadu

Gegenüberliegende Seite:
Der Strandtempel von Mahabalipuram.

Kein anderer Unionsstaat im Süden hat dem Besucher mehr an kulturellen Sehenswürdigkeiten zu bieten wie das Land der fast 60 Millionen Tamilen. Wer auf der Straße der Tempel (siehe Seite 134 ff.) zu den Zentren drawidischer Hochkulturen reist, nähert sich der Seele Indiens. Das Leben in den Dörfern und Städten ist nach wie vor von tiefer Religiosität und uralten Traditionen geprägt. Auch die vielfältigen Schönheiten der Natur – Traumstrände an der Koromandelküste, hitzeflirrende Sandebenen und Reisfelder, Urwälder, Tierreservate und die Hill Stations in den Blauen Bergen der Westghats – machen diesen Staat zu einem der wichtigsten Zielgebiete, das allein eine mehrwöchige Reise lohnt.

Madras
Hauptstadt von Tamil Nadu; mit etwa vier Millionen Einwohnern größte Stadt des Südens. 1639 als Handelsniederlassung der East India Company gegründet, war sie eine der Keimzellen Britisch-Indiens. Zahlreiche Gebäude, Kirchen und Festungsanlagen legen Zeugnis ab von der Kolonialgeschichte: das Fort St. George und Georgetown bilden das Herz der Altstadt; vom Turm des Obersten Gerichtshofs lohnt der Ausblick; die Kirchen St. Mary und St. Thomas (Kathedrale) sowie das alte Regierungsgebäude sind weitere Denkmäler jahrhundertelanger britischer Präsenz in Südindien. Wie Bombay, Kalkutta und Delhi leben auch in Madras Hunderttausende unterhalb sogenannter statistischer Armutsgrenzen in Slumvierteln. Den Besucher aber springt das Elend in dieser Stadt nicht so brutal entgegen wie in Bombay oder gar in Kalkutta; dazu mag der eher gemächliche Lebensstil des Südens beitragen, vielleicht auch die sehr großzügig wirkende Stadtanlage mit der kilometerlangen Küstenstraße am Marina-Strand, die über weite Strecken Boulevard-Charakter hat. Dieser Strand zieht sich 60 Kilometer nach Süden bis Mahabalipuram, eine der Tempelstädte, für die Madras ein guter Ausgangspunkt ist. Hochschulen und andere Institute sind Zentren pulsierenden Kulturlebens, zu dem die Pflege des klassischen Tanzes gehört (Bharat Natyam, siehe im Kapitel „Musik und Tanz", Seite 55 ff.). Neben Bombay ist Madras die wichtigste Filmstadt Indiens. Einer der Mogule des einträglichen Filmgeschäfts für die Massen, Nagi Reedi von den Vauhini-Studios, hat elegante Gärten für die Öffentlichkeit, vor allem aber pompöse Hochzeitshallen gestiftet. Dort finden von Zeit zu Zeit farbenprächtige Massenhochzeiten statt, bei der Hunderte von Brautpaaren unter Kronleuchtern tafeln, die Damen in Saris aus bester Kanchipuram-Seide gehüllt. Die Festgesellschaften fühlen sich durch kleine Gruppen staunender Besucher aus dem Westen geehrt; Hotelportiers und das amtliche Touristenbüro von Tamil Nadu (in der Anna Salai 154) kennen die Termine.

Pondicherry

Nicht nur die Uniformen der Polizisten und die Straßennamen, die mit „Rue ..." beginnen, erinnern daran, daß dieses heutige Unionsterritorium fast 300 Jahre lang französische Kolonie war (bis 1954). Teile der Altstadt wirken wie eine südfranzösische Kleinstadt: Der alte Gouverneurspalast heißt Grand Palais, französische Kulturinstitute pflegen die Nostalgie, und nicht nur in der „Rue Romain Rolland" hat ein „Coiffeur" sein Geschäft. Noch immer wird in Pondicherry von einer Ville Noire (einst das „Eingeborenenviertel") und einer Weißen Stadt gesprochen. Mehrere hundert Gebäude dieser Ville Blanche sind Teil des weltberühmten Ashrams, der 1920 von dem bengalischen Philosophen Sri Aurobindo gegründet wurde. Der Denker, der zunächst Revolutionär war, entwickelte in der friedlichen Abgeschiedenheit Französisch-Indiens ein spirituelles System, das moderne Wissenschaft mit den uralten Weisheiten des Yoga vereint. Die Lehre wurde nach seinem Tode (1950) von seiner französischen Lebensgefährtin fortgesetzt und ausgebaut. Sie wurde weiten Kreisen unter der Bezeichnung „Mutter" bekannt. Ihre Gründung Auroville, eine futuristische Stadt für Weltbürger, steht auf dem Ausflugsprogramm fast aller Pondicherry-Besucher.

Auroville

Modell für eine bessere Welt sollte diese Stadt der Zukunft sein, deren Bau 1968 mit UNESCO-Geldern begonnen wurde. Fünfzigtausend Menschen aus aller Welt sollten hier einmal leben, ohne Autos, aber auch ohne Geld; Landwirtschaft und Kultur wollte man gemeinsam erarbeiten und gemeinsam die Früchte ernten. Noch immer wirkt die Stadt unfertig; nur etwa tausend Menschen („Weltbürger") leben ständig in der weitläufigen Siedlung, zehn Kilometer von Pondicherry entfernt. Mit Mietfahrrädern läßt sich das Gelände am leichtesten erkunden.

Mahabalipuram

Die Tempelstadt, auch Mamallapuram genannt, gehört zweifellos zu den Höhepunkten einer Südindienreise; die großartigen Monumente, alle in der Zeit der Pallava-Könige im 7. und 8. Jahrhundert entstanden, wollen in aller Ruhe betrachtet werden. Für den Ausflug an den Strand von Mahabalipuram, etwa 65 Kilometer von Madras entfernt, sollte deshalb mindestens ein ganzer Tag eingeplant werden. Die wichtigsten Sehenswürdigkeiten: die fünf Rathas – steinerne Tempelwagen, monolithisch aus dem Granit gemeißelt; das Felsenrelief „Arjunas Buße", das auf einer Fläche von 30 mal 10 Metern ein spektakuläres Panorama aus dem Mahabharata-Epos zeigt; der Strandtempel, wo Shiva in Form eines großen steinernen Lingam und Vishnu als schlafender Gott verehrt werden. Die Flut überspült regelmäßig den unteren Teil des Tempels; wenn sich das Wasser wieder zurückzieht, scheint das Shiva-Symbol aus dem Meer zu wachsen – Sinnbild für den ewigen Wechsel von Zerstörung und Neubeginn.

Kanchipuram

Auch hier haben sich zunächst die kunstfreudigen Pallavas, deren Hauptstadt vor 1200 Jahren Kanchipuram war, mit Tempeln verewigt, die zu den schönsten Indiens gehören. Bestes Beispiel für die hochentwickelte Architektur jener Epoche ist der Kailasanatha-Tempel. Später ließen auch die Chola-Herrscher, die nach den Pallavas weite Teile Südindiens vereinigten, und noch viel später die Vijayanagar-Könige (siehe „Hampi", Seite 238) Tempel errichten, die den Besucher staunen lassen. Der größte Sakralbau aus der Vija-Zeit (frühes 16. Jahrhundert) heißt Ekambarashvara. Er ist Shiva geweiht und wegen seiner Größe und Schönheit so etwas wie das Wahrzeichen der Stadt, die heute über 150 000 Einwohner zählt. Wie an vielen Orten Südindiens gehört eine „Halle der tausend Säulen" zur Tempelanlage: es sind in diesem Falle genau 540, die meisten davon mit Skulpturen und prächtig dekorierten Friesen geschmückt. Der Gopuram dieses Tempels ist mit knapp 60 Metern einer der höchsten Tortürme Südindiens. Von seiner Spitze bietet sich ein herrlicher Blick über die heilige Stadt. Und noch eine Besonderheit: Der Mangobaum im Hof des Tempels – er soll 3500 Jahre alt sein – gliedert sich in vier Äste. Sie stehen der Legende zufolge für die vier Veden (Weisheiten); die Früchte „jeder Richtung" sollen unterschiedlich schmecken. Dem Baum wird eine Kraft zugesprochen, die Fruchtbarkeit auslöst; in den Sommermonaten, zur Mangosaison, umrunden deshalb vor allem Frauen den Baum. Der dritte bedeutsame Tempel, Vaikuntha-Perumal, ist ein Vishnu-Heiligtum. – Kanchipuram wird in ganz Indien für seine schönen Seidenstoffe gerühmt.

Tiruchirapalli
Jedermann im Süden nennt die Halbmillionenstadt kurz und bündig „Trichy". Sie ist von einer Felsenfestung gekrönt, zu der ein Shiva-Tempel aus dem 17. Jahrhundert und einige Höhlen-Heiligtümer aus der Pallava-Zeit gehören, die tausend Jahre älter sind. Vom „Rock Fort" aus gut zu sehen und wichtigster Ausflugsort für Trichy-Besucher: der Sri Rangam Tempel. Dieses bedeutendste Vishnu-Heiligtum des Südens, vielleicht ganz Indiens, lohnt den Besuch für Kunstinteressierte, aber auch für Reisende, die sich von der Atmosphäre des betriebsamen und sehr exotisch wirkenden Pilgerbetriebs gefangennehmen lassen wollen.

Thanjavur
Alte Hauptstadt des Chola-Reiches (10.–14. Jahrhundert); früher auch Tanjore genannt. Kein Shiva-Tempel in ganz Indien kann es an harmonischer Schönheit mit dem Brihadishvara aufnehmen. Architektonische Besonderheit: Während normalerweise bei südindischen Tempeln der Eingangsturm (Gopuram) wesentlich größer ist als der Turm über dem Heiligtum (Vimana), ist es bei diesem tausend Jahre alten Tempel umgekehrt: Der Vimana ragt mit fast 66 Metern weit über die Tortürme am Eingang hinaus. Weitere Sehenswürdigkeit in der an Tempeln reichen Stadt ist der Palast der Nayak-Könige aus Madras, im 16. Jahrhundert auf den Ruinen eines Chola-Palastes erbaut. Indologen und speziell interessierte Laien finden in der Palast-Bibliothek eine der kostbarsten Sammlungen alter Palmblatt- und Sanskrit-Manuskripte.

Madurai
Die Stadt, deren Einwohnerzahl sich auf die Millionengrenze zubewegt, ist das Zentrum drawidischer Hochkultur; der Tempel der fischäugigen Göttin Minakshi, im Herzen der Altstadt, gehört zu den herausragendsten Heiligtümern des Subkontinents, in Südindien so bedeutsam wie Varanasi im Norden. Vor der Besichtigung der weiträumigen Tempelanlage sollte man sich mit einem Blick vom gut 60 Meter hohen Südgopuram eine Vorstellung über die Aus-

Gegenüberliegende Seite: Reisbäuerin aus dem Südstaat Karnataka. Die Setzlinge, etwa zehn Zentimeter hoch, werden in die bewässerten Felder gepflanzt. Bei der Ernte – zweimal im Jahr möglich – werden sie etwa 70 Zentimeter hoch.

maße der heiligen Stadt verschaffen. Der Rundgang beginnt anschließend am besten am östlichen Torturm. Von dort dringt der Besucher durch dunkle Gänge in Hallen und Innenhöfe, in denen schwer verständliches religiöses Leben und Treiben wirkt. In das Allerheiligste, wo die diamantengeschmückte Göttin wohnt, dürfen nur Brahmanen eintreten. Minakshi, regionale Inkarnation der Shiva-Gattin Parvati, ist eigentlich eine uralte Naturgottheit aus vorgeschichtlicher Zeit. Heute wird sie in großen Hochzeitszeremonien, alljährlich zur Chitrai-Saison (etwa April), mit Shiva vermählt, der hier als Sundareshvara, als „schöner Bräutigam", verehrt wird. Aber auch wer nicht zur Chitrai-Zeit in Madurai ist, kann jeden Abend die kosmische Vereinigung der Götter miterleben, über die im „Südindien-Kapitel" des Textteils (Seite 134 ff.) ausführlich berichtet wird. Am Südtor weist eine Tafel auf Opferzeiten und andere Zeremonien hin. – Die Landschaft um Madurai wird durch glänzende Reisfelder geprägt; es ist eine feuchtheiße, fruchtbare Ebene, aus der an vielen Stellen Kokospalmen und Tempeltürme ragen.

Rameshvaram
Dieser bedeutende Wallfahrtsort der Hindus, auf einer Insel im Westen der Adamsbrücke zwischen Indien und Sri Lanka gelegen, war in der Ramayana-Legende der „Fährhafen" für Rama, als er seine Sita mit Hilfe des Affengenerals suchen ging. Ein Tempel, im 17. und 18. Jahrhundert erbaut, erinnert an die Geschehnisse dieses gewaltigen Epos, das in Indien fast jedes Hindukind kennt.
Die Adamsbrücke ist eine Kette kleiner Inseln zwischen der Palk-Bucht im Norden und dem Golf von Mannar im Sü-

den. Wenn der Verkehr nicht wegen unruhiger Zeiten auf Sri Lanka eingestellt ist, fahren von Dhanuskodi bei Rameshvaram die Fährschiffe zur Insel Lanka ab, die früher Ceylon hieß.

Ootacamund
Wie bei vielen Orten mit einem langen Namen, hat sich auch für diesen Höhenkurort in den Nilgiris (Blauen Bergen) eine Abkürzung durchgesetzt: Schon in den Zeiten des Britischen Raj erholte man sich gut in „Ooty". Heute hat das Städtchen mit dem angenehmen Klima (auf 2 240 Metern) etwa 80 000 Einwohner.
Wer auf Stil hält – und sich zudem ein großartiges Landschaftserlebnis gönnen möchte –, wird mit der Schmalspurbahn nach Ooty fahren – Ausgangspunkt dieser Halbtagsreise ist Mettupalayam. Bis hierhin fährt der BG-Nilgiri-Expreß aus Madras; dann setzt die Zahnradbahn ein, die mit 13 km/h Höchstgeschwindigkeit die Berge hinaufklettert, durch einen Regenwald, der an die Dschungelbücher vergangener Tage erinnert.
Die Atmosphäre in Ooty, einst die Sommerresidenz der britischen Herren aus Madras, läßt viel Spielraum für nostalgische Reminiszenzen.

Kerala

Kein anderer Staat innerhalb der Indischen Union ist so dicht besiedelt wie dieses tropisch-üppige Land an der Malabarküste. Vieles ist anders in Kerala: der christliche Anteil an der Bevölkerung ist sehr hoch, in manchen Gegenden über 50 Prozent; (Christen leben in diesem südwestlichsten Teil Indiens solange wie in Europa; Juden siedeln hier seit zweitausend Jahren).

Der kleine Staat, etwas größer als Baden-Württemberg, gilt als Musterland: Die Menschen verdienen im Durchschnitt wesentlich mehr als in anderen Staaten, sie können zu über 70 Prozent lesen und schreiben (allgemeiner Durchschnitt: unter dreißig Prozent), die Gesundheitsvorsorge ist nirgendwo in Indien besser organisiert, die Lebenserwartung mit 76 Jahren viel höher als sonst in Indien (54 Jahre).

Drei Gründe werden für die anhaltende Prosperität immer wieder genannt: die früheren Maharajas waren wesentlich fortschrittlicher und am Wohle ihrer Untertanen orientiert als die meisten anderen Fürsten auf dem Subkontinent; christliche Missionare gründeten schon früh Schulen und Krankenhäuser. Das daraus resultierende hochrangige Bildungswesen ließ ein politisches Bewußtsein entstehen, das wiederum in eine erfolgreiche Sozialpolitik mündete.
– Kerala wird seit 1957 von Kommunisten regiert.

Trivandrum

An Kirchenmauern und vor Moscheen, an Telegraphenmasten, gegenüber von Hindutempeln und an Straßenkreuzungen – überall hängen Plakate mit dem Konterfei von Marx, Engels und Lenin. Der Besucher wird also rasch gewahr, wer in Keralas Hauptstadt (600 000 Einwohner) die Macht hat.
Die einstige Residenz der Maharajas von Travancore ist eine lebhafte, angenehme Großstadt, in der unzählige Kokospalmen das Straßenbild bestimmen. Wichtigster Hindu-Tempel ist das Vishnu-Heiligtum Padmanabhasvami, dessen sieben Tortürme (18. Jahrhundert) aus der Altstadt-Festung ragen. – Der Strand von Kovalam, knapp 20 Kilometer vom Stadtzentrum entfernt, gehört zu den schönsten Indiens.

Cochin

Mehr noch als die Hauptstadt ist Cochin ein Ziel für Reisende. Eine legendenreiche Geschichte, eine malerische Lage und überraschende Sehenswürdigkeiten machen die Stadt (600 000 Einwohner) zum wichtigsten Etappenziel für Kerala-Touristen. Hier, wo Vasco da Gama, der den Seeweg nach Indien ums Kap der Guten Hoffnung gefunden hatte, am Fieber starb, wo seit dem Altertum Christen, Juden und Moslems friedlich miteinander ausgekommen sind, wird man den Spuren der frühen Bewohner folgen und zum Beispiel im Mattancherri-Viertel auf eine Synagoge aus dem Jahre 1568 stoßen Ein alter Mann, der zur verbliebenen kleinen Schar von Juden gehört – die meisten sind in den letzten Jahrzehnten nach Israel ausgewandert –, wird die Geschichte zweier sehr unterschiedlicher Gemeinden, der Weißen und der Schwarzen Juden, erklären; der Besucher wird über feine chinesische Porzellanfliesen staunen, mit denen der Fußboden des jüdischen Tempels ausgelegt ist. – Sehenswert auch die St.-Francis-Kirche, ein Gotteshaus aus dem 16. Jahrhundert, das in der Nachbarschaft gepflegter Villen aus portugiesischer und holländischer Zeit steht.

Backwaters
Ein System von Kanälen und Lagunen, über Hunderte von Kilometern verzweigt. Noch immer befördern Segel- und Motorboote Lasten und Menschen; manche Dörfer sind nur auf diesem Wege erreichbar. Eine Fahrt über dieses Gewirr von Wasserstraßen, immer dicht unter Palmen und mit spannenden Ausblicken auf das Leben an den Ufern, gehört zu den empfehlenswertesten Unternehmungen einer Reise durch Südindien – für Kerala ein absolutes Muß. Beste Ausgangspunkte für solche Bootstouren sind die Städte Kottayam und Alleppey oder der besonders idyllisch gelegene Ort Quilon, der für seine Cashewnuß-Plantagen berühmt ist.

Folgende Doppelseite: Darjeeling, hoch oben im Nordosten des Staates West Bengal gelegen, beeindruckt durch seine traumhaft schöne Lage vor der Kanchenjunga-Kette im östlichen Himalaya.

West Bengal

Extreme Landschafts- und Klima-Kontraste kennzeichnen diesen Unionsstaat. Er reicht von den Himalaya-Vorbergen im Norden bis ins feuchtheiße Gangesdelta im Süden. Kernland ist der Westen der bengalischen Tiefebene, die im übrigen Teil heute größtenteils zu Bangladesh gehört. Die alte Provinz Bengalen zerfiel nach der Unabhängigkeit zunächst in das moslemische Ost-Pakistan und den indischen Unionsstaat West Bengal. 1971 löste sich der östliche Teil von Pakistan; es entstand mit Indiens Unterstützung der selbständige Staat Bangladesh. Mit ihm teilt der indische Teil Bengalens die Sprache und Geschichte, nicht aber die Religion. Denn wie schon die Unabhängigkeit Indiens löste auch die Unabhängigkeit Bangladeshs einen Millionenstrom von Flüchtlingen aus: Hindus zogen aus dem Osten in den Westen, Moslems in die entgegengesetzte Richtung.

Kalkutta

Die Elfmillionenstadt, in aller Welt Synonym für Hunger und Elend, für die Unregierbarkeit immer weiter wuchernder Megastädte in der Dritten Welt, hat bei Touristen einen zwiespältigen Klang. Viele wollen sich der Herausforderung, die ein Besuch dieser Metropole ganz zweifellos bedeutet, lieber nicht stellen. Andererseits bieten zwei, drei Tage in Kalkutta – länger werden wohl nur wenige Reisende hier bleiben – die Chance, sich mit den offensichtlichen Problemen auseinanderzusetzen. Außerdem bietet Kalkutta, das eben nicht nur Horrorstadt ist, weitaus mehr, als die Reiseprogramme vieler Indienfahrten vermuten lassen, aus denen die Stadt im Gangesdelta sowieso meistens ausgeklammert wird.

Im Mittelpunkt des Besichtigungs-Interesses stehen gewöhnlich die Relikte der englischen Kolonialherrschaft, die ja Ende des 17. Jahrhunderts von hier ihren Anfang nahm. Zu den Prunkdenkmälern britischer Administration und imperialer Selbstdarstellung gehören das Writer's Building am BBD-Bagh, dem Platz, der noch immer mit seinem alten Namen „Dalhousie" genannt wird. In diesem klobigen Gebäude (1880 erbaut) saßen früher die kleinen Schreiber, die Angestellten der ostindischen Gesellschaft. Heute haben hier mehrere Ministerien der westbengalischen Regierung ihren Sitz; West Bengal wird übrigens seit 1971 kommunistisch regiert – wie Kerala, nur nicht so erfolgreich. – Auch das Hauptpostamt (GPO) und das Tourist Office sind am Dalhousie Square in alten Kolonialgebäuden untergebracht. Ganz in der Nähe, kühl und dunkel: die St.-Johns-Kirche mit einem Mausoleum für Job Charnock, der 1690 die erste Handelssiedlung in den Fiebersümpfen des Gangesdeltas gründete. Sehenswert ist auch die St.-Pauls-Kathedrale am großen Maidan-Platz, ganz in der Nähe des Victoria Memorial. Dieses Denkmal spiegelt wie kein anderes in Indien Glanz und Niedergang des Raj wider. Das läßt sich auch von den Fassaden einiger Gebäude an der ehemaligen Prachtstraße Chowringhee sagen, ganz besonders vom Indian Museum, das ich für das interessanteste des ganzen Landes halte. Wer einen Sinn für verblichene Größe hat, mag auf einen Tee ins alte Great Eastern Hotel hineinschauen; nicht zu verwechseln mit dem Grand, das auch von vergangener Größe kündet, aber zugleich als modernes Luxushotel die Zeiten überdauert hat. – Das Straßenleben läßt sich kaum besser beobachten, als während einer Trambahnfahrt über die Howrah-Brücke, von der es glaubhaft heißt, sie sei die verkehrsreichste der Welt. – Wichtigster Tempel ist jener, der Göttin Kali geweiht ist, der Namensgeberin der Stadt. Über die Bedeutung dieses Heiligtums und über die vielfältigen Reize dieser Stadt wird ausführlich ab Seite 165 ff. berichtet.

Darjeeling

Es ist erstens das am wenigsten bekannte oder am wenigsten bereiste Stück Indien, weit abgelegen auf über 2 100 Metern Höhe am Rande des Himalaya, nur mit Spezialgenehmigung (Permit) zu besuchen, und zuletzt Mitte der achtziger Jahre von einigen Unruhen erschüttert. Und es ist zweitens, „einer der schönsten Plätze der Welt", wie die weitgereiste Journalistin Heidrun Kayser aus Stuttgart meint, die Darjeeling unter anderem so beschrieben hat: „Sattgrüne Teeplantagen umrahmen den einstigen Bergkurort der englischen Kolonialherren. Fast unwirklich überragt ihn himmelhoch der Kanchenjunga, der dritthöchste Berg der Erde ..." Neben der eigentlichen Sehenswürdigkeit, der faszinierenden Lage, lohnen einige Tempel und Museen die Besichtigung, zum Beispiel das lamaistisch-buddhistische Kloster Ghoom, der Dirdham-Tempel, außerdem ein Selbsthilfe-Zentrum der vielen Tibeter, die in dieser Region leben, sowie das Bergsteiger-Institut, das Tensing Norkay bis zu seinem Tode leitete. Dieser Sherpa war nach 1953 in aller Welt berühmt geworden, als er mit Edmund Hillary den Mount Everest bestiegen hatte. (Sherpa ist übrigens keineswegs der Begriff für einen Träger, sondern der Name einer kleinen tibetischen Volksgruppe.) –
Der Toy Train, die legendäre Schmalspurbahn zwischen Siliguri und Darjeeling, die zwischen 1881 und 1987 die 82 Kilometer lange Strecke bergauf und bergab geklettert war und dabei eine Höhendifferenz von über 2 000 Metern überwunden hatte, fährt zur Zeit nicht. Nachdem Bergrutsche, aber auch Bombenanschläge (die aus Nepal stammende Volksgruppe der Gurkhas fordert einen eigenen Staat) die Schienen zerstörten, wurde der Betrieb der „Spielzeugbahn" eingestellt. Immer wieder sind Gerüchte über eine baldige Wiederaufnahme des Verkehrs zu hören.

Das Permit für Darjeeling ist leicht zu bekommen: Beim Visumsantrag für Indien in den hiesigen Konsulaten kann es problem- und kostenlos mitbeantragt werden. Oder man holt es sich in Indien, z. B. im Writer's Building in Kalkutta.

Flugreisende, die nicht länger als zwei Wochen im Distrikt Darjeeling bleiben wollen, bekommen das Permit bei ihrer Landung in Bagdora, dem Airport von Darjeeling, in den Paß gestempelt.

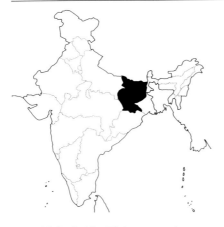

Der dichtbesiedelte Unionsstaat, der von der Südgrenze Nepals über den Mittelteil der Gangestiefebene bis zu den waldreichen Hügeln von Chota Nagpur reicht, ist uraltes Kulturland. Hier entstanden Buddhismus und Jainismus. Vor allem die Spurensucher Buddhas, Reisende, die nach den Quellen der Lehre suchen, kommen in diesen Staat, der ansonsten im indischen Tourismus keine große Rolle spielt. Er ist trotz reicher Bodenschätze (u.a. Kohle, Bauxit, Eisenerz, Kupfer) in weiten Teilen ein sehr armes Bauernland, aus dem viele, in der Hoffnung auf ein besseres Auskommen, nach Kalkutta ziehen. Von den Agrarprodukten ist Reis am wichtigsten, in aller Welt als Patna-Reis bekannt.

Patna
Die heutige Landeshauptstadt, etwas über eine Million Einwohner, war unter dem Namen Pataliputra zunächst Metropole eines Magadha-Reiches (zu Lebzeiten Buddhas), später Hauptstadt der Mauryas (unter Chandragupta und Ashoka, um 300 vor der Zeitenwende). Die Reste jener frühen Epochen sind spärlich; als herausragende Attraktion darf der Golghar bezeichnet werden, ein Getreidespeicher aus dem 18. Jahrhundert, der wie ein Bienenkorb aussieht. Neuzeitlichere Sehenswürdigkeiten (Moscheen und Sikh-Tempel) lohnen nicht unbedingt die Reise nach Patna.

Bodh Gaya
Seit Siddharta Gautama unter dem Feigenbaum die Erleuchtung fand, ist dieser Ort den Buddhisten in aller Welt heilig. Viele Klöster der unterschiedlichen Schulen und Richtungen legen noch heute Zeugnis ab von der Vielfalt und der Lebendigkeit dieser Lehre. Herausragendes Heiligtum ist der Große Tempel der Erleuchtung (Maha Bodhi), der vermutlich aus dem 6. Jahrhundert stammt und auf den ersten Blick wie ein Hindutempel aussieht. Die Atmosphäre in Bodh Gaya ist von Harmonie, Stille und innerer Einkehr geprägt. Einige Klöster und Institute bieten Meditationsübungen an. – Gaya, ein paar Kilometer entfernt, gehört zwar zu den heiligsten Orten der Hindus (im Haupttempel wird ein Fußabdruck Vishnus verehrt); der Ort lohnt aber nur den Besuch in Verbindung mit dem sehr viel sehenswerteren Bodh Gaya.

Orissa

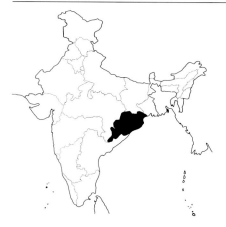

Langsam gewinnt dieser ungemein reizvolle Staat an der Ostküste auch das Interesse westlicher Reisender. Sie finden hier Tempelstädte und Ruinen vergangener Hochkulturen, die zu den schönsten des Landes gehören. Ein weiteres Reisemotiv: Orissa hat sich in weiten Teilen jene Ursprünglichkeit bewahren können, die von Individualtouristen wie von behutsam eingestimmten Gruppenreisenden gleichermaßen geschätzt wird.

Bhubaneshwar

Tempelanlagen, die zu den wichtigsten Nordindiens gehören, prägen das Bild der Landeshauptstadt, die etwas über 300 000 Einwohner zählt. Auf keiner Besichtigungstour wird der Mukteshvara-Tempel fehlen, ein tausend Jahre altes steinernes Bilderbuch des Hindu-Himmels. Der Lingaraja-Tempel, Shiva geweiht, ist für Nichthindus gesperrt. Um so mehr Zeit läßt sich am Parasurameshvara verbringen, einem verzierten Heiligtum aus dem 7. Jahrhundert, das als ältester Tempel der Stadt gilt. Die meisten Reisenden werden keine Gelegenheit haben, im Innern Orissas einen der vielen Stämme zu besuchen, die auch zum multikulturellen Vielvölkerstaat Indien gehören. Deshalb sollten unbedingt einige Stunden im Tribal Museum eingeplant werden. Dort ist das Leben jener kleinen Volksgruppen dokumentiert, die von der Zivilisation in immer engere Rückzugsgebiete gedrängt werden.

Puri

Bei Besuchern aus dem Westen nicht annähernd so bekannt wie etwa Varanasi oder Madurai, gehört diese Stadt von über 350 000 Einwohnern doch zu den drei oder vier wichtigsten Hindu-Pilgerzielen ganz Indiens. Wallfahrtsziel ist der Jagannath-Tempel, dem Herrn des Weltalls, einer Vishnu-Erscheinung, gewidmet. Höhepunkt des Jagannath-Kults, über den im „Orissa-Kapitel" ab Seite 197 berichtet wird, ist das Rath-Yathra-Fest im Sommer, zu dem etwa eine Million Menschen das Viertel rund um den Tempel bevölkern.
In der Nähe locken zwar schöne Strände; das Baden ist aber wegen tückischer Strömungen nicht ungefährlich.

Konarak

Manchen Buchautoren, schon zu Zeiten der alten Indienfahrer, gilt der Tempel des Sonnengottes Surya als schönster Sakralbau des Subkontinents. Zusammen mit den Heiligtümern von Puri und Bhubaneshwar lohnt der Besuch dieses gewaltigen Bauwerks, dessen Radskulpturen am Sockel inzwischen bekannte Symbole der indischen Kunst geworden sind. Der Tempel stammt aus dem 13. Jahrhundert. Die Reliefs im Sockel zeigen neben Motiven aus der Mythologie aufregende Szenen aus dem erotischen Bilderbuch der Hindus, vergleichbar denen von Khajuraho.

Maharashtra

Das Land der Marathen, das einst zusammen mit Gujarat den größten Teil des Bombay-Staates bildete, erstreckt sich von den Stränden am Arabischen Meer (560 Kilometer Küstenlinie) 800 Kilometer landeinwärts bis zum Dekhan-Hochland. Es wird fast nur von Hindus bewohnt, die Marathi sprechen, – Ausnahme ist die Hauptstadt Bombay, deren Bevölkerung so bunt gemischt ist wie die keiner anderen indischen Großstadt.

Noch immer sind die Marathen stolz auf ihre große Vergangenheit, besonders auf den Volkshelden Sivaji, der im 17. Jahrhundert erfolgreich gegen die als tyrannisch empfundenen Moslemherrscher auf dem Mogulthron in Delhi kämpfte. Damals gab es rund 150 Jahre lang ein Marathenreich, das sich lange Zeit als Bollwerk gegen die Briten halten konnte. Erst 1818 übernahmen die Engländer auch hier die Macht; sie nannten diesen Teil Britisch-Indiens „Bombay Presidency".

Bombay

Die Zehnmillionen-Metropole ist Indiens wichtigste Handels- und Hafenstadt, ein Zentrum der Wirtschaft, der Filmindustrie und des Verkehrs. Noch greller als in Kalkutta stellen sich dem Besucher die Kontraste dar: Wolkenkratzer-Silhouette am elegant geschwungenen Marine Drive – dieser Boulevard verbindet das lebhafte Colaba-Viertel mit dem feinen Malabar-Hügel; die prächtig bis protzig wirkenden Monumentalbauten aus der Kolonialzeit; Slumgebiete – größer als sonst irgendwo; Luxus in Hotels und Appartement-Hochhäusern, und nicht weit davon, im Bordellviertel Kamatipura, Tausende von Frauen, die wie Tiere im Käfig gehalten werden. Bombay ist in der Tat, wie die FAZ einmal einen Bericht über diese Stadt überschrieb: „Geheimnisvolles, lärmendes und stinkendes Babylon". Aber eigentlich gibt es eine Stadt dieses Namens seit 1988 gar nicht mehr; denn offiziell heißt die pulsierende Metropole, die zu den quirligsten ganz Asiens gehört, seither Mumbai – (genannt nach Mumba Ai, der Schutzpatronin der Fischer. Nur hält sich niemand an diese Verlautbarung. Bombay bleibt Bombay: übervölkert, verdreckt, hoffnungslos – aber vibrierend vor Leben, weil es die Hoffnungslosigkeit leugnet, wie der Dichter Naipaul, oft zitiert, in einem Bombay-Porträt geschrieben hat. – Dieses sind die wesentlichen Sehenswürdigkeiten der Stadt, die mindestens einen zwei- besser aber dreitägigen Aufenthalt lohnt:

Das koloniale Bombay: „Gateway of India", ein Triumphbogen im schönsten Kolonialstil; seit 1911, als König Georg V. und Königin Mary nach Indien kamen, prägt es die Silhouette im Süden der City, dort wo gleich gegenüber auch das Luxushotel „Taj Mahal" steht. Den klassischen Flügel des Hotels aus dem Jahr 1903 überragt schon lange ein Hochhaus, das „Taj Mahal Intercontinental"; sehenswert sind das Alte Rathaus (1833) am Horniman Circle und das Prince-of-Wales-Museum, von 1903 bis 1937 erbaut. Mindestens zwei Stunden sollte man im Victoria Terminus verbringen, dem aufregendsten Bahnhof ganz Asiens: Die Vielfalt der Stile verblüfft (der Bahnhof wurde 1888 eröffnet), der Massenbetrieb nimmt schier den Atem, vor allem morgens zwischen 8 und 10 Uhr. Gegenüber, im gewaltigen Municipal Building, ebenfalls im indisch-britisch-orientalischen Mischstil erbaut, hat die Stadtverwaltung ihren Sitz. Nicht weit davon lassen sich im Crawford-Markt der Gaumen und alle Sinne reizen. Bei näherem Hinsehen wird man Reliefs entdecken, die der Vater von Rudyard Kipling geschaffen hat. Zu den herausragenden Relikten der Kolonialepoche gehören ferner Rajabai, der Uhrturm der Universität, von dessen Spitze sich ein herrlicher Rundblick auf die bei weitem kosmopolitischste Stadt östlich von Suez bietet.

Das religiöse Bombay: Mahalakshmi-Tempel, am Rande von Cumballa Hill, der Göttin des Wohlstands geweiht; der Jain-Tempel auf dem Malabar-Hügel, und, kaum zu sehen, die „Türme des Schweigens", deren Modell im Prince-of-Wales-Museum zu studieren ist.

Alltags-Bombay: Die Bahnhöfe Victoria Terminus und Churchgate; das Viertel Colaba; am Abend: Chowpatty Beach, am Nordende des Marine Drive, das verrückte und spannende Open-air-Theater der kleinen Sensationen, wo Gaukler, Zauberer und Akrobaten ihren Auftritt haben und die „kleinen Leute" von Bombay flanieren gehen, wenn ein milder Wind von See die Hitze des Tages verweht.

Insel Elephanta: Die Schiffe zu dieser wichtigsten Kunst-Sehenswürdigkeit im Umfeld von Bombay gehen am Gateway of India ab (eine Stunde Fahrtzeit). Früher wachte vor den Höhlentempeln ein steinerner Elefant, der heute neben dem Victoria- und Albert-Museum (in den Victoria-Gardens) steht. Wer die aus dem Gestein geschlagenen Statuen, die vermutlich aus dem achten Jahrhundert stammen, in Ruhe bestrachten möchte, sollte an einem Wochentag auf die Insel fahren; an Wochenenden sind die Ausflugsschiffe mit interessierten indischen Besuchern überfüllt; großartige Lingams und Shiva-Skulpturen in unterschiedlichen Erscheinungsformen sind zu bewundern.

Aurangabad
Die Stadt im Herzen Maharashtras, die eine halbe Million Einwohner zählt, wird von Reisenden in erster Linie als Ausgangspunkt (Flughafen) für die Höhlen von Ellora und Ajanta angesteuert. Ihr Name stammt vom Mogulkaiser Aurangzeb, der diesen Ort im 17. Jahrhundert als Nebenresidenz für den Südteil seines Reiches benutzte. Wer nicht gleich zu den Wundern von Ellora und Ajanta aufbrechen will, mag sich eine Wassermühle inmitten 300jähriger Lustgärten anschauen (Panchakki) oder, gewissermaßen als Vorgeschmack auf die nächsten Sehenswürdigkeiten, die zu den Höhepunkten einer Indien-Rundreise gehören, buddhistische Höhlentempel, etwas außerhalb im Norden der Stadt.

Ellora: Bis auf einige Ursprünge aus dem 2. vorchristlichen Jahrhundert stammen die meisten Tempel aus der Zeit vom 7. bis 10. Jahrhundert. Es sind die schönsten Beispiele für das tolerante Nebeneinander hinduistischer, jainistischer und buddhistischer Bildhauerkunst – Gebete aus Stein. Die heiligen Felsen der Hindus sind Shiva-Tempel, durch alle Jahrhunderte das Ziel frommer Pilger.

Schlafender Buddha aus den Höhlen von Ajanta.

Ajanta: Hier machen die Wandmalereien aus buddhistischer Zeit den Besucher stumm vor Staunen. Soviel Schönheit, die zugleich Harmonie und ein warmes, geradezu sinnliches Kunstverständnis ausstrahlen, sind in Indien kein zweites Mal zu finden. Einige Fresken erinnern aber an die „Wolkenmädchen von Sigiriya", die berühmten Felsmalereien auf Sri Lanka. Die Höhlen von Ajanta waren nach dem Niedergang des Buddhismus in Vergessenheit geraten. Anfang des 19. Jahrhunderts entdeckte eine britische Jagdgesellschaft die Anlage im Urwald. Ihre Entstehungsgeschichte – 2. vorchristliches bis 7. nachchristliches Jahrhundert – spiegelt die Entwicklung des Buddhismus in seinen ersten Jahrhunderten wider – die klassische Hinayana-Richtung geht auf den Erleuchteten nur in Symbolen ein; die Künstler der etwas späteren Mahayana-Schule geben schon das legendäre, figürlich dargestellte Leben des Meisters, aber auch das pralle Leben an den Höfen der Epoche wieder.

Pune

Im Falle dieser Millionenstadt, 200 Kilometer südöstlich von Bombay gelegen, hat sich die neuere, die indische Schreibweise gegenüber der alten britischen (Poona) durchgesetzt. Weniger die Tempel, von denen ein Parvati-Heiligtum recht hübsch ist, und auch nicht die quirlige Altstadt haben Pune weit über Indiens Grenzen und besonders in Deutschland bekannt gemacht. Dazu hat vielmehr der Ashram beigetragen, in dem Shri Rajneesh wirkte, der sich lange Jahre Bhagwan (Gott) nannte. Auf seinem Grabstein – er starb im Januar 1990 – wird er Osho genannt; das ist japanisch und heißt „Lehrer". Und er ist „niemals geboren, niemals gestorben", so heißt es auf der Erinnerungsplatte: „...er war nur zu Besuch auf dem Planeten Erde". Der Ashram ist eine Oase der Stille und der Heiterkeit inmitten des Betriebes der Industriestadt Pune. In der Bibliothek sind Bhagwans Reden auf Videokassetten zu kaufen; Führungen durch das weiträumige, herrlich angelegte Gelände machen mit der widersprüchlichen Lehre des Bhagwan bekannt, die ein paar Jahre für Schlagzeilen sorgte und viele Suchende hierher führte. – Die Deutsche Bäckerei, gegenüber vom Ashram-Eingang, ist ein guter Ort, um die Eindrücke zu sortieren und vielleicht mit Oshos hinterbliebenen Anhängern ins Gespräch zu kommen.

Goa

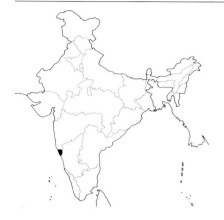

Weiße Kirchen und christliche Schulen erinnern an allen Orten, manchmal mitten im üppig grünen Palmenwald, an die portugiesische Vergangenheit dieses kleinen Unionsstaates. 450 Jahre Kolonialzeit gingen zu Ende, als 1961 Nehru indische Truppen in das Ländchen einmarschieren ließ.

Die traumhaft schönen Strände und die heitere Atmosphäre – indisch-südeuropäisch – lockten in den sechziger und siebziger Jahren Hippies und Rucksacktouristen aus aller Welt an. Ihnen folgten ab etwa 1985 in rasch steigender Zahl Pauschalreisende. Ende der Achtziger führten sehr weitgehende Aufbaupläne der indischen Tourismusbehörden zu Protesten der Einheimischen. Sie sehen Umwelt und Kultur in Gefahr. Näheres über diesen „Aufstand der Bereisten" und die Stimmung in Goa ab Seite 210 ff.

Panjim

Offiziell heißt die Hauptstadt (etwa 70 000 Einwohner) Panaji, aber dieser neuere Name wird selten benutzt. Das sympathische Städtchen am Mandovi-Fluß strahlt in einigen Vierteln noch immer lusitanische Melancholie aus.

Einige Gebäude sind es wert, besichtigt zu werden: die Kirche der Unbefleckten Empfängnis – berühmt: die große, leuchtend weiße Freitreppe: Erzbischofspalast und „Secretariat", einst die Residenz der Vizekönige, vor dem Umbau durch die Portugiesen (1615) ein Sultanspalast aus dem 14. Jahrhundert. Diese herausragenden Bauten, aber auch die hübschen Villen mit den schmiedeeisernen Balkonen und den Innenhöfen im Viertel Fontainahas, lassen sich gemütlich auf einem Rundgang besuchen.

Velha Goa

„Wer Goa gesehen hat, kann sich Lissabon ersparen" – so großartig empfanden Besucher im 16. Jahrhundert die Metropole Portugiesisch-Indiens. Gut 200 Jahre wurde von hier aus die Geschichte Portugiesisch-Asiens gelenkt. Nach einer Seuche wurde Panjim die Hauptstadt. Der Besuch im wenige Kilometer entfernten Alt-Goa läßt viel von der einstigen Macht und Größe ahnen. (Velha) Goa hatte vor über vier Jahrhunderten mehr Einwohner als London; wegen der Pracht ihrer Gotteshäuser hieß die Kolonialmetropole „Goldenes Goa", wegen der Vielzahl der Kirchen wurde sie auch das „Rom des Orients" genannt. Die Kathedrale der Heiligen Katharina, auch Sé-Kathedrale, ist der eindrucksvollste Christenbau des alten Goa (1619 erbaut; später kamen einige Prachtaltäre hinzu, 14 insgesamt). In der Basilika Bom Jesus wird das Grab des Jesuiten-Heiligen Franz Xavier von den Katholiken Goas verehrt. Er hat weite Teile Asiens bereist und, aus der Sicht seiner Kirchenoberen, erfolgreiche Missionsarbeit geleistet. Auch Kirche und Kloster des Franz von Assisi lohnen die Besichtigung (wunderschöne Wandmalereien).

Margao

Wer in alten Städten, weit abseits der Touristenrouten und auch abseits der Zeit, vergangenen Epochen nachspüren mag, kommt im Provinzstädtchen Margao (Madgaon) auf seine Kosten. Zu besichtigen gibt es nichts, zu entdecken viel: Markt, öffentliche Bibliothek, Stadtpaläste aus der Portugiesenzeit, kleine Parkanlagen mit Denkmälern, vor denen alte Herren sitzen und in einer Mischung aus portugiesisch und indischem Dialekt von gestern erzählen ...

Strände

Calangute ist die Beach mit der legendären Hippie-Vergangenheit; Reste dieser verklärten Ära sind in Anjuna zu beobachten. Schöner ist der Baga-Strand, nördlich von Calangute; auch die Vagator-Bucht, noch etwas weiter im Norden, lohnt einen Ausflug.

Die Strände von Aguada (Luxushotels in der Nähe der Hauptstadt) und in der Nähe des Flughafens Dabolim haben den Charakter kleiner Buchten; die Küste von Colva, etwa in der Mitte der Provinz, ist noch immer der längste und bei weitem schönste Strand, über mehrere Kilometer unverbaut und ruhig.

Ganz im Süden (Benaulim und Betul) und ganz im Norden (Chapora und Harampol) lassen sich noch ungestörte Robinsonträume unter Palmen ausleben – noch ...

Madhya Pradesh

Der größte Unionsstaat, im Herzen des Subkontinents gelegen, ist bei uns dem Namen nach wenig bekannt. Dabei gehört eine der interessantesten Attraktionen vieler Indien-Rundreisen, nämlich Khajuraho mit seinen erotischen Skulpturen, zu diesem Land, das so groß ist wie alle deutschsprachigen Staaten in Europa zuammen. Madhya Pradesh („Land der Mitte") erstreckt sich über weite Teile der Dekhan-Hochebene. Im Norden, bei Gwalior, reicht es in das Tiefland des Ganges hinein. Über ein Drittel der Provinzfläche ist mit wertvollen Tropenhölzern bewachsen – in erster Linie Teak und Ebenholz, aber auch Bambuswälder prägen die Hügelvegetation.

Gwalior

Manchmal wird die Halbmillionenstadt im Rahmen von Rajasthan-Rundreisen besucht – historisch gesehen ist das konsequent. Denn die Hauptsehenswürdigkeit ist ein Rajputen-Fort, wohl die gewaltigste Bergfestung Asiens. In ihrem Zentrum liegt der Palast des Rajas Man Singh (15. und 16. Jahrhundert). Den Jai-Vilas-Palast (Anfang 19. Jahrhundert) bewohnt zum größten Teil die Fürstenfamilie Scindia, die noch immer – allen Enteignungen zum Trotz – zu den reichsten Indiens gehört. Einige Räume dieses Prunkpalastes können besichtigt werden.

Sanchi

Dieser große Komplex aus der buddhistischen Frühzeit liegt knapp 70 Kilometer von der Hauptstadt Bhopal entfernt. Bhopal machte 1984 durch ein grauenhaftes Giftgasunglück traurige Schlagzeilen in aller Welt. Von Sanchi trug, Jahrhunderte vor der Zeitenwende, der Sohn des Kaisers Ashoka die Lehre des Buddha auf die Insel Lanka. Viele Stupas (Reliquienschreine) erinnern an die große Zeit, die diese Lehre einmal in ihrem Ursprungsland hatte. Den größten Stupa, 1912 rekonstruiert, soll Ashoka um 250 v. Chr. selbst gestiftet haben, jener mächtige Maurya-Kaiser, der sich angeblich vom blutrünstigen Imperator zum friedvollen Verkünder der Buddha-Lehre wandelte. Kennern und Liebhabern buddhistischer Kunst gilt der Hügel von Sanchi mit seinen Stupas, Säulen, Tempeln und Klöstern als schönste und interessanteste Siedlung dieser Glaubensrichtung. Für interessierte Laien gibt es keinen besseren Ort, den Aufbau einer Mönchsstadt der buddhistischen Antike zu studieren. Die Ruinen von Sanchi wurden 1818 durch einen Zufall entdeckt.

Khajuraho

Es sind in erster Linie die steinernen Liebesspiele, die diesen gut tausend Jahre alten Tempel in aller Welt berühmt gemacht haben. Auf Skulpturenfriesen zeigen Künstler des hinduistischen Mittelalters, was vor einigen Jahrzehnten die prüden Briten schockierte, wovor heute aber auch viele

Man-Mandir-Palast in Gwalior, ausgangs des 15. Jahrhunderts erbaut.

indische Besucher schamhaft zurückweichen. Die Führer aber wissen, was die meisten Besucher aus dem Westen sehen wollen: die akrobatischen Verrenkungen beim Liebesspiel zu zweit, zu dritt, beim Gruppensex, beim Verkehr mit Tieren ... alles scheint möglich zu sein, alles wird, bis ins feinste Detail aus dem Stein herausgeschnitzt, in schonungsloser, gleichwohl aber sinnlicher Offenheit gezeigt. Glücksbringende Figuren, die vor Blitzschlag schützen ... wie allen Ernstes in manchen Reiseführern spekuliert wird? Oder Lust als göttliches, schöpferisches Prinzip? Tantrische Darstellungen von der Befreiung menschlicher Energien durch die Vereinigung? Pralle Sinnbilder für Fruchtbarkeit? Steinernes Bilderbuch zum Kama Sutra? Es mag noch mehr Deutungen geben; keine kann bisher als wissenschaftlich gesichert angesehen werden. Ich finde das gar nicht bedauerlich, denn so kann sich jeder selbst sein Bild und seinen Vers dazu machen. Die Mithunas, die Liebespaare in zärtlicher Umarmung, strahlen soviel sinnliche Schönheit, soviel Lebenslust aus, daß die Reise nach Khajuraho zu den ganz großen Kunsterlebnissen einer Indienfahrt gezählt werden darf. Die 24 übriggebliebenen Tempel (von einstmals 85) stammen alle aus der Zeit der Chandellas, eines kunstfreudigen Rajputengeschlechts, das etwa von 950 bis 1060 seine Macht ausübte. Sie stifteten ihre Steinmetze zu Formen an, die sich mit der Üppigkeit unseres Barocks vergleichen lassen. Kaum einer der gelben Sandsteintempel dient den Indern heute noch als Ort heiliger Verehrung; Khajuraho ist deshalb das anschaulichste Freilichtmuseum mittelalterlicher Kunst in Indien. So gliedern sich die herrlichen Sakralbauten von Khajuraho (wer nicht nur einen oder gar nur einen halben Tag Zeit hat, beschränke sich bei der Besichtigung auf die westliche Tempelgruppe): Spitze Türme, Shikaras, erheben sich über dem Allerheiligsten, der Cella, wo der Gott in östliche Richtung schaut, der Sonne entgegen. Mehrere Hallen, Mandapas, und Zwischenräume, Antaralas, führen auf die Cella zu. Auf einer Art Podest wurden die Tempel nach rituellen Vorschriften in der Richtung des Sonnenlaufs umschritten (Pradakshina). Die schönsten Bauten sind Kandariya Mahadeo, einst Shiva geweiht, größter und eindrucksvollster Tempel an diesem Ort; Vishvanath und Nandi-Tempel, die eine Terrasse teilen; Lakshmana, wo in alten Zeiten Vishnu verehrt wurde; die Jain-Tempel im östlichen Bereich, wo der Besucher staunend feststellen kann, wie sehr sich die Anhänger dieser eigentlich asketisch orientierten Glaubensgemeinschaft von den wollüstigen Plastiken der Hindukünstler beeinflussen ließen.

Tip: Unbedingt darauf achten, daß die Besichtigung frühmorgens oder noch besser spätnachmittags stattfindet. Die Skulpturen wirken nämlich am schönsten, wenn die Sonne tief steht.

Sikkim und Assam

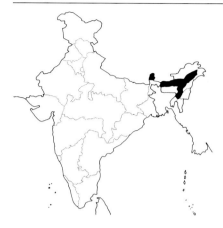

Die Provinzen des „wilden Ostens" sind größtenteils für ausländische Besucher gesperrt. Vor allem die dünnbesiedelten Unionsstaaten Arunachal Pradesh, Assam, Manipur, Meghalaya, Mizoram, Nagaland und Tripura gehören zu den Sorgenzonen der Indischen Union. Kleine Völkerschaften, wie zu Kolonialzeiten „Stämme" genannt, streben nach Autonomie oder Unabhängigkeit – teilweise mit Gewalt.

Sikkim

Nur wenige Regionen des einstigen Königreichs im Himalaya sind mit einer Sondererlaubnis (Special Permit) zu bereisen. Das Naturerlebnis am Rande der höchsten Berge der Welt – der Kanchenjunga mit seinen 8 590 Metern Höhe bildet die Spitze Indiens – lockt vor allem Trekking-Touristen in bescheidener Zahl. Klöster und tibetisch-buddhistischer Alltag lassen sich in Ladakh aber eindrucksvoller studieren.
Die Hauptstadt Gangtok (70 000 Einwohner) liegt sehr schön, hat aber nicht den Charme der Hill Stations Darjeeling oder Simla. Seit 1975 gehört das kleine Land (7 000 Quadratmeter) zu Indien; der umstrittene Anschluß, der mit allerlei politischen Tricks möglich wurde, kostete Delhi viel Sympathie, besonders in manchen anderen Staaten der Dritten Welt.

Assam

In der Kolonialzeit umschloß dieser Begriff alle heutigen Provinzen der Nordostregion (mit Ausnahme von Sikkim). Der jetzige Unionsstaat wird von sehr unterschiedlichen Bevölkerungsgruppen bewohnt, die mehr als hundert Sprachen und Dialekte sprechen: indo-arischer, tibetischer, burmesischer und nepalesischer Herkunft. Die Teeprovinz liefert über die Hälfte der indischen Produktion. Hauptstadt ist Guwahati mit 200 000 Einwohnern, am heiligen Fluß Brahmaputra gelegen. Wichtigste Touristenziele sind die Nationalparks von Kaziranga und Manas.

Lakkadiven, Andamanen und Nikobaren

Lakkadiven

Das Unionsterritorium Lakshadweep - so der indische Name - im Arabischen Meer gehört zu den Kostbarkeiten, wie Nisomanen, also Inselsüchtige, sie lieben: sie sind schwer zu erreichen, sie sind noch nahezu ursprünglich, und man wird an ihren Stränden wohl kaum seinen Nachbarn treffen ... Die Lakkadiven, etwa 300 bis 400 Kilometer vor der Küste von Kerala gelegen, umfassen 36 Inseln, von denen zehn bewohnt sind (mit etwas über 40 000 moslemischen Einwohnern, die denen der südlicher gelegenen Malediven ähneln). Aber: Nur eine einzige Insel darf bislang (Ende 1990) von nichtindischen Touristen besucht werden: Bangaram. Die innerindische Fluggesellschaft Vayudoot fliegt von Cochin zur Insel Agatti; von dort werden die Robinson-Urlauber per Helikopter nach Bangaram geflogen.

Andamanen und Nikobaren

Wer diese abgelegenen Eilande noch mit auf sein Programm setzt, muß schon ein ausgemachter „Inselsammler" sein: die Strände sind anderswo, zum Beispiel in Kerala, Goa oder Orissa, viel schöner; Korallenriffe und gefährliche Strömungen erschweren den Badespaß; Ausflüge auf die Nachbarinseln von South Andaman, auf der die Hauptstadt Port Blair liegt, sind kaum möglich – die meisten sind militärisches Sperrgebiet oder Reservate der Ureinwohner (Negritos). Insgesamt leben auf etwa 300 Inseln, die sich über einen schmalen Streifen von 700 Kilometern im Golf von Bengalen erstrecken, etwa 190 000 Menschen, 30 000 davon auf der Nikobaren-Gruppe weit im Süden. – Wer die Inseln nicht im Rahmen einer Pauschalreise besucht, muß sich das Permit entweder bei den Immigration Offices in Bombay, Madras oder Kalkutta besorgen; über die hiesigen Konsulate und Botschaften dauert es sehr lange.

Ratgeber

Ratgeber/Vorbereitung

Papiere/Informationen
Indien-Reisende brauchen ein (Touristen-)Visum. Beim Antrag muß nachgewiesen werden, daß man für seinen Aufenthalt in Indien aufkommen kann; Arbeitgeber-Bescheinigungen oder Reisebüro-Belege werden anerkannt. Die Bearbeitung des Visums dauert ein bis zwei Wochen. Auf „Special Permits" für Regionen wie Sikkim oder Darjeeling muß man erheblich länger warten. Nähere Auskünfte bei den Konsulaten in Hamburg (Burchardstraße 14, Telefon: 040 / 33 80 36), Berlin (Bismarckstraße 91, Telefon: 030 / 881 70 67) Frankfurt/M. (Wilhelm-Leuschner-Straße 93, Telefon: 069 / 27 10 40) und Stuttgart (Charlottenplatz 17, Telefon: 0711 / 22 37 77) und bei der Botschaft in Bonn (Adenauerallee 262, Telefon: 0228 / 540 50).
Das Indische Fremdenverkehrsamt in Frankfurt/M. ist auch für die Schweiz, Österreich und Skandinavien zuständig: Kaiserstraße 77, Telefon: 069 / 23 54 23. Die Air India-Direktion für Deutschland hat ebenfalls ihren Sitz in Frankfurt/M., Kaiserstraße 77, Telefon: 069 /25 60 04-0.
Ein besonders vielfältiges Indien-Programm bietet der Spezialveranstalter Indoculture an: 7000 Stuttgart, Bismarckplatz 1, Telefon: 0711 / 61 70 57 (Kataloge auch über Reisebüros).

Natur
Geographie: Drei große Landschaftsformen prägen den Subkontinent: im Norden die Gebirgszüge des Himalaya, über 2500 Kilometer von West (Industal) nach Ost (Brahmaputra-Tal). Im Hochhimalaya liegen die gewaltigsten Berge Indiens: der Kanchenjunga (in Sikkim) mit etwa 8 590 Metern und der Nanda Devi (im Nordwesten) mit ca. 7 820 Metern Höhe. Vor dem höchsten Gebirge der Welt liegen, knapp über dem Meeresspiegel, die Tiefländer der drei großen Flüsse Indus, Ganges und Brahmaputra. Dieses gewaltige fruchtbare Schwemmland war zu allen Zeiten das wichtigste Siedlungsgebiet. Die dritte Großlandschaft ist die Hochebene der Dekhan-Scholle, geologisch viel älter als die nördlichen Landesformationen. Diese Scholle, ein nach Süden zeigendes Dreieck, wird von den Östlichen und Westlichen Ghats begrenzt. Das sind die Ränder der Hochebene, die parallel zu den Küsten steil zum Meer abfallen. Die Westküste heißt Malabarküste, die Ostseite am Golf von Bengalen wird Koromandelküste genannt.
Ökologie: Während der Tier- und Artenschutz seit Anfang der siebziger Jahre gute Erfolge aufzuweisen hat, machen Industriealisierung und Landwirtschaft große Umweltsorgen: Überschwemmungen und Dürre-Katastrophen nehmen immer mehr zu, die Erosion in den abgeholzten Bergregionen des Nordens hat gefährliche Formen angenommen (noch um 1960 herum galt die Devise: Ein Drittel des Landes soll bewaldet bleiben; Anfang der neunziger Jahre war nur mehr ein Zehntel als Forstfläche ausgewiesen). Weil Indien die Einfuhr teurer Energieträger wie Öl oder Gas kaum noch bezahlen kann, setzt die Regierung auf Wasserkraft. Das bedeutet: immer mehr Stauseen, wodurch die Rückzugsgebiete bedrohter Tier- und Pflanzenarten vernichtet werden. Den Flüssen wird durch die modernen Bewässerungssysteme viel Wasser entzogen. Dort, wo mit Pumpen gearbeitet wird, sinkt der Grundwasserspiegel. Nach wie vor kommen sechzig Prozent der industriellen Stromversorgung aus Wärmekraftwerken, die mit heimischer Kohle gefeuert werden. Die Luftverschmutzung in den Großstädten macht

immer mehr Menschen krank. Ein Umweltbewußtsein ist bei der breiten Masse nicht einmal im Ansatz vorhanden; 300 Millionen der 850 Millionen Inder kämpfen jeden Tag ums Überleben. Nur in einigen Bergregionen hat die Chipko-Bewegung („Umarmt die Bäume") des Gandhi-Gefährten Sunderlal Bahuguna, an der vor allem Frauen mit großem Engagement mitwirken, einige Erfolge zu verzeichnen.

Flora: Regenwald und Dschungelgebiete, wie in den alten Büchern beschrieben, finden sich noch in den Westlichen Ghats und im östlichen Himalaya-Bogen (zum Beispiel in Assam) – beides besonders regenreiche Gebiete. Weniger dicht und hoch ist der Monsunwald (im Dekhan und in Orissa). An der südlichen Malabarküste wird intensive Kokoswirtschaft betrieben. Hier wachsen auch die Arekapalmen, „Lieferanten" der überall beliebten Betelnüsse. In den großen Tiefebenen des Nordens werden vorwiegend Weizen (im Westen), Reis und Zuckerrohr (in der Landesmitte und nach Osten hin) sowie Jute (im Osten) und Tee (im Nordosten) angebaut. Pfeffer, Kardamom, Zimt, Ingwer und andere Gewürze, die einst die Europäer nach Indien lockten, wachsen noch immer in großen Mengen in den Gärten an der tropischen Südwestküste. Ebenfalls vor allem aus dem Süden stammen die köstlichen Tropenfrüchte: Papayas, Mangos oder die diversen Bananensorten, die ungleich besser schmecken als die nachgereiften grellgelben Industrieprodukte, die bei uns als Bananen verkauft werden.

Fauna: Kaum ein anderes Land weist eine so artenreiche Tierwelt auf wie Indien – 340 Säugetiere, mindestens 1200 verschiedene Vögel und über 400 Reptilienarten leben auf dem Subkontinent. Viele Tiere, besonders das Großwild, sind allerdings vom Aussterben bedroht. Über hundert Jahre – von etwa 1850 bis 1950 – haben die Briten und viele einheimische Fürsten „wild um sich geschossen". Fast oder ganz ausgerottet wurden vor allem die „Big Five": der indische Löwe, der Tiger, der Elefant, das Panzernashorn und der Gaur, das mächtige Wildrind. Aber auch die Trophäen von Leoparden, Bären, Wildschafen, Büffeln und Krokodilen schmückten die Residenzen der weißen Herren und die Paläste der einheimischen Potentaten. Durch Plantagenwirtschaft, Eisenbahn- und Straßenbau wurde dem Wild zusätzlich der Lebensraum beschnitten.

In den ersten 25 Jahren nach der Unabhängigkeit änderte sich wenig; Indien verkaufte Felle, Elfenbein und Schildpatt gegen Devisen. Erst Anfang der siebziger Jahre setzte ein Sinneswandel ein. Seither gehört Indien zu den erfolgreichsten Ländern im Artenschutz. Spektakulärstes Beispiel: die Rettung des Königstigers. Als 1970 die Jagd auf die schönste aller Großkatzen verboten wurde, schätzten Experten den Bestand auf knapp 1800 Tiere. Heute leben in 15 Reservaten etwa 4600 Tiger – was aber nur einem Zehntel der Population um die Jahrhundertwende entspricht. Auch für den indischen Löwen, der fast schon ausgestorben war, scheint die Rettung im letzten Moment zu funktionieren: Etwa 250, die letzten ihrer Art, leben im Gir-Reservat im Süden des Bundesstaats Gujarat – geschützt durch eine 400 Kilometer lange Mauer, die das Eindringen jener großen Rinderherden verhindert, die mit Nomaden aus der Region herumziehen und bis zum Bau der Mauer den Löwen das Gras wegfraßen.

Krokodile sind seit langem streng geschützt. Neuerdings werden auch Elefanten, Indiens populärste Großtiere, kaum noch als Arbeitstiere abgerichtet. Mitte 1990 gingen Schätzungen der indischen Naturschutzbehörden von etwa 20 000 wildlebenden Elefanten aus (der größte Teil in Reservaten). Etwa 1500 Panzernashörner haben die perverse Jagd auf das Horn (dem in Fernost magische und aphrodisierende Wirkung zugesprochen wird) überlebt. Die meisten Exemplare der eindrucksvollen Gattung „Rhinoceros unicornis" – noch immer von Wilderern bedroht – leben im Grenzgebiet zwischen Nepal und Indien (Terai), in West-Bengalen und im Kaziranga-Park in Assam.

Affen vieler Arten begegnen dem Reisenden oft in Tempeln, wo sie besondere Verehrung genießen. Zahlreich verbreitet sind Rhesusaffen (im Norden), der gewöhnliche Langur (auch Hanuman genannt, wie der Affengott der Mythologie) und der Hutaffe, der wie der Rhesus zu den Makaken gehört und außerhalb Indiens nicht vorkommt. Auch Löwenschwanz-Makaken und Nilgiri-Languren (beide in Südindien) sind nur auf dem Subkontinent anzutreffen.

Vogelliebhaber kommen auf ihre Kosten; zu den vielen farbenprächtigen heimischen Arten gesellen sich unzählige Zugvögel aus Nordasien. Der Nationalvogel Pfau, der in Kunst und Legende eine große Rolle spielt, ist in fast jedem Dorf zu beobachten.

Von dem Hinweis auf über zweihundert Schlangenarten sollte sich niemand verrückt machen lassen: Die meisten, vor allem Kobras, wird der Reisende in den Körben der Gaukler am Straßenrand sehen. Schlangen sind äußerst scheu; von Bissen wird nur selten berichtet. – Häufig dagegen, aber völlig harmlos und sehr nützlich, sind Geckos an Wänden und Decken vieler Hotel- und Lodge-Zimmer, diese kleine Eidechsenart fängt Moskitos und andere Insekten.

Nationalparks: Es gibt 55 Parks und 247 weitere Naturschutzgebiete. Damit stehen fast 100 000 Quadratkilometer (drei Prozent des Staatsgebiets) unter strengem Schutz. „Safaris" in diese oft abgelegenen und mit sehr schlichten Unterkunftsmöglichkeiten ausgestatteten Reservate sind nicht mit den besser durchorganisierten und „touristischeren" Programmen in Afrika zu vergleichen – und für ernsthafte Naturliebhaber deshalb um so reizvoller. Die Tiere sind zwar nirgendwo in so großer Zahl zu beobachten wie in der ostafrikanischen Steppe; dafür ist das Landschaftserlebnis in vielen indischen Parks überwältigend, die Stimmung viel ruhiger, „naturbelassener". Einige Beispiele für besonders schöne Reservate:

Bharatpur: Vogelschutzgebiet in Rajasthan; der Nationalpark heißt offiziell Keoladeo Ghana; beste Zeit: Oktober – Februar.

Corbett Park: 1935 als erster Nationalpark (damals: Hailey-Park) eröffnet; am Fuße der Himalaya-Berge im Staat Uttar Pradesh gelegen; in den fünfziger Jahren nach Jim Corbett benannt, einem ehemaligen Jäger, der später ein engagierter Naturschützer wurde; viele Großtierarten, u.a. Tiger und Elefanten; beste Zeit: Februar – Mitte Mai.

Gir: Löwenpark in Gujarat; beste Zeit: Dezember – Anfang April.

Kanha: In den Monsunwäldern Madhya Pradeshs (Zentralindien) gelegen; herrliche Landschaft; viele Großtiere, u.a. Tiger und reiche Vogelwelt; beste Zeit: März – Juni.

Kaziranga: An den Ufern des Brahmaputra in Assam gelegen; für viele Kenner der indischen Wildlife-Szene neben Kanha der schönste Park Indiens; berühmt für seine Nashörner; aber auch gute Chancen, Tiger, Büffel und besondere Affenarten zu sehen. Man durchstreift den Park auf dem Rücken gut ausgebildeter Elefanten; beste Zeit: Januar bis April.

Manas: In Assam gelegen, an der Grenze zu Bhutan; Tiger, große Elefantenherden, herrliche Landschaft; beste Zeit: November – März.

Botanischer Garten in Kalkutta: Er gehört zu den eindrucksvollsten unter den vielen Gärten, die von Engländern einst überall in ihren Kolonien angelegt wurden, und er bietet Indien-Reisenden, die keinen Nationalpark besuchen können und deren Programm auch sonst wenig Zeit für botanische Beobachtungen läßt, die gute Gelegenheit, besonders artenreiche und aufregende Beispiele indischer Flora kennenzulernen. Der Garten liegt am Westufer des Gangesarmes, der hier Hooghly heißt. Man muß also über die Howrah-Brücke fahren oder mit der Fähre übersetzen. Aasgeier hocken in großer Zahl auf Kapokbäumen, die auch Seidenwollbäume genannt werden. Diese Art Baumwolle läßt sich nicht haspeln oder spinnen, wird aber als Füllung für Decken und Kissen benutzt. Berühmteste Sehenswürdigkeiten im 110 Hektar großen Park ist der größte Banyanbaum der Welt. Banyans sind Feigenbäume (ficus bengalensis), die „in der Luft wurzeln". Dieser Baum, mit über 200 Jahren so alt wie der Park (er wurde 1787 gegründet), hat einen Umfang von 420 Metern; 5 000 Menschen finden Platz und Schatten unter seinen Luftwurzeln.

Im Park lassen sich Eisvögel, Kuhreiher, Elstern und riesige Geier-Kolonien beobachten. Blickfänge sind u.a. die Jacarandabäume, ferner sogenannte Leberwurstbäume, feuerrote Flamboyans und Ceddrach-Bäume, aus deren Ästen sich die Inder Zahnstocher schnitzen, während aus den Früchten Hautöl und Seife hergestellt wird. Früher war eine Salbe aus den grünen Blättern dieses vielfach nützlichen Baumes das einzige Medikament gegen die Pocken.

Wetter

Klima: Starke Extreme prägen die Klima-Landschaften, die sich immerhin über mehr als 3 200 Kilometer zwischen den höchsten Bergen der Welt (polares Hochgebirgsklima) und der tropischen Südspitze einerseits sowie andererseits zwischen der Wüste Thar im Westen – die zu den trockensten Gebieten der Welt gehört – und dem 3 000 Kilometer entfernten feuchtheißen Gangesdelta abwechseln. Gleichmäßig tropisches Klima herrscht in den Südstaaten Tamil Nadu und Kerala – das ganze Jahr über um 30 Grad Celsius bei recht hoher Luftfeuchtigkeit.

Die nordindische Tiefebene, in der Delhi, aber auch so beliebte Reiseziele wie Agra, Khajuraho oder Varanasi liegen, läßt noch im Dezember Einheimische wie Touristen zuweilen frieren. Dort aber werden später, ab Mitte April, vor allem im Mai und Juni, die höchsten Temperaturen Indiens gemessen – 45 Grad Celsius und mehr.

Reisezeit: Für alle Gebiete außerhalb der Himalaya-Hochgebirgsregionen ist unser westliches Winterhalbjahr die ideale Saison. Wer sich seinen Aufenthalt in Indien für Januar oder Februar einteilen kann, reist am angenehmsten. Davor ist es in manchen Gegenden, u.a. in den Wüstenregionen Rajasthans, aber auch am Golf von Bengalen, zuweilen kühl, nachts kann es sogar richtig kalt werden. Später, etwa ab Mitte März, wird es heiß, noch später für hitzeempfindliche Reisende oftmals unerträglich. „Regel-Monate" für die Regenzeit – in den letzten Jahren gab es viele Ausnahmen – sind die Monate Juni bis September. Am meisten regnet es in den Nordostprovinzen, u.a. in Assam. Von solchen heftigen, oft auch tage- und wochenlang andauernden Niederschlägen bleibt der hohe Norden (Kaschmir, Ladakh und große Teile Himachal Pradeshs) weitgehend verschont. Ideale Zeit für Hausbootferien und Trekking-Touren sind dort die Monate Mai und September. Auch die Zeit dazwischen bietet sich noch für diese Region an.

Monsun: Benannt nach dem alten arabischen Wort „mausim" – Jahreszeit – bestimmen die Monsunwinde den Lauf des Lebens in Süd- und Südostasien. Sie entscheiden über Ernten und Fruchtbarkeit, aber auch über Tod und Verwüstung durch Dürre oder Überschwemmung. Wenn im Mai die Luft flimmert und kein Wind mehr für Kühlung sorgt, stehen die Niederschläge bevor. In Südindien setzt, gewöhnlich in der ersten Junihälfte, der große Regen mit Nieselschauern, Landregen und schließlich Gewitterstürmen ein. Anschließend „wandert" er Tag für Tag nach Norden weiter. Dann wird der Begriff „Monsun" für die ganze Jahreszeit gebraucht. Auslöser für diese Regenzeit ist der Südwestmonsun, ein Wind, der über 6 000 Kilometer Seeweg hinter sich hat. Entsprechend hoch ist sein Anteil an Wasserdampf.

Während der Monsun in manchen Gegenden Nordindiens, besonders in Rajasthan, oft jahrelang ganz ausbleibt, rechnen die Bauern des tiefen Südens (vor allem in Kerala) mit einer zweiten, sogenannten „kleinen" Regenzeit zwischen Oktober und Dezember, ausgelöst durch Nordost-Monsune.

Gesundheit

Vorsorge: Impfungen gegen Cholera, Wundstarrkrampf und Polio sollten zwei, drei Wochen vor Reiseantritt absolviert bzw. aufgefrischt sein, gegen Hepatitis (Gammaglobulin) erst kurz vor der Abreise. Malaria-Prophylaxe nach Absprache mit Tropenmedizinern (einige Mittel sind ins Gerede gekommen). – Unbedingt Auslands-Krankenversicherung abschließen!

Unterwegs: Wer sich zu ängstlich auf den weiten Weg nach Indien macht, wird eher krank als Reisende, die zwar vorsichtig sind, sich aber nicht verrückt machen lassen; das habe ich auf vielen Fahrten, vor allem mit Gruppen, erlebt. Wichtig: kein ungekochtes Wasser trinken, keine Salate, rohes Gemüse oder ungeschältes Obst essen – auch nicht in feinen Hotels. Außerdem: keine Kaltgetränke in großer Hitze trinken, vor allem nicht zu Beginn der Reise. Beim heißen Tee schaden Becher, die nicht blitzsauber wirken, in aller Regel überhaupt nichts; auch das Messer, das die Kokosnuß aufschneidet, muß nicht mit der Lupe betrachtet werden.

Dringende Warnung vor den Klima-Anlagen aller Art in Hotels und Bussen. Sie lösen vor allem Erkältungen und Nebenhöhlen-Infektionen aus.

Reiseapotheke: Mittel gegen Diarrhöen gehören hinein, außerdem Sonnenschutz, Salben gegen Hautpilz und Hitzepickel, Einreibemittel gegen Mücken und gegen Juckreiz; eventuell Einwegspritzen und Breitband-Antibiotika.

Ärzte, die in Notfällen von Großstadt-Hotels gerufen werden, sind gewöhnlich hervorragend ausgebildet, sehr freundlich und sprechen englisch. Indische Medikamente sind meistens (preiswerte) Lizenzprodukte multinationaler Konzerne.

Hinterher: Besonders bei Fieber Ärzte auf Tropenreise hinweisen, auch wenn diese schon einige Wochen zurückliegt.

Unterkunft

Kaum ein anderes Land, jedenfalls nicht in Asien, weist eine so bunte Palette von Übernachtungsmöglichkeiten auf: von den traumhaftesten Luxus-Suiten in den Palästen der Maharajas über vollklimatisierte Businesshotels in den großen Städten bis zu Lodges am Rande der Wildparks, in denen man das Dschungelbuch bei Kerzenlicht lesen muß, weil es keinen Stromanschluß gibt ... Das Preisniveau ist in den achtziger Jahren – mit dem starken Anstieg des innerindischen Reiseverkehrs – kräftig angehoben worden, liegt aber noch immer unter dem von Europa. Ausnahmen sind die Luxushotels in den Großstädten und an touristischen Brennpunkten wie Agra, wo die Manager ihre Tarife internationalem Niveau angepaßt haben. – Wer auf eigene Faust reist, darf auch in kleineren Orten auf eine Vielzahl von Unterkünften rechnen, die dort aber meistens sehr einfach sind. Der Unterschied zwischen Billighotels „Western Style" und solchen im indischen Stil besteht vor allem in der Ausstattung der Toiletten: Es gibt keine WC's wie bei uns.

Hotelketten: Die beiden bekanntesten und besten Ketten sind die Taj-Gruppe, zu der so legendäre Häuser wie das „Taj Mahal" in Bombay und der „Lake Palace" in Udaipur gehören, und die Oberoi-Gruppe, die auch eine Reihe sehr guter Häuser außerhalb Indiens führt. Sowohl in der Luxusklasse als auch bei einfachen Lodges ist die Ashok-Gruppe vertreten, die zur staatlichen Touristik-Organisation ITDC gehört. Ihre Häuser stehen zuweilen unter kritischem Beschuß; ich habe aber zum Beispiel im „Ashok" in Delhi gute Erfahrungen gemacht. – Die „Clarks Gruppe" hat nur wenige Häuser (mit ordentlichem Ruf), die Welcome-Gruppe führt vorwiegend Mittelklasse-Hotels.

Maharaja-Paläste: Sie sind sehr unterschiedlich: traumhaft wie der „Lake Palace" in Udaipur, kitschig wie „Umaid Bhawan" in Jodhpur, luxuriös wie der „Rambagh Palace" in Jaipur, romantisch wie der „Lalgarh Palace" in Bikaner, zauberhaft und abseits vom Getriebe der Welt wie der „Samod"-Palast im Shekavati-Gebiet von Rajasthan (nicht weit von Jaipur entfernt), heruntergekommen wie das Gästehaus des Maharajas in Bharatpur, am Rande des Vogelschutzgebietes.

Kolonialstil: Unverbesserliche Nostalgiker finden an vielen Orten die für sie richtigen Häuser: Neben so teuren Quartieren wie dem „Grand" in Kalkutta oder dem „Taj Mahal" in Bombay, die mit allem Komfort von heute ausgestattet sind, befriedigen Hotels wie das „Maidens" in Delhi (Oberoi), das „Windsor Manor" (Welcome) in Bangalore oder, mit verblaßtem Charme, das legendäre „Great Eastern" (staatlich geführt) in Kalkutta die Sehnsucht nach der glanzvollen Vergangenheit. Noch besser stehen die Chancen in den Hill Stations, in denen einst die Briten Schutz vor der Sommerhitze suchten (Simla, Darjeeling oder Ooty).

Bungalows: Auch ein Relikt aus der britischen Zeit; damals wurden reisenden Regierungsbeamten und anderen VIP's jener Jahre Dak-Bungalows, Public Works Departments (PWD), Rest Houses und andere Bleiben in Regionen eingerichtet, die ansonsten kaum Hotelbetten aufwiesen. Einige stehen nach wie vor nur Regierungsleuten als Nachtquartier zur Verfügung, in andere dürfen auch Touristen einziehen. Besonders schlicht ausgestattet sind die Dak-Bungalows, eine Klasse besser die Rest Houses und die sogenannten Tourist Bungalows.

Bahnhofshotels: Eine gute Möglichkeit für Eisenbahnreisende; ihnen stehen an vielen Bahnhöfen bis zu hundert Zimmer zur Verfügung (Railway Retiring Rooms). Sie lassen sich beim Stationsvorsteher vorbestellen – das klappt meistens gut.

Feste und Märkte
Farbenfroh und mit gläubiger Inbrunst werden die großen Feste dieses Landes gefeiert, von denen die meisten einen religiösen Hintergrund haben. Einige haben nur regionale oder lokale Bedeutung, andere werden überall zwischen den Himalayabergen und dem Kap Komorin begangen; gemeinsam ist ihnen der Ausdruck überschäumender Lebensfreude, zu der in vielen Fällen ekstatische Auswüchse tiefer Gläubigkeit kommen. Da sich die Hindufeste am Mondkalender orientieren, lassen sich präzise Daten langfristig nicht voraussagen. Auch die Termine der spektakulären Viehmärkte von Pushkar (Oktober/November) und Nagaur (Januar/Februar) erfährt man frühestens zwei, drei Monate vorher (von den indischen Touristik-Ämtern). Die Monate des Hindu-Kalenders beginnen übrigens im Norden mit dem Neumond, im Süden mit dem Vollmond. – Zu den überregionalen Feiertagen, die zwar religiösen Ursprung haben, aber heute als mehrtägige Gelegenheit genutzt werden, allgemeiner Freude Ausdruck zu verleihen, gehören das Frühlingsfest *Holi* (an dem sich die Menschen mit Farbe, Farbpulver oder Wasser bespritzen; etwa um die Monatswende Februar/März) und das Lichterfest *Divali* (siehe auch Seite 189 ff.). Dabei wird mit Öllämpchen und Lichterketten Ende Oktober, Anfang November der Winter begrüßt. Knallfrösche und große Feuerwerke gehören zu diesem fröhlichsten Fest, das in ganz Indien begeistert und über Kasten- und Klassenschranken hinweg gefeiert wird. – Wer am 26. Januar in Delhi ist, sollte sich die große Parade zum Tag der Republik nicht entgehen lassen. Dabei ziehen den ganzen Vormittag über Abordnungen aller Völker und Stämme des riesigen Landes, aber auch aller Truppenteile der Armee sowie geschmückte Elefanten und Kamele über den Raj Path, den kilometerlangen Paradeweg in Neu Delhi. – Die Christen feiern ihre Feste natürlich nach unserem Kalender; besonders lustig geht es beim Karneval in Goa zu. – Spezialveranstalter wie Indoculture Tours in Stuttgart und Zürich bieten sorgfältig organisierte Reisen zu herausragenden Ereignissen an, zum Beispiel zu den Tempelfesten Südindiens oder zum buddhistischen Padmasambhava-Fest im Kloster von Hemis in Ladakh. Auch dabei stehen die exakten Termine erst kurz vor der Abreise fest, weil sie von Monddaten und Astrologen abhängig sind.

Knigge und Tabus
Wer auf die sanfte Tour reist, ob in einer gut vorbereiteten Gruppe oder allein, wer sich also intensiv und neugierig, vor allem aber respektvoll der fremden Kultur und dem anderen Alltag zu nähern bereit ist, wird rasch entdecken, daß Indien ein angenehmes Reiseland ist. Respekt vor der Andersartigkeit und vor allem vor der tiefen Gläubigkeit der meisten Hindus, Moslems, Jains, Parsen und anderen Religionsgruppen drückt sich äußerlich in der Kleidung aus. Es sollte selbstverständlich sein, Sakralbauten nicht in kurzen Hosen und T-Shirts zu besuchen. Die Regel, vor dem Betreten die Schuhe auszuziehen, gilt auch für die meisten Einladungen in Privathäuser. Händeschütteln ist unüb-

lich; jemanden an den Kopf zu fassen – und sei es nur, um einem Kind übers Haar zu streichen –, gilt als schwerer Verstoß – im Kopf wohnt die Seele, die nicht angetastet werden darf. Füße sind unrein; man darf sie niemals jemandem entgegenstrecken. – Küchen sind in Hindufamilien Tabuzonen für alle, die die komplizierten Reinheitsgebote verletzten könnten – allemal für Ausländer. – Beim Fotografieren so behutsam wie möglich vorgehen. Wo Menschen abwinken, sollte niemand insistieren oder gar Tricks anwenden, um sie als exotische Objekte doch noch zu knipsen. Und Armut ist keine pittoreske Kulisse, auch nicht, wenn der Dia-Abend besonders realistisch illustriert werden soll. – Inder sind neugierig. Sehr oft fragen sie nach dem Woher und Wohin; es entsteht meistens ein amüsanter, manchmal sogar ein informativer Kontakt daraus. – Frauen, auch wenn sie allein unterwegs sind, dürfen sich sicher fühlen. Sie selbst tragen durch Kleidung und Auftreten dazu bei, daß Mißverständnisse ausgeschlossen sind. Flirts werden nämlich sofort als Aufforderung zu einem weitergehenden Kontakt gedeutet. Küßchen in aller Öffentlichkeit sind tabu, erst recht Sonnenbaden oder Schwimmen ganz oder oben ohne. – Trinkgelder haben häufig eine andere Funktion als bei uns: meistens wird damit nicht eine Leistung belohnt, sondern – umgekehrt – erst „gesichert". Ein Sitzplatz in der Eisenbahn oder etwas anderes, was eben noch aussichtslos schien, werden nach einem Bakschisch auf einmal möglich. Ähnlichkeiten mit Korruption im westlichen Sinne sind zufällig und nicht beabsichtigt.

Kleidung
Baumwoll- und Khaki-Stoffe haben sich am besten bewährt. Aber man sollte an Pullover und Schals für klimatisierte Räume und Fahrzeuge denken. Bloß nicht zuviel einpacken: Erstens kann man überall schnell und preiswert waschen lassen, zweitens kann man sich in den Basaren und Läden in der Nähe der Hotels fast allerorts Hemden, Blusen, Hosen und andere Kleidungsstücke kaufen – zu einem Bruchteil hiesiger Preise; und drittens muß man sich so gut wie nirgendwo auf formelle Kleidung einstellen: Auch in Luxus- und Maharaja-Hotels sieht man nur wenige Gentlemen mit Krawatte.
Über Kleidungsstücke, die man nicht wieder mit nach Hause nehmen möchte, freuen sich Hotelangestellte, Taxifahrer oder die Obdachlosen auf den Straßen der Großstädte.

Verständigung
Wer englisch spricht, hat wenig Probleme. Man gewöhnt sich schnell an die Besonderheiten des indischen Englisch: Es wird meistens leise und in einer Art Singsang gesprochen. Achtung: Leichtes Kopfschütteln, das im Zusammenhang mit einem schüchtern wirkenden Lächeln auf Indien-Neulinge wie eine Geste der Verlegenheit wirkt, bedeutet Zustimmung.

Medien
Die großen englischsprachigen Tageszeitungen bieten dem ausländischen Besucher einen guten Einblick in den Alltag der Inder, von den Lokalmeldungen bis zu den Heiratsanzeigen („Matrimonials"), die mehr über verstecktes Kastendenken und die Einstufung der Hautfarben aussagen als manche gelehrten Abhandlungen. Die wichtigsten Blätter sind „Times of India" und „Indian Express", beide bürgerlich, wobei der „Express" kritischer und aufdeckungsfreudiger ist. Die wichtigste

Zeitung des Südens ist „The Hindu", ein konservatives Blatt, das sich unter anderem der Bewahrung alter Glaubenstraditionen verschrieben hat. Die „Hindustan Times" gehört zu den renommierten überregionalen Blättern. Weitverbreitetes Ansehen genießt auch „The Statesman" aus Kalkutta, während die dortige Lokalzeitung „Amrita Bazaar Patrika" nur geringen Einfluß hat. Wichtigstes Nachrichtenmagazin ist „India Today". – Der Rundfunk dient nach wie vor großen Teilen der vielfach analphabetischen Bevölkerung als wichtigste Informationsquelle. Das Fernsehen erreicht bislang verhältnismäßig wenige Inder, weil sich die Mehrheit noch kein Gerät leisten kann.

Traumfabrik: Kein anderes Medium erfreut sich so großer Beliebtheit wie der indische Film. Jeden Tag gehen mindestens zehn Millionen Inder ins Kino, jedes Jahr produzieren die Traumfabriken in Bombay, Madras, Bangalore und Kalkutta etwa tausend Filme, mehr als Hollywood, mehr als jedes andere Land der Welt. Melodramen in grellen Farben, krasses Gegenspiel von Gut und Böse, viel Liebe, überhaupt kein Sex – das alles auf drei, vier Stunden ausgewalzt, so mögen es die Kinogänger am liebsten. Weil nackte Haut auf der Leinwand so tabu wie im richtigen Leben dieses Landes ist, regnet es in indischen Filmen häufig – oder die Schauspieler fallen ins Wasser. Solche Szenen lassen den Regisseuren wenigstens die Möglichkeit, den Sari ihrer glutvollen Hauptdarstellerin für einen Moment wie eine zweite Haut am Körper kleben zu lassen … Kino ist die Flucht aus der harten Realität, viel deutlicher als bei uns. In den Rührstücken passiert, was sonst so gut wie nie vorkommt: Der Student, Sohn armer Bauern, setzt sich gegen einen skrupellosen Grundbesitzer durch, Niedrig triumphiert über Hoch, für den Schluß ist das Happy End garantiert. Filmschauspieler werden vergöttert, vor allem im Süden. In einem Dorf im Staat Andhra Pradesh bauten gläubige Landsleute vor ein paar Jahren einen Tempel für Rama Rao, einen Mimen, der den Gott Krishna dargestellt hatte. Für die Menschen in diesem Teil der Provinz waren der Schauspieler und der Gott eins geworden…

Vor allem in Kalkutta werden aber auch ambitionierte Filme für eine intellektuelle Minderheit gedreht. Die Regisseure Satyajit Ray und Mrinal Sen gehören zur internationalen Elite ihrer Branche. Und auch eine Frau, Mira Nair (aus Bombay), errang mit einem Film weltweiten Respekt. In „Salaam Bombay" schildert die Regisseurin, die diesen tief beeindruckenden Streifen selbst produzierte, das Schicksal der Straßenkinder.

Einkaufen

In einem Land, dessen Schmuckarbeiten und Kunsthandwerk, dessen Sandelholzschnitzereien und Marmor-Miniaturen, dessen orientalische Schächtelchen aus Pappmaché, dessen Silber, Gold und Seide die Fremden zu allen Zeiten angelockt haben, in einem solchen Land macht das Einkaufen auch heute noch großen Spaß. Natürlich wird nahezu überall gehandelt, mal mit sportlichem Ehrgeiz, mal mit heißen Tricks – wie etwa in Kaschmir. In den staatlichen Läden – sie heißen meistens State Emporium oder ähnlich – lassen sich Andenken aus fast allen Landesteilen einkaufen, ohne zu feilschen. Das wird in manchen Reiseführern als Empfehlung für bequemes Shopping ausgegeben. Ich handle lieber, feilsche auch dann noch gern, wenn ich wissen müßte, daß der

Gegenüberliegende Seite: Nostalgie im Maharaja-Hotel: Dieser Kellner, der heute im „Umaid Bhavan" Gästen aus aller Welt den Tee serviert, hat nach eigener Angabe in seiner Jugend dem Fürsten von Jodhpur als Pantoffelträger gedient.

Händler ein Schlitzohr ist. Mir ist es egal, ob Schachbretter oder andere Einlegearbeiten, wie sie zum Beispiel in Agra angeboten werden, aus Marmor oder nur gepreßtem Marmorstaub sind. Muß da wirklich zur „Vorsicht" gemahnt und vor allen möglichen Tricks gewarnt werden, die doch letztlich eher liebenswert als wirklich kriminell sind? Solche Souvenirs sollte man besser mit einem Erinnerungswert taxieren – und so etwas läßt sich auch heute noch nicht in Listen nachschlagen. Etwas anders verhält es sich mit Seide; da gibt es nun wirklich klare Qualitätskriterien. Wer nicht viel davon versteht, sollte, wenn es irgend geht, den Rat einer Inderin einholen. – Teppichkauf ist Vertrauenssache; wer keine Ahnung hat, zahlt halt kräftig drauf, kann aber später wenigstens eine kleine Geschichte über seine Gebetsbrücke erzählen. –

Originelle Mitbringsel sind in jedem Falle Gebrauchsgegenstände, die nicht von Schleppern und vor dem Hotel angeboten werden. Beispiel: Kameltreiber-Stöcke, mit Kupfer verziert; auch farbenfrohe Bänder, mit denen die Tiere geschmückt werden – beides läßt sich nach interessanter Suche auf den Viehmärkten von Pushkar oder Nagaur finden. – Im Gassengewirr von Jaisalmer warten in kleinen Läden noch immer genügend „Schätze" auf ihre Entdeckung. Man muß nur Geduld bewahren. Ich habe einmal bei einem Trödler einen silbernen Rosenwasser-Behälter gesehen, der mir auf Anhieb gefiel. Mag sein, daß der Mann mein Interesse an dem Elefanten – denn diese Form hatte der Wassersprenkler, mit dem früher bei Rajputen-Hochzeiten die Gäste begrüßt wurden – bemerkt hatte. Bestimmt sogar, weil ich mich wahrscheinlich auffällig bemühte, meinen Kaufwunsch *nicht* gleich erkennen zu lassen

... Drei Tage lang haben wir über vieles geredet, über die Truppenkonzentration an der nahen paktistanischen Grenze, über den dringend erwarteten Monsun, über seine und meine Kinder, hin und wieder auch über den Preis von dem Silberelefanten. Morgens war ich eine halbe Stunde zum Schwätzchen dort, mittags auch und abends noch einmal. Langsam bekam der Preis Konturen, obwohl ich dreimal betont hatte, daß ich das Ding nun doch nicht wolle, wirklich nicht, es sei mir einfach zu teuer und so wichtig auch wieder nicht. Dreimal hatte der Händler, den ich inzwischen zu meinen Freunden zählen durfte, den Verkauf kategorisch abgelehnt. Wir würden Freunde bleiben, das sei selbstverständlich, aber .... Kurz und gut: Natürlich habe ich den Elefanten gekauft – für genau die Hälfte des ursprünglich festgesetzten Preises – und damit ganz sicher ums Doppelte zu teuer ...

Ich liebe dieses Stück, ich erinnere mich gern an meinen Freund im Altstadt-Labyrinth von Jaisalmer, ich habe, wie ich meine, eine Kuriosität zu einem angemessenen Preis erstanden. Und ich habe eine Menge gelernt in den vielstündigen Verkaufsgesprächen.

Aber, wie gesagt, wem das nicht liegt, wer soviel Zeit nicht hat: Im Hotelshop und im Laden mit den staatlich festgesetzten Preisen gibt es auch hübsche Sachen; da kann man nicht viel falsch machen.

Bibliographie

Für Leser, die sich durch die Lektüre dieses Buches zur Vertiefung mancher Themen angeregt fühlen, möchte ich einige Bücher empfehlen. Darunter sind Titel, denen ich aufschlußreiche Informationen verdanke:

Reiseführer: Gründlich und solide informieren das häufig aktualisierte „Indien Handbuch" (in Deutschland über den Verlag Gisela Walther vertrieben) sowie Mai's Weltführer Nr. 37. Für Kunstinteressierte ist der Führer von Heimo Rau aus dem Kohlhammer-Verlag erste Wahl. – An Gründlichkeit kaum zu übertreffen: die kunsthistorisch ausgerichteten Führer von Robert Strasser aus dem Indoculture-Verlag, z.B. Südindien in zwei Bänden.

Religion: „Die indische Götterwelt" von Eckard Schleberger gibt einen weitergehenden Überblick; viele Detailzeichnungen (Diederichs).

Ende der Kolonialzeit: Beste Dokumentation, spannend: „Um Mitternacht die Freiheit" (Collins/Lapierre; Bertelsmann). Der Roman zum Thema: Salman Rushdies „Mitternachtskinder". – Die Atmosphäre im indischen Alltag in der Zeit vor und nach der Unabhängigkeit ist Thema des Romans „Memsahib" von Nayantara Saghal (Diana). – Niemand hat Dekandenz und Siechtum des untergehenden Raj – britische Blasiertheit versus indische Hitzköpfigkeit – überzeugender in Romanform gebracht als Paul Scott. Sein vierbändiges Werk „Das Reich der Sahibs" (bei Klett-Cotta erschienen), wurde in einer groß angelegten Fernsehserie kongenial verfilmt (unter dem Titel „Das Juwel in der Krone").

Frauen-Themen: „Unveiling India – A Woman's Journey" von Anees Jung (Penguin Books, New Delhi); „Frauen in Indien", ein dtv-Band mit Erzählungen, u.a. von Anita Desai, deren Romane „Berg im Feuer" und „Baumgartners Bombay" ich besonders empfehlen möchte (List).

Für Zugreisende: „Indien per Bahn", ein Handbuch von Royston Ellis aus dem Conrad Stein Verlag.

Allgemeines: „5mal Indien" von Dietmar Rothermund (Piper); „Traum und Wirklichkeit", die Erinnerungen des langjährigen ARD-Korrespondenten Hans Walter Berg (dtv); kritischer: Wolfgang Hiebers „Der unbekannte Kontinent – Alltag in Indien" (Goldmann); mit literarischen Beiträgen: „Shiva tanzt – Das Indien-Lesebuch" (Unions Verlag). – Länderkunde „Indien" von Kerrin Gräfin von Schwerin (Beck'sche Reihe).

Spezielles: Opulente Bildbände, in denen Fotos und Texte auf gleichermaßen hohem Niveau informieren – zu den Themen „Indische Feste" (Fotos von Jean Louis Nou und Erläuterungen von Gisela Bonn, bei DuMont); „Der klassische indische Tanz" (Samson/Pasricha, im Burg-Verlag); „Die Sikhs", erhellende Texte von Kushwant Singh und wunderschöne Fotos von Raghu Rai; „Maharadschas" (von Uchiyama/Robinson, bei Westermann); „Rajasthan. Indiens Land der Könige" (mit Texten von Bernd Schiller und Fotos von Günter Pfannmüller, Ellert & Richter Verlag); für Eisenbahn-Liebhaber: „Indien – Ein Kaiserreich für die Bahn" von Pet, Moorhouse u.a. (Orell Füssli).

Kalkutta: „Die Stadt der Freude" von Dominique Lapierre (Goldmann) – kein anderes Buch bringt einem Außenstehenden die Lage der Slumbewohner auf so anrührende Weise nahe. Außerdem: „Calcutta – The Home and the Street", mit großartigen Fotos von Raghubir Singh (Thames and Hudson, London).

Glossar

Gegenüberliegende Seite:
In allen Teilen des Landes genießt der elefantenköpfige Gott Ganesha Sympathie und Verehrung. Der Sohn des Shiva und der Parvati gilt als glückbringender Überwinder von Hindernissen, als Patron des Wohlstands und der Weisheit.

Die Schreibweise dieser Fach- und Fremdwort-Begriffe orientiert sich an der international üblichen; auf veraltete Versuche einer Eindeutschung (zum Beispiel Radschasthan statt Rajasthan oder Wischnu statt Vishnu) wurde, wie im gesamten Buch, ebenso bewußt verzichtet wie auf diakritische Zeichen (Aśoka statt Ashoka oder gar Kṛṣṇa statt Krishna). Dieses Buch will nicht wissenschaftlich genau, sondern allgemein verständlich sein.

Adivasi: Stammesbevölkerung, Ureinwohner unterschiedlicher ethnischer Herkunft; insgesamt etwa 50 Millionen.
Arya: Wörtlich „Edler"; daraus abgeleitet: Arier.
Ashram: Religiös fundierte Lebensgemeinschaft.
Atman: Das unsterbliche Selbst des Menschen, unserem Begriff der Seele verwandt.
Ayurveda: Uraltes „ganzheitliches" Naturheilsystem.
Babu: Ehrende Anrede, vor allem für Beamte und höhere Angestellte.
Beed(h)i (Bidi): Zigarette, Zigarillo.
Bhagavadgita (oft auch Bhagavad-Gita geschrieben): Heilige Schrift der Hindus; Teil des → Mahabharata-Epos.
Bhavan: Haus, Palast.
Brahma: Schöpfergott im Hinduismus. Der Weltenbaumeister wird meistens vierköpfig dargestellt. Er ist kein volkstümlicher Gott, eher eine Bezeichnung für die göttlich-schöpferische Potenz.
Brahman: „Weltseele"; das Ursprüngliche und Ewige. (Näheres im Kapitel „Religion: Die Seele und das Ganze", Seite 10 ff.)
C(h)akra: Rad, Kreis; Grundlage vieler religiöser Symbole im Buddhismus und Hinduismus.
Dacoits: Banditen; Straßenräuber; als „indische Robin Hoods", Rächer und Helfer der Armen, oft verklärt.
Deva: Gott, Gottheit.
Devadasi: Tempeltänzerin.
Devanagiri: Schrift, in der unter anderem Sanskrit und Hindi geschrieben wird.
Devi: 1. Göttin allgemein; 2. Bezeichnung für Parvati, Tochter des Himalaya, Gattin Shivas; 3. Respektsanrede für feine Damen, die zusammen mit dem ersten Namen genannt wird.
Dharma: Weltengesetz; Grundlage jeglicher Ordnung, Moral, Ethik und damit Religion.

Glossar

Dhobi: Wäscher.

Dhoti: Männergewand aus weißer Baumwolle, etwa fünf Meter lang; wird um die Hüften geschlungen.

Dravida: Südindische Sprachfamilie, zu der unter anderem Tamil und Telugu (gesprochen in Andhra Pradesh) gehören.

Durga: Eine von vielen Bezeichnungen für die Gattin Shivas, besonders häufig in Bengalen gebraucht; oft auch nur ein anderer Name für → Kali; Durga wird als Bezwingerin eines Büffel-Dämons verehrt.

Ganesh(a): Elefantenköpfiger Sohn von Shiva und Parvati; liebt Süßigkeiten, zum Beispiel Reiskuchen, und ist als Gott des Wohlstands und der Weisheit überaus beliebt. Sein Reittier ist die Ratte.

Garuda: Vogelmensch, einem Adler ähnlich; Feind aller Schlangen und Reittier des Gottes Vishnu.

Ghat: 1. Treppe, Flußufer; meistens als Ritual- oder Badeplatz gemeint; 2. Berghang; Seite eines Gebirgszuges.

Ghee: Flüssiges Butterfett, wichtig in der indischen Küche; auch als „Öl" für Tempellampen gebräuchlich.

Gita: → Bhagavadgita.

Gopuram: Mehrstöckiger Eingangsturm zu einem (südindischen) Tempelbezirk.

Hanuman: Vergöttlichter Anführer jenes Affenheeres, das Rama im Befreiungskampf um seine Sita entscheidend geholfen hat (→ Ramayana).

Harijans: „Gotteskinder"; Gandhis Bezeichnung für die sogenannten Unberührbaren (Parias, Kastenlose).

Howdah: Anglo-indische Bezeichnung für einen überdachten, meistens prachtvollen Sitz auf einem Reitelefanten.

Indra: Kriegs- und Gewittergott aus vedischer Zeit, in der er die Nr. 1 im Götterhimmel war, vergleichbar mit Zeus oder Thor, anderen frühen indo-arischen Göttervätern.

Jati: „Geburt", im Sinne der Kaste, in die man hineingeboren wird; heute meistens Bezeichnung für die „Unterkaste".

Kali: Wörtlich „die Schwarze"; die am meisten Schrecken erregende Darstellung der Shiva-Göttergattin. Ihr Halsschmuck ist eine Kette aus Totenköpfen, die Zunge hängt ihr bluttriefend aus dem Mund. Sie steht auf Shiva – aber anders, als so ein Satz heute gemeint ist: Sie tanzt auf ihm herum, ist überdies Herrin und Zerstörerin der Zeit. Noch heute werden ihr Tiere geopfert, zum Beispiel in Kalkutta, der Stadt, die nach dieser grausame Göttin benannt ist.

Glossar

Karma: Wörtlich „Tat"; eine Kette aus Ursache und Wirkung; durch sie wird, vereinfacht ausgedrückt, die hierarchische Stellung im nächsten Leben bestimmt. (Näheres dazu im Kapitel „Religion: Die Seele und das Ganze", Seite 10 ff.)

Krishna: Diese achte Vishnu-Inkarnation (Erscheinungsform) dürfte die populärste sein. Der Held vieler Legenden kommt als jugendlicher Liebhaber und Hirtengott, der den schönen Dingen des Lebens sehr zugetan ist, beim Volk gut an.

Kshatriya: Angehöriger der Krieger-Kaste, einer der vier Hauptkasten (Stände) des Hinduismus (→ Varna).

Lakshmi (auch Laxmi geschrieben): Vishnu-Gemahlin; liebenswerte Göttin der Schönheit und des Glücks. Ihr ist das Lichterfest „Divali" gewidmet.

Linga(m): Phallus-Symbol des Shiva.

Mahabharata: Größtes altindisches Epos. An den rund 108 000 Versen haben zwischen dem 5. vorchristlichen und dem 2. nachchristlichen Jahrhundert viele kluge Köpfe geschrieben und geordnet. Hauptthema ist die blutige Auseinandersetzung zwischen der tugendhaften Familie Pandava und dem bösen Clan der Kauravas; dazwischen: zarte Liebesgedichte, pralle Heldensagen und das → Bhagavadgita.

Mahal: Palast.

Mandir: Tempel.

Mantras: Gebetsformeln.

Maidan: Großer Platz.

Moksha: Erlösung.

Mudra: Gesten, vor allem Handhaltungen, zum Beispiel bei Buddha-Statuen.

Nandi: Der so bezeichnete Stier, Shivas Reittier, hockt als gewichtige Statue vor diversen Shiva-Tempeln.

Nataraj(a): Shiva als kosmischer Tänzer, der die Welt in Bewegung hält (siehe auch das Kapitel „Musik und Tanz: Gespräche mit der Schöpfung", Seite 55 ff.).

Parvati: Shivas Frau in ihrer freundlichsten Erscheinungsform.

Puja: Tempelopfer; allgemein: geheiligte Zeremonie.

Rajputen: „Königssöhne", Angehörige der Kriegerkaste und der (hinduistischen) Fürstenhäuser in den alten Rajputenstaaten (heute: Bundesstaat Rajasthan).

Ramayana: Beliebtes Heldenepos. Es erzählt in 24 000 Doppelversen

Folgende Doppelseite: Kleinstadtszene aus Rajasthan: Männer zerreden die heißen Stunden des Tages vor ihren Häusern.

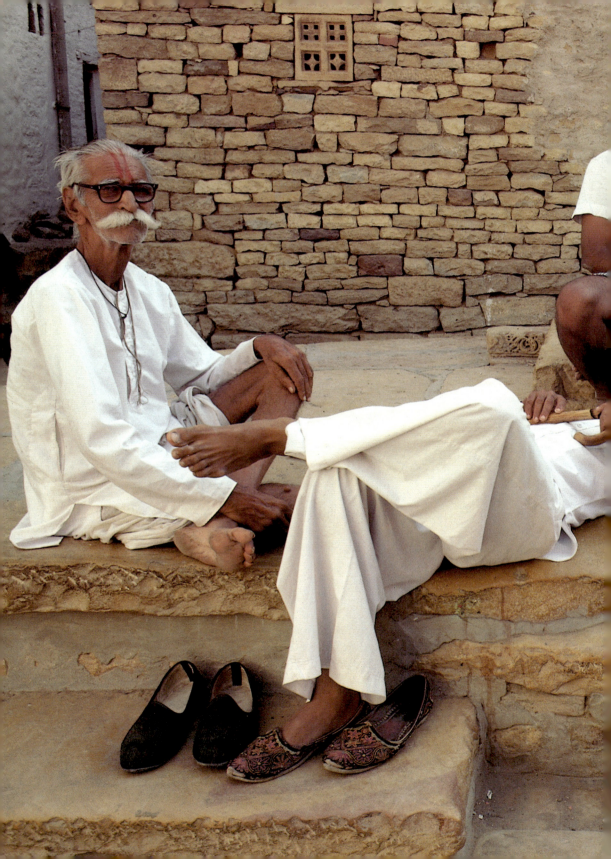

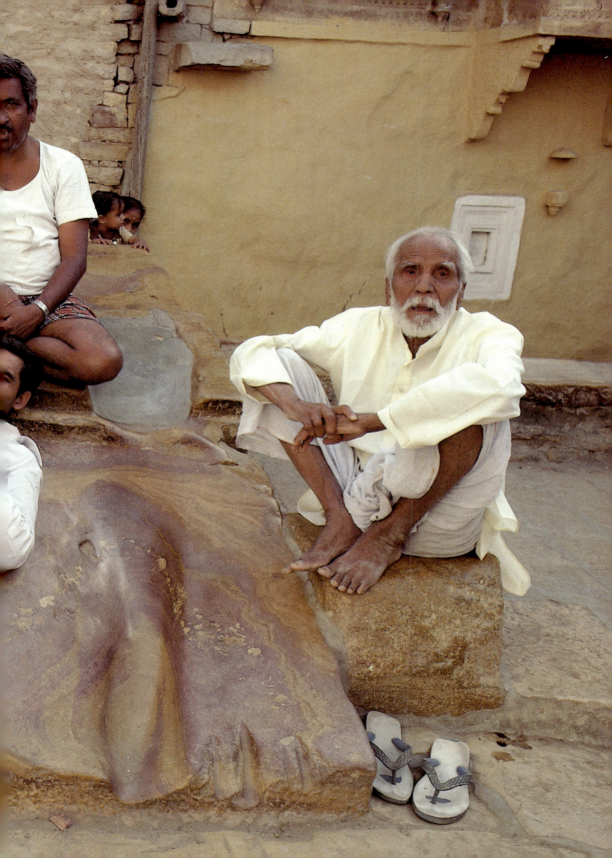

vom Raub der schönen Sita, vom Kampf des Königssohnes Rama gegen den dämonischen Entführer Ravana, von der Hilfe eines Affenheeres unter Hanuman, von Sitas Rückkehr und und und ...

Sanyasa: Dieses Sanskritwort für „Entsagung" meint erstens die Gemeinschaft aller, die der Welt entsagt haben, um Gott zu finden; zweitens wird jeder Mönch oder Anhänger einer Sekte, der eine Art Gelübde abgelegt hat, zum Sanyasin.

Sari: Das traditionelle Kleidungsstück der Inderinnen, gewöhnlich sechs Meter lang, wird zunächst um die Hüften gelegt und dort festgebunden; dann wird ein Faltenwurf gezaubert und der Rest der Stoffbahn um Oberkörper und Taille geschlungen. Das Ende hängt wie eine Fahne über der Schulter.

Sati: Witwenopfer durch Selbstverbrennung; 1892 von den Briten offiziell verboten, doch immer wieder geschehen.

Shikara: 1. Tempelturm (nordindischer Stil); 2. Gondeln, die auf den Kaschmir-Seen als Zubringer zu den Hausbooten verkehren.

Shiva: Besonders facettenreicher Gott; hauptsächlich als Zerstörer mit „gütiger" (das bedeutet der Name) Komponente begriffen. (Näheres im Kapitel „Religion: Die Seele und das Ganze", Seite 10 ff.)

Singh: „Löwe"; häufiger Familienname in der Kshatriya-Kaste; jeder Sikh trägt ihn, aber nicht jeder, der Singh heißt, muß deswegen ein Sikh sein.

Stupa: Typische Ausdrucksform buddhistischer Baukunst; im engeren Sinne ein Reliquienschrein, unter dessen Kuppel Haare oder andere sterbliche Überreste des historischen Buddha oder bedeutender Heiliger verehrt werden. Allgemein: Symbolbauten für buddhistische Gläubige; Stupa ist der in Indien gebräuchliche Ausdruck aus der alten Sanskrit-Sprache; auf Sri Lanka spricht man von Dagobas, im tibetischen Kulturkreis von Chörten (Tschörten).

Svastika: Hakenkreuz; uraltes, mystisches Glückszeichen in Süd- und Ostasien.

Tilak (Tika): Farbtupfer auf der Stirn, zwischen den Augen angebracht. Dies kann ein Zeichen für Kasten- oder Sekten-Zugehörigkeit sein, aber auch nur schmückendes Mal einer verheirateten Frau. Allgemein: Zeichen frommer Hindus, die sich morgens im Tempel das „Dritte Auge" symbolisch auftragen lassen.

Tonga: Pferdekutsche.

Upanishaden: Offenbarende, schlußfolgernde, auslegende Teile der Ve-

den (siehe ebd.); vielfach in märchenhafte Erzählungen gekleidet.
Varna: Wörtlich „Farbe"; Hindubegriff für die vier Großkasten (1. Brahmanen: Priester und Gelehrte; 2. Kshatriyas: Krieger und Adlige; 3. Vaisyas: Händler und Bauern; 4. Shudras: Arbeiter und Diener der drei anderen Stände). Die vier Großkasten sind in Tausende von Jatis (Unterkasten) aufgeteilt (siehe auch Seite 25 ff.).
Veda/Veden: Wörtlich „Wissen", Grundlagen jener Religion, aus der schließlich Brahmanismus und heutiger Hinduismus hervorgingen. Der Veda besteht aus vier Werken, die als göttliche Offenbarung bezeichnet werden – entstanden zwischen 1200 vor und 500 nach Beginn unserer Zeitrechnung. Das „Wissen" und Verstehen war ursprünglich nur Priestern erlaubt und möglich.
Vishnu: Neben Shiva und Brahma der wichtigste unter den Hindu-Göttern: Erhalter, Bewahrer, Retter der Welt. (Näheres im Kapitel „Religion: Die Seele und das Ganze", Seite 10 ff.)
Walla(h): Volkstümliche Bezeichnung für Dienstmänner verschiedenster Art. In der anglo-indischen Umgangssprache wird der Begriff an nahezu alle (relativ niedrigen) Dienstleistungsberufe angehängt. So gibt es Rikscha- und Dhobi-Wallas (Wäschereiboten), Zeitungs-, Geld- und natürlich die Dabba-Wallas, die Essensausträger in *Bombay* (siehe auch Seite 148 ff.).
Yoni: Scheide, Schoß – und damit das „Gegenstück" zu Shivas Linga(m). Die Shaktas, Angehörige einer Hindu-Sekte, beten dieses weibliche Symbol an, das für die Mutter-Gottheit (Shakti) steht.
Zamindar: Landlord; Großgrundbesitzer, deren Land zum Teil mit hohen staatlichen Entschädigungen bei der Bodenreform nach der Unabhängigkeit aufgeteilt wurde: eine Umverteilung zugunsten landloser Bauern – gut gemeint, in der Konsequenz aber nicht einmal annähernd so wirksam wie erhofft.

Register / Geographie

Afghanistan 71, 216
Agra 129
- Taj Mahal 7, 37, 72, 129, 202
Ahmedabad 74
Alampur 135
Alt Delhi → Delhi
Alt-Goa 215
Amber 154, 162, 192
- Burg (Palast) 159, 162
Amritsar 74, 83
- Goldener Tempel 24, 130
Anand Nagar → Kalkutta
Anantnag 182
Andhra Pradesh 134, 135
Anjuna 216
Arabisches Meer 134, 150, 210
Arcot 72
Armanath-Höhle 183
Asi 188
Assam 77
Avantiswami 182

Baha'i-Tempel → Delhi
Bangalore 135
Bangla Sahib → Delhi
Bangladesh 23, 62, 77, 172, 190
Baroda 95
Belutschistan 80
Benares = Varanasi
Bengalen 51, 52, 85, 86, 169, 172, 199
Bhubaneshwar 41, 43, 197, 199, 205
- Kandagiri-Hügel 202
- Lingaraj-Tempel 202
- Mukteswara-Tempel 199
Bihar 168, 171
Bikaner 96, 154, 155
- Deshnoke-Tempel 155, 158
- Lalgarh-Palast 97
Birla-Garten (-Haus) → Delhi
Birmingham 218
Birupa-Fluß 198
Bodh Gaya = Gaya
Bombay 11, 15, 23, 32, 40, 47, 54, 72, 74, 78, 85, 128, 134, 148 ff., 163, 168, 215, 216, 283
- Churchgate Station 148, 151
- Dadar 148
- Mahalakshmi-Tempel 150
- Mahatma-Ghandi-Road 148, 149
- Malabar Hill 150, 151
- Mani Bhavan 90
- Marine Drive 149
- Slums 6
Buckingham-Kanal 147
Burma 22, 80
Bustee Shibpur → Kalkutta

Calangute 216
Cauvery-Fluß 139, 143
Ceylon = Sri Lanka
Chandni Chowk → Delhi
Chatapur → Delhi
Chhaitana 206
China 22, 179
Chowringhee → Kalkutta
Churchgate Station → Bombay
Colva 216
Connaught Circus (-Place) → Delhi
Cuttack 43, 199

Dabolim → Goa-Dabolim
Dadar → Bombay
Dal-See 177, 183
Daman 76, 216
Dandi 74
Darjeeling 133
Dasashvamedh Ghat → Varanasi
Daya-Fluß 205
Dekhan (Hochland) 136, 197
Delhi 25, 27, 47, 51, 63, 66, 71, 74, 76, 78, 85, 96, 126 ff., 163, 173, 183, 188, 205, 214
- Alt Delhi 91, 127, 129, 134
- Baha'i-Tempel 132
- Bangla Sahib 129, 130
- Birla-Garten 85, 91
- Birla-Haus 85
- Chandni Chowk 48, 126, 127
- Chatapur 130
- Connaught Circus (-Place) 132, 133
- Gateway of India (India Gate) 90, 128
- Gymkhana-Club 78, 79, 84
- Hanuman Mandir 132
- India Gate → Gateway of India
- Jama Masjid (Freitagsmoschee) 129
- Janpath 132
- Kalkaji-Tempel 130
- Lakshmi-Narayan 130
- Neu Delhi 76, 91, 127, 172
- Palika Basar 133
- Qutb Minar (Siegessäule) 130
- Raisina Hügel 127, 128
- Raj Ghat 133
- Raj Path (Königsweg) 127
- Rashtrapati Bhavan (Präsidentenpalast) 127
- Red Fort (Rote Festung, Rotes Fort) 46, 47, 72, 128, 129
- Shabjahanabad (Basarviertel) 126
- Tibetermarkt 132
Deorala 64, 66
Dhauli-Hügel 206
Diu 76
Dwarka 154

Ekambareshvara-Tempel → Kanchipuram
Ellora
- Höhlen 7

Ganges 12, 14, 21, 38, 97, 165, 168, 170, 172, 188, 189, 190, 192
Gateway of India → Delhi
Gaya 21, 193
Goa 40, 41, 48, 54, 72, 76, 210 ff.
Goa-Dabolim 214, 216

Register / Geographie

Goldener Tempel → Amritsar
Golf von Bengalen 41, 48, 136, 144, 197
Grand Trunk Road 83
Großbritannien 198
Gujarat 23, 52, 71, 86
Gulmarg 183
Gwalior 95
- Herrscherpalast 92
Gymkhana-Club → Delhi

Hanuman Mandir → Delhi
Harappa 71
Hari Parbhat → Srinagar
Hava Mahal → Jaipur
Heilige Mutter Ganga = Ganges
Himalaya 7, 21, 41, 50, 80, 132, 143, 176, 188
Hochland von Dekhan = Dekhan (Hochland)
Hooghly = Ganges
Hotel „Fairlawn" → Kalkutta
Howrah → Kalkutta
Howrah-Brücke → Kalkutta
Hyderabad 10, 92, 94, 96, 135

India Gate → Delhi
Indira-Gandhi-Kanal 155
Indischer Ozean 146, 203, 214
Indisches Museum → Kalkutta
Indus 14, 154

Jagannath-Tempel → Puri
Jaipur 38, 154, 163, 192
- Hava Mahal (Palast der Winde) 163
Jaisalmer 154, 158, 159
- Festung 7, 158
Jama Masjid → Delhi
Jama Masjid → Srinagar
Jammu 92, 176, 177, 182
Jammu Tawl 41
Janpath → Delhi
Jhelum-Fluß 177, 186

Jodhpur 55, 57, 154
- Bergfestung Meherangarh 55
- Marmor-Kenotaph Jaswant Thaga 55

Kailasanatha → Kanchipuram
Kali Ghat → Kalkutta
Kalkaji-Tempel → Delhi
Kalkutta 10, 11, 15, 32, 40, 41, 42, 46, 54, 72, 74, 78, 80, 83, 86, 127, 128, 134, 165 ff., 197, 198, 278
- Anand Nagar 170
- Bustee Shibpur (Slum Shibpur) 168, 169, 170
- Chowringhee 165, 166
- Hotel „Fairlawn" 165
- Howrah (Vorstadt) 170
- Howrah-Brücke 170
- Indisches Museum 171, 172
- Kali Ghat 173
- Maidan 171
- Park Street 165
- Slums 6
- Sudder Street 165, 166
- Victoria Memorial 171, 172
Kanchipuram 142, 143, 144, 145
- Ekambareshvara-Tempel 145
- Kailasanatha-Tempel 145
- Mahatma-Gandhi-Road 145
- Vaikuntha-Perumal (Tempel) 145
Kandagiri-Hügel → Bhubaneshwar
Kanniyakumari 41
Kap Komorin 50, 136
Kapilavastu 21
Karakorum 177
Karnataka 95, 134, 135, 215
Kaschmir 46, 49, 71, 76, 77, 92, 95, 162, 176 ff.
Kerala 49, 60, 134, 135
Khajuraho 186, 203
Kharakpur 42

Klein-Tibet = Ladakh
Konarak 197, 206
- Sonnentempel 202, 203.
Korea 22
Koromandelküste 7, 11, 48, 144, 146

Ladakh 22, 133, 177, 179, 183, 186
Lahore 83, 129
Lakshmi-Narayan → Delhi
Lal Kot 132
Lalgarh-Palast → Bikaner
Lanka = Sri Lanka
Liddar-Fluß 182
Lingaraj-Tempel → Bhubaneshwar
Lissabon 210
London 178
- Buckingham Palace 92
Lumbini 21

Macao 210
Madras 72, 77, 134, 135, 143, 147, 168
Madurai 136, 138, 139, 140, 141, 142, 146
- Minakshi-Tempel 139, 140
Madhya Pradesh 154
Mahabalipuram 7, 142, 143, 146, 147
- Strandtempel 147
Mahalakshmi-Tempel → Bombay
Maharashtra 54, 215
Mahatma-Gandhi-Road → Bombay
Mahatma-Gandhi-Road → Kanchipuram
Maidan → Kalkutta
Malabar-Hill → Bombay
Malabarküste 7, 48, 134
Malwa 158
Mamallapuram = Mahabalipuram
Mani Bhavan → Bombay
Manikarnika Ghat → Varanasi
Mapusa 215
Margao 215
Marine Drive → Bombay

Marmor-Kenotaph Jaswant Thaga → Jodhpur
Mathura 154
Meherangarh → Jodhpur
Mekka 24
Mellur 139
Minakshi-Tempel → Madurai
Mosambik 210
Mohenjo Daro 71
Mukteswara-Tempel → Bhubaneshwar
Mysore = Karnataka

Nagarjunakonda 135
Nagin-See 177
Nagpur 192
Nanga Parbat 177
Nepal 21, 62, 143, 192, 216
Neu Delhi → Delhi
Nilgiri-Gebirge 82

Orissa 6, 43, 60, 197 ff.
Ost-Pakistan = Bangladesh
Östliche Ghats 136

Pahalgam 182, 183
Pakistan 23, 62, 71, 76, 77, 94, 159, 177, 179, 187
Palast der Winde → Jaipur
Palästina 80
Palika Basar → Delhi
Panjim 211, 215, 216
Park Street → Kalkutta
Peshawar 83
Pondicherry 76
Portugal 215
Pudukkotai 139
Punjab 24, 71, 77, 86
Puri 197, 205, 206
- Jagannath-Tempel 60, 204
- Weiße Pagode 204
Pushkar 152

Qutb Minar → Delhi

Raisina-Hügel → Delhi
Raj Ghat → Delhi
Raj Path → Delhi
Rajasthan 7, 23, 38, 55, 62, 64, 67, 71, 72, 133, 152ff., 279

Rashtrapati Bhavan → Delhi
Ratnagiri 197, 198, 199
Red Fort (Rote Festung) → Delhi

Sarnath 193, 196
- Gazellenhain 21, 193
Shabjahanabad → Delhi
Shah Hamadan-Moschee → Srinagar
Shibpur → Kalkutta (-Bustee Shibpur)
Sikkim 77
Simla 80
Sind 71, 158
Sri Lanka 22, 34, 49, 77, 80, 143, 211
Sri Rangam 142, 143
Srinagar 176, 177, 179, 183
- Hari Parbhat (Festung) 186
- Jama-Masjid-Moschee 177
- Shah Hamadan-Moschee 177
Strandtempel → Mahabalipuram
Sudan 63
Sudder Street → Kalkutta
Surat 72

Taj Mahal → Agra
Tal von Kaschmir 7
Tamil Nadu 49, 60, 77, 134, 135, 136
Tempel von Deshnoke → Bikaner
Thailand 22
Thana 72
Thar = Wüste Thar
Tibetermarkt → Delhi
Tiruchirapalli 48, 136, 143
Tirupati 135
Trichy = Tiruchirapalli
Trivandrum 135
Udaipur 154, 192
Uttar Pradesh 15

Vaigai-Fluß 139
Vaikuntha-Perumal → Kanchipuram
Varanasi 38, 97, 139, 188 ff.
- Cantonment 97, 188, 190, 193
- Dasashvamedh Ghat 196
- Manikarnika Ghat 189
Varuna 183
Versailles 97, 127
Victoria Memorial → Kalkutta
Vijayanagar 71
Vishakhapatnam 135

Weiße Pagode → Puri
West-Bengalen 170
Wüste Thar 96, 154, 155, 159

Yamuna-Fluß 47, 91, 127, 128, 129, 133

Personenregister

Abegg, Waldemar 37
Akhbar 72
Alexander der Große 71
Ashoka (Kaiser) 71, 193, 198, 199, 205, 206
Attlee, Clement Richard 76
Attenborough, Richard 86
Augustus (Kaiser) 141
Aurangzeb (Mogulkaiser) 72, 192
Aurobindo 175

Babur 71
Baker, Herbert 127
Beatles 55
Berg, Hans Walter 30
Bismarck, Otto von 95
Buddha → Gautama, Siddharta
Burnes, Alexander 158

Carvalho, Sergio 214
Charnock, Job 172
Chopin, Frédéric 92
Churchill, Winston 84
Clive, Robert 72, 172
Collins, Larry 170
Cook, Thomas 38

Dalai Lama 132

Personenregister

Desai, Morarji 77
Dyer (General) 74

Einstein, Albert 87, 91

Fraser, Stuart 96
Frobenius, Leo 35

Gama, Vasco da 72
Gandhi, Indira 8, 24, 76, 77, 91, 97, 133
Gandhi, Mohandas Karamchand 6, 15, 25, 26, 31, 70, 74, 76, 84, 85 ff., 94, 133, 150, 189
Gandhi, Rajiv 77, 174
Gandhi, Sanjay 77
Gautama, Siddharta 15, 21, 34, 193, 196, 198
Georg V. (König) 74, 95, 96
Godse, Nathuram Vinayak 85
Goethe, Johann Wolfgang von 59
Gonsalves, Paul 214
Görgens, Manfred 154

Hagenbeck, John 34, 36, 38
Haji Begum 130
Halla, Ludwig 159
Hengstenberg, Ernst 59
Hesse, Hermann 7
Hesse-Wartegg, Ernst von 37, 205
Hieber, Wolfgang 30
Humayun (Großmogul) 72, 130

Jahangir (Großmogul) 72, 183
Jinnah, Ali 76, 86
Jinas → Mahavira

Kabir, Humayun 79
Kanwar, Roop 64, 66
Karkari, Bachi 175
King, Martin Luther 87
Kipling, Rudyard 7, 35, 83
Kishwar, Madhu 66
Kumar, Rosa 78

Laborde, François 170
Lal, Vinod 135
Langenn, Vendla von 35
Lapierre, Dominique 170
Loti, Pierre 170
Lutyens, Edwin 127

Mahatma Gandhi →
  Gandhi, Mohandas Karamchand
Mahavira 15, 22
Mary (Königin) 96
Maugham, Somerset 78, 215
Menuhin, Yehudi 55
Meyer, August 38
Meyer, Emmi 38
Mohammed 23, 24
Moore, Henry 139
Mountbatten, Louis 87, 94, 127, 189
Mutter Teresa 170, 172

Nanak, Guru 24
Napoleon (Kaiser) 95
Narasimha Deva 203
Narayan, N.K. 30
Nehru, Jawaharlal 8, 20, 74, 76, 79, 84, 86, 87, 94, 133, 165, 171, 174, 179, 210
Nizam von Hyderabad 92, 94, 95, 135
Nobel, Alphons 34, 82, 83
Nur Jahan 72

Pandit Nehru → Nehru, Jawaharlal
Rakha, Alla 56
Ramakrishna 175
Rau, Heimo 70
Rolling Stones 55
Rothermund, Dietmar 70
Rupprecht, Kronprinz von Bayern 80
Rushdie, Salman 70

Safdarjung (Maharaja) 192
Saghal, Nayantara 91
Salomo (König von Israel und Juda) 11
Samson, Leela 60

Shah Hamadan 177
Shah Jahan 72, 128, 129
Shah Nadir 128
Schlagintweit, Emil 95
Schlegel, Friedrich von 10
Shankar, Ravi 55, 56, 57
Shastri, Lal Bahadur 76
Singh, Ganga (Prinz von Rathor, Maharaja von Bikaner) 96, 97
Singh, Hari (Maharaja von Kaschmir) 94
Singh, Jaswant 55
Singh, Karni 97
Singh, Maan 64
Singh, Vibhuti Narayan (Maharaja von Benares) 97
Singh, Vishvanath Pratab 77

Tagore, Rabindranath 60, 74, 85
Timur-Leng 71
Twain, Mark 6

Vardhamana → Mahavira
Venzky, Gabriele 175
Viktoria (Königin) 74
Vivekananda 175
Vodejar, Krishnaraja (Maharaja von Mysore) 96

Zarathustra 23

Impressum / Bildnachweis

CIP-Titelaufnahme der Deutschen Bibliothek

Schiller, Bernd:
Indien / Bernd Schiller – Hamburg: Ellert u. Richter, 1990
(Ein Reisebuch)
ISBN 3-89234-141-9

© Ellert & Richter Verlag,
Hamburg 1990

Text und Bildlegenden: Bernd Schiller, Hamburg
Karten: Lutz Orlowski, Kiel
Gestaltung: Hartmut Brückner, Bremen
Satz: Atelier Schümann, Grafik & Satztechnik GmbH, Hamburg
Lithographie: Rüdiger & Doepner, Bremen
Druck: C.H. Wäser, Bad Segeberg
Bindearbeiten: Paderborner Druck Centrum, Paderborn

Bildnachweis
Farbabbildungen:
Bruno Barbey/Focus/Magnum, Hamburg, S.: 53, 73
John Blaustein/Focus, Hamburg, S.: 180/181
Jehangir Gazdar/Focus, Hamburg, S.: 9
Walter Imber, CH-Günsberg, S.: 81
Peter Jamin, Düsseldorf, S.: 68/69
Gerold Jung, Ottobrunn, S.: 277
Heidrun Kayser, Schwieberdingen, S.: 248/249
Harald Mertes, Koblenz, S.: 28/29, 184/185, 200/201
Günter Pfannmüller, Frankfurt/M., S.: 44/45, 88/89, 153, 156/157, 160/161, 164, 208/209, 212/213, 217, 272, 280/281
Werner Scharf, Stuttgart, S.: 65, 241, 245
Bernd Schiller, Hamburg, S.: 137
Pete Turner/Image Bank, Hamburg: Titel

S/W-Fotos:
Indisches Fremdenverkehrsamt, Frankfurt/M., S.: 13, 60, 139, 238, 256
Indo Asia, Sachsenheim-Hohenhaslach, S.: 14, 16, 17
Barbara Klemm, Frankfurt/M., S.: 131, 167, 232/233
Harald Mertes, Koblenz, S.: 198
T.S. Nagarajan, Bangalore (Indien), S.: 18/19, 75, 191
Günter Pfannmüller, Frankfurt/M., S.: 66
Werner Scharf, Stuttgart, S.: 259
Bernd Schiller, Hamburg, S.: 39, 194/195, 196
Sammlung Schiller, Hamburg, S.: 20, 56, 57, 83, 93, 98-125